A DISCRICIONARIEDADE ADMINISTRATIVA NAS EMPRESAS ESTATAIS

CONTRACORRENTE

GABRIEL COSTA PINHEIRO CHAGAS

A DISCRICIONARIEDADE ADMINISTRATIVA NAS EMPRESAS ESTATAIS

São Paulo

2021

CONTRACORRENTE

Alameda Itu, 852 | 1º andar |
CEP 01421 002
www.loja-editoracontracorrente.com.br
contato@editoracontracorrente.com.br

Editores
Camila Almeida Janela Valim
Gustavo Marinho de Carvalho
Rafael Valim

Coordenação de projeto: Juliana Daglio
Revisão: Luciana Moreira
Revisão técnica: Lisliane Pereira
Diagramação: Pablo Madeira
Capa: Maikon Nery

Equipe de apoio
Fabiana Celli
Carla Vasconcelos
Fernando Pereira
Lais do Vale

Dados Internacionais de Catalogação na Publicação (CIP)
(Câmara Brasileira do Livro, SP, Brasil)

Chagas, Gabriel Costa Pinheiro
A discricionariedade administrativa nas empresas estatais / Gabriel Costa Pinheiro Chagas. -- 1. ed. -- São Paulo : Editora Contracorrente, 2021.

ISBN 978-65-88470-47-3

1. Direito administrativo 2. Direito administrativo - Brasil 3. Economia 4. Empresas estatais I. Título.

21-64536 CDU-351.712(81)

Índices para catálogo sistemático:

1. Brasil : Empresas público-privadas : Direito administrativo 351.712(81)

Maria Alice Ferreira - Bibliotecária - CRB-8/7964

@editoracontracorrente
Editora Contracorrente
@ContraEditora

Para meu pai, minha mãe, Ana Paula, Jamelão, Nina, Mimi, Mussum e Angu, por serem absolutamente a essência de minha existência.

"Nada a temer senão o correr da luta.
Nada a fazer senão esquecer o medo.
Abrir o peito à força, numa procura.
Fugir às armadilhas da mata escura"
(Milton Nascimento)

SUMÁRIO

AGRADECIMENTOS

Agradeço primeiramente ao meu pai, Luís Roberto, por ter transmitido a mim o seu amor pelas ciências humanas, pelas palavras e pela leitura, o que hoje se reflete neste trabalho e na minha profissão. Minha mãe, Lídia, por ser o meu esteio, por ter se dedicado talvez mais do que eu merecesse para a conclusão de minha formação, renunciando aos seus próprios interesses e prioridades para que eu pudesse chegar até aqui e ainda mais além.

Ao meu grande amor e sempre companheira, Ana Paula, por ser a principal entusiasta desta iniciativa, por compartilhar comigo as alegrias e preocupações da vida acadêmica e de nossa vida a dois e ser, sem dúvida, o principal estímulo para que eu conseguisse concluir este que é, até aqui, o passo mais significativo de minha carreira.

Agradeço imensamente ao meu orientador Márcio Cammarosano, um dos maiores oradores que conheci, em cujas aulas tomam-se lições não só de Direito, mas de vida; por não só ter me dado a honra de ser seu orientando, dividindo comigo o seu conhecimento em Direito Administrativo, propiciando-me fundamentais contribuições para o desenvolvimento e conclusão deste trabalho, mas também pela oportunidade de iniciar, em seu escritório, minha carreira jurídica, quando eu até então nem sequer havia pisado em um escritório de advocacia.

Também agradeço ao professor José Roberto Pimenta Oliveira, pela profícua convivência nos últimos tempos, pelas vezes em que, ao me receber em seu gabinete, se prontificou a conversar comigo sobre o tema desta dissertação, pelas obras jurídicas que me disponibilizou e por suas valiosas contribuições na banca de qualificação, que foram essenciais para que o presente trabalho chegasse a bom termo. Que nosso instituto tenha vida longa!

Agradeço ainda ao professor Jacintho Arruda Câmara, por seu exemplo de dedicação à academia e aos seus alunos, o que seguramente nos motiva a prosseguir na pesquisa e a superar os obstáculos que a vida acadêmica invariavelmente nos apresenta. À professora Vera Monteiro, não só por ter aceitado participar de minha banca de defesa, mas também por ter me auxiliado com o envio de relevantes materiais de pesquisa.

Um agradecimento aos meus irmãos de vida: Celso, Mário, Renan e Vinicius, por terem compreendido minha ausência ao longo da elaboração do presente trabalho, na certeza de que nossa amizade é eterna!

Aos colegas de mestrado que a PUC-SP me deu: Amanda Paulini de Rolt; Antônio Carlos Serrano (Cuca); Diana Biseo; Ernesto Teixeira; Gabriel Morettini e Castella; Giovani Menicucci; Jéssica Suruagy Amaral Borges; João Victor Tavares Galil; Larissa Casares; Luiz Eduardo Altenburg de Assis (a quem especialmente agradeço pelas ideias e materiais que compartilhou comigo) e Péricles Ferreira de Almeida. A todos, o meu muito obrigado pela convivência amistosa e enriquecedora dos dois últimos anos e meio.

Ao meu sócio e amigo, Julio Comparini, pela convivência, por ter me encorajado a ingressar no mestrado e também por ser uma referência acadêmica e exemplo de retidão.

À Sara Duarte, que lá de Portugal se prontificava a vasculhar bibliotecas e livrarias em busca de obras que eu necessitava e as encaminhava digitalizadas a bem de que eu pudesse prosseguir nesta jornada. Tenho certeza que em breve estarei a visitá-la em além-mar para agradecê-la pessoalmente por toda a dedicação e atenção.

Por fim, ao Jamelão, por sua companhia nos inúmeros dias em que estivemos somente nós dois. Sua presença, com seu olhar inocente e doce, era sempre um acalanto reconfortante.

APRESENTAÇÃO

Gabriel Costa Pinheiro Chagas honrou-me com a imensa satisfação de apresentar aos leitores a presente obra, fruto da realização de seu Mestrado Acadêmico, no Programa de Estudos Pós-Graduados da Pontifícia Universidade Católica de São Paulo (PUC-SP), com o tema "Discricionariedade administrativa nas empresas estatais (Governança Corporativa, planejamento e função social)", defendida com brilho pelo autor, em Banca da qual tive o privilégio de integrar, juntamente com seu orientador Professor Márcio Cammarosano (PUC-SP) e a Professora Vera Monteiro (FGV-SP).

Conheci Gabriel como pós-graduando na Disciplina Direito Administrativo Sancionador e, de imediato, foi fácil de reconhecer a sua imensa aptidão acadêmica para enfrentar, dialogar e debater temas complexos do Direito Administrativo. Com a delimitação do objeto de estudo no Estatuto das Empresas Estatais (Lei nº 13.303/2016), a escolha da temática da presente obra mostra esta inquietude e ousadia, própria da formação do jurista nos tempos atuais. Gabriel não se inibe com as dificuldades próprias de um regramento relativamente recente. Partindo de uma excelente pesquisa bibliográfica, constrói sua argumentação de forma clara, objetiva e sólida, mostrando uma qualidade que se reproduz na sua atividade de advogado.

Além do Mestrado, Gabriel já possui Pós-Graduação Lato Sensu em Direito Administrativo pela FGV-SP, o que lhe permitiu aprofundar sua compreensão desta maravilhosa disciplina na pós-graduação *stricto sensu*, com um tema de enorme relevância dogmática e prática, na atualidade. Também é Diretor do Instituto de Direito Administrativo Sancionador Brasileiro (IDASAN), com quem compartilho a alegria de conduzir esta recente entidade.

O autor desenvolveu, com brilho, a afirmação de que o regime jurídico-administrativo brasileiro atribui às empresas estatais competências ou potestades públicas, dado o seu caráter instrumental de realização pelo Estado de finalidades de interesse público – na dicção do artigo 173 da CF, imperativos de segurança nacional e relevantes interesses coletivos. Na criação e delimitação das atividades das empresas estatais, vislumbra o autor a outorga de discricionariedade na gestão de suas atividades sociais. Como exige a tutela do interesse público, esta discricionariedade vem regularmente delimitada e limitada pela legislação aplicável, destacadamente o Estatuto das Empresas Estatais – a Lei nº 13.303/2016. Dirige a sua análise para três diretrizes legais fundamentais para compreensão dos limites jurídicos da discricionariedade: a governança corporativa, o planejamento e a função social, tal como cristalizadas no novo marco legal.

Este é o núcleo fundamental da obra ora apresentada, e já revela significativa contribuição para o Direito Administrativo Brasileiro, considerando uma vertente doutrinária que resiste em interpretar e aplicar o regime jurídico-administrativo das Estatais, tendo como norte predominante o caráter adjetivo de seu figurino jurídico de pessoa jurídica de direito privado, outorgado pelo Estado, através da lei de criação. Com este núcleo fundamental, Gabriel mostra a ancoragem do seu pensamento nos postulados da Escola de Direito Administrativo da PUC-SP, historicamente capitaneada por Celso Antônio Bandeira de Mello, que se mantém firme na defesa do interesse público como conceito estruturante fundamental, bem como em todos os seus corolários para a explicação desta disciplina fundamental do Direito Público, na defesa do Estado Democrático de Direito.

Gabriel prepara a abordagem do tema, de forma cuidadosa. Os capítulos se sucedem em uma ordem lógica incontestável. Inicia com o tratamento dogmático da Ordem Econômica na Constituição de 1988, na qual vai se posicionar relativamente ao conteúdo do artigo 173 da

CF, como dispositivo fundamental para toda sua construção teórica. Com efeito, a criação de empresas estatais é uma possibilidade de intervenção do Estado no domínio econômico, como protagonista nesta seara, própria dos sujeitos privados. O Texto Constitucional condiciona este ingresso e permanência no domínio econômico a balizas fundamentais para justificar a existência de um regime diferenciado de empresas estatais em face das demais empresas na órbita do mercado. O autor vai oferecer sua visão de subsidiariedade da atuação estatal.

Segue o autor com a abordagem do regime jurídico das empresas estatais, desde um prisma histórico, marcando o significado do Decreto-Lei nº 200/1967 e a Lei nº 6.404/1976 no tema, para chegar ao novo regramento da Lei nº 13.303/2016, demonstrando como interesse público, Estatuto das Estatais, lei de criação e o Estatuto Social balizam a autonomia e a discricionariedade das empresas estatais, nos termos desta recente legislação. Em diversas passagens, o autor registra o contexto em que se insere a aprovação do Estatuto, fruto, dentre outros, da implementação de política pública do Estado na implementação de medidas anticorrupção, de modo a proteger as referidas entidades da Administração Indireta de quaisquer desvios da principiologia que deve nortear sua gestão. Estabelecer legislativamente novas "regras de governança corporativa" tornou-se uma demanda impostergável da sociedade brasileira, com os recorrentes escândalos de corrupção.

O autor observa a necessidade de tratamento dogmático da discricionariedade administrativa, no seu aspecto conceitual, inclusive com uma abordagem sobre a discricionariedade técnica. Não há, do ponto de vista formal, liberdade na atividade de empresas estatais. O que o ordenamento perfilha são competências discricionárias, mesmo que desenhadas por conceitos jurídicos indeterminados, a serem exercidas com base em critérios objetivos, inclusive técnicos e/ou científicos. Também se encontrará no seu estudo uma excelente abordagem da denominada "discricionariedade de planificação", pouco encontrada na nossa doutrina, e fundamental para explicar o processo de implementação do planejamento no exercício da função administrativa.

Com estas abordagens prévias e necessárias, o autor adentra na temática da empresa estatal e o exercício de sua discricionariedade administrativa, promovendo uma leitura adequada da forma como fundamentá-la (e limitá-la) na Constituição e no Estatuto das Estatais, destacadamente nos artigos 8º ("requisitos de transparência"), 23 ("plano de negócios") e 27 ("função social") do Estatuto das Empresas Estatais. A obra, por conseguinte, irá minudenciar a relevância atual de "regras de governança corporativa" (artigo 1º), em que se insere o planejamento, bem como a exigência de cumprimento da função social como pressuposto de legitimidade da atuação das empresas.

A Constituição Federal traz dispositivos expressivos da submissão das empresas estatais a estas diretrizes normativas. O artigo 173, § 1º, com a redação da EC nº 19/1998, estabelece que o Estatuto das Estatais deve dispor sobre: I - sua função social e formas de fiscalização pelo Estado e pela sociedade; II - a sujeição ao regime jurídico próprio das empresas privadas, inclusive quanto aos direitos e obrigações civis, comerciais, trabalhistas e tributários; III - licitação e contratação de obras, serviços, compras e alienações, observados os princípios da administração pública; IV - a constituição e o funcionamento dos conselhos de administração e fiscal, com a participação de acionistas minoritários; V - os mandatos, a avaliação de desempenho e a responsabilidade dos administradores.

A interpretação sistemática deste dispositivo mostra a inderrogável submissão da atuação das empresas estatais a exigências derivadas da sua instrumentalidade, da sua missão institucional no conjunto orgânico da Administração Pública, nas diversas esferas federativas, norteada pelos princípios inscritos no artigo 37, *caput*, da mesma Constituição.

Gabriel contribui com uma adequada abordagem das limitações impostas à discricionariedade. Assinala a necessidade de reconhecimento normativo de sua existência no regime de gestão das empresas estatais, dada as finalidades públicas que perseguem dentro do contexto da ordem econômica, marcada pelo dinamismo próprio do mercado. Assegurar uma atuação com razoabilidade e eficiência em compasso com as especificidades do mercado e preservar a empresa de interferências políticas de governantes, conduzindo-as como sujeitos próprios na realização de políticas de Estado, é um imenso desafio na demarcação e no exercício da discricionariedade.

Gabriel sublinha, no entanto, os limites assinados pelo planejamento, desde a aprovação do plano de negócios e estratégia de longo prazo nele assinalada até a elaboração da carta anual, todos previstos na Lei nº 13.303/2016 e oferece ao leitor um interessante recorte metodológico para tratar e enfrentar problemas pontuais e paradigmáticos vislumbrados nesta gestão, concernentes a temas como alteração do planejamento das empresas estatais, aprovação e condução de política de desinvestimentos, política de contratação de patrocínios, e política de contratação de operações de crédito. O autor consegue indicar o problema do fino equilíbrio que implica a outorga de discricionariedade, na criação da empresa estatal.

Gabriel ainda nos mostra uma crítica substancial ao controle sobre a atuação dos administradores, tecendo observações relativamente ao controle externo, a cargo do Poder Legislativo, exercido com o auxílio de Tribunais de Contas. Observa o imperativo constitucional do controle externo, mas pontua a necessidade de preservação da discricionariedade, quando exercida "de forma a se manter a higidez da atuação empresarial por parte das empresas estatais", nas palavras do autor.

Tive a imensa honra de participar da Banca de Mestrado, formulando inúmeros questionamentos que o trabalho suscita em suas diversas partes. O leitor poderá constatar por si só, e certamente terá suas próprias convergências e divergências em relação à posição doutrinária do autor. Todavia, distanciando-se de forma ponderada do discurso majoritário conferido ao tema, desde a edição da Lei nº 13.303/2016, somente por esta característica o trabalho já merece a consideração sobre as ideias nele lançadas.

Karl Popper, ao tratar da lógica das ciências sociais, certa vez disse que "nossa ignorância é sóbria e ilimitada." E explicou, "a cada passo adiante, a cada problema que resolvemos, não só descobrimos problemas novos e não solucionados, porém, também, descobrimos que aonde acreditávamos pisar em solo firme e seguro, todas as coisas são, na verdade, inseguras e em estado de alteração contínua".[1] Na mesma obra citada, disse Popper que "a assim chamada objetividade da ciência repousa na objetividade do método crítico."

A metodologia utilizada pelo autor está fincada em bases conceituais claras e congruentes. Premissas e conclusões estão muito bem alinhavadas. Assim, o trabalho nos conduz a novas reflexões, cumprindo a sua finalidade. Com redobrado apreço, parabenizo o autor e o seu orientador, Professor Doutor Márcio Cammarosano, da Pontifícia Universidade Católica de São Paulo (PUC-SP), pela ousadia na escolha do tema. Vivemos um tempo que exige ousadia para construir o caminho de aplicação da Lei nº 13.303/2016, dentro da melhor forma de concretização das bases constitucionais da Administração Pública, de forma a garantir uma atuação legítima de empresas estatais, com a eficiência e eficácia que se exigem de instituições serviçais da coletividade.

José Roberto Pimenta Oliveira

Procurador Regional da República na 3ª Região.
Mestre e Doutor em Direito do Estado pela PUC-SP.
Professor de Direito Administrativo da Faculdade de Direito da PUCSP

[1] POPPER, Karl. *Lógica das Ciências Sociais*, 3. ed. Rio de Janeiro, 2004, p. 13

INTRODUÇÃO

A intervenção do Estado na ordem econômica é tema que suscita inúmeras controvérsias no Direito Administrativo e no Direito Constitucional. Mesmo antes da Constituição de 1988, vem sendo retratada em nosso ordenamento de diversas maneiras e, ao longo do tempo, ensejando as mais distintas interpretações quanto à sua natureza jurídica e extensão.

Nas Constituições de 1934 e 1937, ambas da chamada Era Vargas (1930-1945), existiram disposições expressas prevendo a participação direta do Estado na ordem econômica (CF/1934, artigo 116, e CF/1937, artigo 135), o que foi replicado nas Constituições seguintes de 1945, artigo 145, e de 1967, artigo 157, § 8º, no artigo 163 da Emenda Constitucional nº 01 de 1969 e, evidentemente, no artigo 173 da Constituição de 1988.

Em comum, todos esses regramentos constitucionais dedicaram ao Estado um papel residual na ordem econômica, admitindo-se sua presença apenas como partícipe direto do mercado concorrencial ou para corrigir distorções do setor privado ou nos casos identificados de relevante interesse coletivo e para preservação da segurança nacional, de forma que, em alguma medida, pode-se afirmar que a participação do Estado na ordem econômica se dá ao abrigo do princípio da subsidiariedade e, no exercício dessa subsidiariedade, o Estado brasileiro sempre se valeu das empresas estatais para atingir os objetivos econômicos estabelecidos em cada uma daquelas Cartas.

Embora seja um fenômeno anterior à República e não exclusivo do Brasil, o desenvolvimento econômico com o emprego de empresas estatais encontrou aqui vasto e complexo regime jurídico, porquanto o Estado brasileiro reconhecidamente mostrou-se dependente dessas empresas para a solidificação de sua capacidade industrial e expansão de sua infraestrutura e sistema bancário, o que ensejou a criação e a manutenção de diversas empresas com investimento público, cada uma com particularidades e características que impediam de se atribuir a todas as estatais um único regime jurídico, seja ele público, seja privado.

Afora um episódio isolado, porém emblemático, caracterizado pela criação do Banco do Brasil em 1808, o Brasil experimentou, com a criação das empresas estatais, uma política de desenvolvimento econômico mais acentuada a partir do início do século XX, o que justifica a reiteração das Constituições republicanas em prever a participação do Estado na ordem econômica.

A partir da criação das primeiras empresas estatais e do aumento dessa política de desenvolvimento econômico que só se arrefeceria no início dos anos 1990 com as primeiras privatizações, a natureza jurídica daquelas empresas sempre suscitou inúmeros questionamentos ao longo do tempo, à medida que se proliferavam nos mais díspares setores da economia. Embora a previsão da intervenção direta do Estado na ordem econômica fosse traço marcante das Constituições republicanas a partir de 1934, é igualmente verdade que o ordenamento jurídico carecia de normatização quanto ao regime das empresas criadas em decorrência daquelas previsões constitucionais.

Ante a inexistência de uma tipificação jurídica dedicada à atuação empresarial do Estado, as empresas estatais foram sendo criadas e conduzidas mais à feição dos governos que a administravam do que efetivamente dotadas de um viés empresarial e lucrativo que permitisse ao Estado ser de fato um agente econômico.

A primeira e mais significativa medida que procurou estabelecer um padrão de regime jurídico das empresas estatais foi prevista no Decreto-Lei nº 200/67 e na sua posterior alteração em 1969. Naquela oportunidade, o legislador assentou o regime de Direito Privado e apresentou a distinção entre empresas públicas e sociedades de economia mista, ao mesmo tempo que estatuiu a supervisão ministerial e a vinculação das estatais aos planos do governo que as criaram, deixando-as em um limbo jurídico quanto ao regime jurídico, pois na mesma proporção caracterizavam-se como entes privados e órgãos de governo.

Posteriormente, a Lei nº 6.404/76 equiparou as sociedades de economia mista às sociedades anônimas, dedicando às primeiras a mesma política de controle e governança das segundas, inclusive em matéria de responsabilidade, o que impactou diretamente o regime de Direito Público igualmente aplicável àquelas empresas.

Com a previsão expressa do regime de Direito Privado, intensificou-se o debate existente se as empresas estatais poderiam atingir finalidades públicas com o emprego daquele regime, qual seria a extensão desse regime jurídico e, no limite, se teria havido uma derrogação completa do regime de Direito Público.

Inúmeros foram os estudos ora a rechaçar a possiblidade de as empresas estatais serem regradas pelo Direito Privado em virtude das finalidades públicas que lhes são precípuas, ora admitindo a existência daquele regime como meio essencial para justamente se atingir aquelas mesmas finalidades públicas.

Embora tenham representado algum avanço na matéria, nem o Decreto-Lei nº 200/67, tampouco a Lei das Sociedades Anônimas foram exitosos em estabelecer os limites ou dirimir aspectos de um regime jurídico e outro. Essa concomitância de regimes jurídicos distintos atinge diretamente a discricionariedade na atuação das estatais. A prevalecer o regime de Direito Privado, haveria de se admitir uma vinculaçao negativa; prevalecendo o regime de Direito Público, a vinculação seria adstrita àquilo que a lei autorizadora previamente estabeleceu.

Essa forma de enxergar a vinculação relativa à atuação das empresas estatais é essencial para se compreender sua eficiência, o que lhes compete, bem como o que lhes é permitido para que atinjam suas finalidades de interesse coletivo.

Por outro lado, não só a coexistência dos regimes de Direito Privado e Público impactam a discricionariedade de atuação das empresas estatais. A existência de diversos subtipos de empresa estatal também impede categorizar a extensão da discricionariedade e flexibilidade de atuação dessas empresas.

No Direito brasileiro, a dicotomia entre Direito Privado e Direito Público ou empresa pública e sociedade de economia mista não é suficiente para se compreender a natureza desse instrumento jurídico. Além dessas clássicas diferenciações, também são percebidas as distinções entre empresas estatais exploradoras de atividade econômica e prestadoras de serviços públicos e empresas estatais dependentes e independentes, o que, como veremos, também impacta o exame da discricionariedade frente ao desafio por parte do pesquisador em superar todas essas subclassificações para chegar a um termo comum quanto ao objeto pesquisado.

Permeada por todos esses conflitos até aqui retratados, e ainda em função dos casos de corrupção que atingiram as grandes estatais brasileiras, foi promulgada a lei a regulamentar o § 1º do artigo 173 da Constituição Federal. Denominada "Lei das Estatais", a Lei nº 13.303/16 buscou aprimorar a natureza do regime de Direito Privado, unificar o regime jurídico das empresas públicas e sociedades de economia mista, bem como superar a distinção doutrinária e jurisprudencial a separar estatal exploradora de atividade econômica e prestadora de serviço público, além de estabelecer em que medida as empresas estatais dependentes se subordinariam às suas disposições.

Evidente que a lei não passou incólume de críticas, que foram mais concentradas na superação da distinção entre exploradoras de atividade econômica e prestadoras de serviços públicos, no regime licitatório específico e na previsão da incidência de regras de Direito Privado sobre os contratos administrativos firmados.

De qualquer forma, a lei trouxe avanços significativos para a compreensão da matéria e para o exame da natureza jurídica das estatais, de maneira que a partir de suas disposições é que procuraremos examinar o instituto da discricionariedade administrativa nas empresas estatais, seus efeitos e extensões.

O exame focará nos artigos 8º, 23 e 27 da Lei nº 13.303/16, no que tange ao plano de negócios, uma vez que esses dispositivos comportam o cerne da governança das empresas estatais, fornecendo as diretrizes essenciais para que exerçam suas atividades, atinjam suas finalidades de interesse público e sejam conduzidas nos padrões de governança e transparência buscados pelo legislador.

Apenas para que se tenha uma ideia da relevância dos dispositivos a serem examinados, neles repousam a *explicitação dos compromissos de consecução de objetivos de políticas públicas* pelas empresas estatais, a fim de que demonstrem o *atendimento ao interesse coletivo ou ao imperativo de segurança nacional que justificou a autorização para suas respectivas criações*, com a devida *adequação de seu estatuto social à autorização legislativa de sua criação* (artigo 8º, *caput* e incisos I e II, Lei nº 13.303/16).

O artigo 27, por sua vez, é responsável pela definição e vinculação da função social, que deverá se ater ao *interesse coletivo ou atendimento a imperativo da segurança nacional expresso no instrumento de autorização legal para a sua criação.*

Não só a função social deverá se pautar pelos requisitos de criação das empresas estatais como a realização do interesse coletivo e imperativo de segurança nacional deverá observar padrões previamente estabelecidos de *bem-estar econômico* e *alocação socialmente eficiente dos recursos.*

Os artigos 8º e 27 carregam em si toda a estrutura de uma empresa estatal, contemplando desde a consolidação do objeto social a ser perseguido, passando por políticas de transparência e alocação eficiente de recursos como critérios e padrões para se chegar à finalidade de interesse púbico pretendida e especificada em lei.

O artigo 23, ao tratar do plano de negócios e da estratégia a longo prazo, consolida todas as diretrizes estruturantes identificadas anteriormente e reflete, a partir de um processo de planejamento, os anseios buscados na função social e nas cartas anuais.

A redação desses três dispositivos oferece um campo vasto para o estudo da discricionariedade na Lei das Estatais, pois deles irradiam todas as diretrizes que permearão a condução das empresas públicas e sociedades de economia mista. Toda medida adotada pelo administrador de uma empresa estatal deverá se pautar ao que foi definido originariamente nos artigos 8º, 23 e 27, o que dá uma noção da extensão da discricionariedade que esses três dispositivos eventualmente possuem, tendo em vista que podem ampliar ou restringir a autonomia e flexibilidade de atuação da companhia.

Comportam um aprofundamento analítico, por exemplo, o conteúdo jurídico e prático das expressões "bem-estar social" e "alocação socialmente eficiente de recursos". De igual forma, faz-se necessário um exame da margem de discricionariedade conferida ao administrador para elaborar a carta anual, o plano de negócios, definir os compromissos relativos aos objetivos de políticas públicas e adequar o estatuto social à lei autorizativa.

Especificamente quanto às disposições do artigo 8º, é crucial compreender os limites das possibilidades e prerrogativas dos administradores em elaborar aqueles documentos e diretrizes, porquanto a partir do momento que o fizerem, estão autovinculados ao que determinaram, de forma que se mostra relevante identificar o que compete ao Conselho e à Diretoria no que concerne à elaboração da carta anual, definição dos compromissos e adequação à lei autorizativa.

Definidos o escopo e o objetivo do presente trabalho, o primeiro capítulo será dedicado ao exame do artigo 173 da Constituição Federal, a fim de analisar a figura da intervenção direta do Estado na economia a partir da conceituação das expressões "relevante interesse coletivo" e "imperativo de segurança nacional".

A partir disso, procuraremos demonstrar o caráter subsidiário da intervenção do Estado na ordem econômica no que concerne ao artigo 173, bem como evidenciar a discricionariedade do administrador em intervir ou não na economia, tudo a bem de se explicitar em que circunstâncias se dá a criação de uma empresa estatal.

Objetiva-se, no capítulo I, demonstrar as condições que ensejam e permitem que o Estado crie uma empresa estatal e o que efetivamente se almeja a partir de sua criação. A ideia, em síntese, é explicitar o que são o relevante interesse coletivo e o imperativo de segurança nacional, além de indicar de um modo mais objetivo como são extraídos e de que maneira se materializam.

Busca-se, assim, indicar o que efetivamente vincula e enseja a intervenção do Estado na economia mediante a criação de uma empresa estatal e quais são os objetivos a serem alcançados por ela.

No capítulo II, será feito o exame do regime jurídico das empresas estatais criadas a partir das circunstâncias e critérios identificados na análise do artigo 173 da Constituição Federal. Serão abordados, de início, os aspectos históricos e jurídicos das primeiras empresas estatais das quais se teve conhecimento, a fim de se revisitar o tratamento jurídico dedicado a elas desde o princípio, enfrentando já as principais discussões quanto à autonomia e à flexibilidade de atuação dessas sociedades empresariais e como contribuíram para o desenvolvimento econômico e social da Europa e do Brasil.

Ainda no capítulo II, serão apresentados o Decreto-Lei nº 200/67 (posteriormente alterado pelo Decreto-Lei nº 900/1969) e a Lei nº 6.404/76, precursores do atual regramento jurídico das empresas estatais, oportunidade em que serão examinados os tipos jurídicos a elas destinados e que hoje se refletem na Lei nº 13.303/16, como o regime de Direito Privado e o controle independente dedicado às sociedades anônimas, tudo a bem de se chegar aos pontos centrais da Lei nº 13.303/16, nas suas principais inovações e contribuições para a administração e governança das empresas públicas e sociedades de economia mista.

Chegando ao estudo específico da Lei nº 13.303/16, o capítulo II procurará enfrentar as principais discussões acerca do regime jurídico das empresas estatais, como a distinção entre os regimes de Direito Privado e Público; a unificação do regime das empresas públicas e sociedades de economia mista; o conceito de empresas estatais exploradoras de atividade econômica e prestadoras de serviço público; a figura das empresas estatais dependentes e independentes e a ideia de vinculação a um interesse público que motiva a existência e permeia a condução de uma empresa estatal.

Essas premissas buscam demonstrar onde é possível enxergar e aplicar a discricionariedade nas empresas estatais, porquanto, como veremos, não é possível estabelecer um regime jurídico único àquelas sociedades empresariais a ponto de se conceber uma mesma ideia de discricionariedade, flexibilidade e autonomia a todas elas.

Feitas essas constatações iniciais, o capítulo III examinará efetivamente o conteúdo jurídico da discricionariedade, expondo os seus conceitos, características e interpretações e em que medida a Lei das Estatais absorve a competência discricionária em seu texto e como permite que seja aplicada por seus administradores.

Também será objeto de exame no capítulo III a distinção entre liberdade e discricionariedade, a fim de se constatar se nas empresas estatais existe discricionariedade administrativa ou liberdade negocial tal qual no Direito Privado e se há, em verdade, uma distinção entre essas duas expressões sob o ponto de vista jurídico.

Por sua vez, o capítulo IV objetivará aprofundar essa distinção entre liberdade e discricionariedade nas empresas estatais, visando extrair as competências discricionárias que se identificam na Lei das Estatais.

A partir dessa distinção, será verificado que a discricionariedade administrativa nas empresas estatais opera na atividade de planejamento, vista como um processo necessariamente discricionário que culminará no plano de negócios, junto com a governança corporativa e a função social, que também implicarão competências discricionárias, permearão toda a administração da companhia e serão as balizas de atuação do gestor.

Por fim, o capítulo V será dedicado ao exame do objeto ora estudado a partir do ponto de vista do Tribunal de Contas da União e de como aquele órgão de controle interpreta e aplica as competências discricionárias identificadas no capítulo anterior, a bem de se observar se as conclusões atingidas neste trabalho se coadunam com as do Tribunal de Contas da União.

Capítulo I

A ORDEM ECONÔMICA NA CONSTITUIÇÃO DE 1988

A Carta de 1988 estabeleceu um caráter normativo[2] à valorização do trabalho humano, à livre-iniciativa e à busca da justiça social, prevendo em seu artigo 170 os princípios que devem nortear a ordem a econômica, conforme se depreende do *caput* e incisos.

Da redação do Texto Constitucional dedicado à ordem econômica, depreende-se que o constituinte potencializou o caráter liberal da economia,[3] sem que isso representasse uma ruptura com o conceito de

---

[2] Acerca do caráter normativo do *caput* do artigo 170 da Constituição Federal, valem as palavras de Eros Roberto Grau: "analisando, porém, com alguma percuciência o texto, o leitor verificará que o art. 170 da Constituição, cujo enunciado é inquestionavelmente normativo, assim deverá ser lido: as relações econômicas – ou a atividade econômica – *deverão ser (estar)* fundadas na valorização do trabalho humano e na livre-iniciativa, tendo por fim (fim delas, relações econômicas ou atividade econômica) assegurar a todos existência digna, conforme os ditames da justiça social, observados os seguintes princípios [...]" (GRAU, Eros Roberto. *A Ordem Econômica na Constituição de 1988* [Interpretação e crítica]. 19. ed. São Paulo: Malheiros, 2018, p. 64).

[3] Sobre esse tema, Diogo de Figueiredo Moreira Neto: "Dessas constatações, retira-se uma importante conclusão vestibular ao estudo da atuação do Estado no campo econômico e financeiro: "somente a própria Constituição, pois que nela se entroniza o *regime de livre-iniciativa* e *economia de mercado*, poderá excepcioná-lo, vedado ao legislador,

constituição econômica já estabelecido nas Constituições passadas, de forma que os objetivos do constituinte originário no que tange à ordem econômica e sua nova positivação voltaram-se a ampliar os princípios que norteariam a atividade econômica eminentemente reservada à iniciativa privada, estabelecer a forma e os limites da atuação das empresas estatais,[4] bem como definir objetiva e taxativamente quais seriam os monopólios da União.[5]

Ao consagrar princípios como *livre-iniciativa (caput)* e *livre concorrência* (inciso IV), deixou claro seu intuito de fomentar o empreendedo-

---

sob qualquer pretexto, prescrever *modalidades interventivas* que não tenham sido nela expressamente previstas. Com esta orientação, o País acompanha a tendência universal que – tanto por tradição como à custa de malogradas experiências de regimes dirigistas e intervencionistas em toda a história recente – reconhece na *liberdade econômica* a via natural da prosperidade das nações". (NETO, Diogo de Figueiredo Moreira. *Curso de Direito Administrativo:* Parte Introdutória, Geral, Especial. 16. ed. Rio de Janeiro: Forense, 2014, p. 497).

[4] Conquanto a forma e os critérios de atuação das empresas estatais estejam afetos à atuação do Estado no domínio econômico consoante previsto no artigo 173, seus parágrafos e incisos, os quais serão adiante melhor explorados e estudados, vale aqui a constatação de Gilberto Bercovici, para quem o *caput* do mencionado artigo manteve uma certa tradição brasileira de consentir a atuação do Estado no domínio econômico, endossando o que afirmamos até aqui: "O artigo 173 da Constituição segue a tradição brasileira inaugurada em 1934, e mantida em 1946, possibilitando de forma expressa a atuação do Estado no domínio econômico, inclusive com a hipótese de instituição do monopólio estatal sobre determinados setores ou atividades" (BERCOVICI, Gilberto. *Direito Econômico Aplicado:* estudos e pareceres. São Paulo: Contracorrente, 2016, p. 29).

[5] Nesse particular, Luís Roberto Barroso reconhece que a Constituição de 1988 manteve o ideário das Cartas anteriores quanto à livre-iniciativa, mas, em sua visão, o atual regramento Constitucional é distinto das demais no papel do Estado, sobretudo a respeito dos monopólios, eis que no Texto atual os monopólios são infensos à atuação do legislador ordinário como outrora se previu: "É bem de ver que, embora a referência à livre-iniciativa seja tradicional nos textos constitucionais brasileiros, a Carta de 1988 traz uma visão bem diversa da ordem econômica e do papel do Estado, em contraste com os modelos anteriores. Já não se concede mais, como fazia a Carta de 1967/69, ampla competência na matéria ao legislador ordinário, ao qual era reconhecida até mesmo a possibilidade de instituir monopólios estatais" (BARROSO, Luís Roberto. "A ordem econômica constitucional e os limites à atuação estatal no controle de preços". *Revista de Direito Administrativo*, Rio de Janeiro, Fundação Getúlio Vargas, n. 226, out./dez. 2001, pp. 187-212.).

rismo privado, reservando à inciativa privada,[6] por intermédio de sua liberdade econômica, a possibilidade de atuar com vistas a obter o lucro devido, desde que observados os valores do trabalho humano, existência digna e justiça social.

Sobre o assunto, valem as palavras de José Afonso da Silva, que muito bem sintetizou a importância da livre-iniciativa e livre concorrência como elementos da preservação da ordem econômica, atribuídas eminentemente aos entes particulares:

> [...] fizeram surgir mecanismos de condicionamento da iniciativa privada, em busca da realização de justiça social, de sorte que o texto supratranscrito do art. 170, parágrafo único, sujeito aos ditames da lei, há de ser entendido no contexto de uma Constituição preocupada com a justiça social e com o bem-estar coletivo.

Assim, a *liberdade de iniciativa econômica privada*, num contexto de uma Constituição preocupada com a realização da justiça social [...].[7]

Para além das diretrizes liberais e de mercado garantidas precipuamente à iniciativa privada, a Carta de 1988 igualmente define como princípios e finalidades da ordem econômica a valorização do trabalho humano[8] e a justiça social, cabendo àquela exercer liberdade econômica

---

[6] Quanto a isso, é pertinente a definição de definição de Luís Roberto Barroso, que muito bem explica as razões que levam a ordem econômica a ser majoritariamente destinada à iniciativa privada: "De acordo com o sistema constitucional que aqui se vem expondo, é fora de dúvida que os particulares são os principais atores da ordem econômica brasileira. Têm eles direito subjetivo à livre concorrência e à busca do lucro e o dever jurídico de observarem os princípios de funcionamento da atividade econômica" (BARROSO, Luís Roberto. "A ordem econômica constitucional e os limites à atuação estatal no controle de preços". *Revista de Direito Administrativo*, Rio de Janeiro, Fundação Getulio Vargas, n. 226, out./dez. 2001, pp. 187-212.).

[7] SILVA, José Afonso da. *Curso de Direito Constitucional Positivo*. 38. ed. São Paulo: Malheiros, 2015, p. 805.

[8] Nesse sentido, Luís Roberto Barroso: "A ordem econômica, em particular, e cada um de seus agentes – os da iniciativa privada e o próprio Estado – estão vinculados a esses dois bens: a valorização do trabalho [e, a fortiori, de quem trabalha] e a livre-iniciativa de todos – que, afinal, também abriga a ideia de trabalho –, espécie do gênero liberdade

em consonância com aqueles princípios e sem desconsiderar que e o Estado de Bem-Estar Social deve ser sempre observado, ainda que no exercício das liberdades econômicas.

Uma vez reconhecido que o constituinte procurou atribuir à iniciativa privada a primazia de atuar na ordem econômica e atingir os princípios prescritos no artigo 170, é consequência lógica perceber que o intuito do Texto Constitucional é atribuir ao Estado um papel residual ou subsidiário[9] para atuar nesse âmbito, sendo relevante esmiuçar de que forma o constituinte assim o estatuiu.

1.1 A exploração de atividade econômica diretamente pelo estado: uma análise do artigo 173 da Constituição Federal

1.1.1 Os conceitos de imperativa segurança nacional e relevante interesse coletivo

Quanto ao papel do Estado na atividade econômica e os critérios estabelecidos pela Constituição para sua efetividade, o *caput* do artigo 173, de plano, estabelece que "a exploração direta de atividade econômica pelo Estado só será permitida quando necessária aos imperativos da segurança nacional ou a relevante interesse coletivo, conforme defi-

humana" (BARROSO, Luís Roberto. "A ordem econômica constitucional e os limites à atuação estatal no controle de preços". *Revista de Direito Administrativo*, Rio de Janeiro, Fundação Getulio Vargas, n. 226, out./dez. 2001, pp. 187-212.).

[9] Alguns autores entendem que a participação secundária do Estado na Ordem Econômica, devendo ter a abstenção como regra, invoca o princípio da subsidiariedade, consistente em condicionar o Estado a participar da ordem econômica somente quando autorizado constitucionalmente a fazê-lo. Nesse sentido é a posição de André Saddy: "Desse pressuposto extraem-se dois princípios: o da subsidiariedade, por força do qual o Estado só intervém diretamente na economia nas hipóteses autorizadas na Constituição; e o da abstenção, segundo o qual o Estado não deve exercer atividades econômicas, excluindo ou concorrendo com a iniciativa privada, senão nas hipóteses excepcionais mencionadas" (SADDY, André. "Intervenção direta do Estado na economia: uma análise do *caput* do art. 173 da Constituição brasileira". *Revista de Direito Administrativo*, Rio de Janeiro, Fundação Getulio Vargas, n. 269, maio/ago. 2015, pp. 107-138.).

nidos em lei", marcando a intenção do constituinte de restringir tanto quanto possível a presença estatal na ordem econômica.

Sintetizando as intenções e restrições trazidas pela Constituição, Gilberto Bercovici assim interpreta o *caput* do artigo 173:

> Já a atividade econômica em sentido estrito (artigo 173, *caput* da Constituição) só pode ser prestada diretamente pela Estado em casos de imperativos de segurança nacional ou relevante coletivo. A atividade econômica em sentido estrito é prestada preferencialmente, pelos agentes econômicos privados, em regime de mercado. O Estado pode prestar atividade econômica em sentido apenas nas hipóteses elencadas no *caput* do artigo 173, concorrendo com os demais agentes econômicos privados ou monopolizando a atividade. Esse artigo define as bases constitucionais para a atuação *stricto sensu* do Estado no domínio econômico [...].[10]

Disso decorre que os elementos centrais para se examinar a intervenção direta do Estado na economia são os conceitos de imperativa segurança nacional e relevante interesse coletivo, os quais, por essência, são o filtro para que o Estado haja na economia fora das hipóteses previstas na Constituição Federal, denotando o caráter extraordinário e residual dessa atuação.

As hipóteses de intervenção direta do Estado na economia são dotadas de conceitos vagos e imprecisos que impedem de se apurar objetivamente em quais circunstâncias o Estado pode intervir na ordem econômica ou o que seriam efetivamente a imperativa segurança nacional e o relevante interesse coletivo.

Embora difuso e vago, é possível observar que o requisito de imperativa segurança nacional se destina a ensejar a criação de empresas estatais voltadas à soberania nacional, majoritariamente vinculadas ao Ministério da Defesa, como a Indústria de Material Bélico do Brasil –

---

[10] BERCOVICI, Gilberto. *Direito Econômico Aplicado*: estudos e pareceres. São Paulo: Contracorrente, 2016, p. 28.

IMBEL, criada para desenvolver "suas atividades no setor de produtos de defesa e de segurança, com estrita observância das Políticas, Estratégias, Planos e Programas do Governo Federal, bem como das diretrizes fixadas, anualmente, pelo Comandante do Exército para a IMBEL".[11]

O conceito de relevante interesse coletivo está intimamente ligado à ideia de interesse público, já classicamente definido por Celso Antônio Bandeira de Mello "como o interesse resultante do conjunto dos interesses que os indivíduos pessoalmente têm quando considerados em sua qualidade de membros da Sociedade e pelo simples fato de o serem".[12] Justamente em virtude dessa correlação há uma possibilidade de o intérprete atribuir à norma as mais distintas roupagens e definições, de forma que em matéria de relevante interesse coletivo existe uma considerável discricionariedade para que o Poder Público identifique essa circunstância e implemente a intervenção na economia.

O interesse público deve justificar a existência de uma empresa estatal, de maneira que cabe ao intérprete distinguir qual interesse público de fato culmina em um relevante interesse coletivo, pois nem todo interesse público representa necessariamente um interesse coletivo.[13]

O que caracterizará o relevante interesse coletivo não será a atividade pretensamente útil ao interesse público, diga-se, aquela que contenha certo apelo popular em virtude do que produz ou comercializa (indústria alimentícia, têxtil etc.), mas sim a constatação de que a atuação

---

[11] Art. 4° do Estatuto Social da Indústria de Material Bélico do Brasil. Disponível em: http://www.imbel.gov.br/. Acesso em: 21 ago. 2019.

[12] BANDEIRA DE MELLO, Celso Antônio. *Curso de Direito Administrativo*. 32. ed. São Paulo: Malheiros, 2015, p. 62.

[13] Nesse sentido, Luiz Eduardo Altenburg de Assis: "O interesse coletivo está compreendido na ideia de interesse público, cujo atendimento constitui a finalidade precípua do exercício da função pública. Todo interesse coletivo reflete uma faceta do interesse público, mas nem todo interesse público constitui um interesse coletivo que autorize a intervenção direta do Estado no domínio econômico" (ASSIS, Luiz Eduardo Altenburg de. *Parcerias Empresariais Público-Privadas*: as parcerias e outras formas associativas em oportunidades de negócio na Lei das Estatais. 2018. 295 f. Dissertação (Mestrado em Direito). Pontifícia Universidade Católica de São Paulo – PUC-SP, São Paulo, 2018, p. 23).

do Estado em certo segmento econômico será relevante e necessária ao interesse coletivo.

O relevante interesse coletivo não se concretiza pelo mero anseio de uma parcela da sociedade ou de uma pluralidade de pessoas que postulam por certo tipo de produção econômica, mas na evidência de que diante de certas circunstâncias e atividades impõe-se a intervenção estatal na economia como medida eficaz de se atender ao interesse público.[14] Nesse sentido, André Rodrigues Cyrino assevera:

> A partir do sentido etimológico dos termos "relevante interesse coletivo", infere-se, para os fins do art. 173, *caput,* da Constituição, que o interesse coletivo consiste na existência de uma necessidade transindividual, comum a número significativo de pessoas, cuja satisfação não possa ser proporcionada de forma adequada senão que pela atuação direta do Estado-empresário. Ainda que exista espaço para as escolhas daquilo que se entenda relevante, não se trata, tão somente, de um mero interesse da coletividade.[15]

Evidentemente, a percepção do que é ou não interesse coletivo passa muito mais pela análise crítica e subjetiva do administrador público do que por critérios objetivos e claros colocados à sua disposição, o que requer o emprego de outros princípios de Direito Público para nortear sua atuação no que concerne à intervenção na ordem econômica.

---

[14] Nas palavras de Marçal Justen Filho. "A atuação direta do Estado não é justificável mediante a mera invocação de algum interesse público que se considere relevante. É necessário evidenciar que a intervenção direta do Estado é a solução adequada e imprescindível para a satisfação de necessidades determinadas. Aplica-se o princípio da proporcionalidade, o que significa que somente se legitimará a intervenção estatal *se* outra alternativa não for mais satisfatória" (JUSTEN FILHO, Marçal. *Curso de Direito Administrativo*. 3. ed. São Paulo: Revista dos Tribunais, 2015, p. 873).

[15] CYRINO, André Rodrigues *apud* ARAGÃO, Alexandre Santos de. *Empresas Estatais*: regime jurídico das Empresas Públicas e Sociedades de Economia Mista. 2. ed. Rio de Janeiro: Forense, 2018, p. 101.

1.1.2 O princípio da subsidiariedade na exploração de atividade econômica pelo Estado

Considerando a essência daquilo que se entende por imperativo de segurança nacional e relevante interesse coletivo e o caráter extremamente impreciso desses dois conceitos, sobretudo no que concerne ao segundo, passemos a esmiuçar a incidência do princípio da subsidiariedade como componente da intervenção do Estado na economia.

Referida imprecisão semeou na doutrina extenso debate acerca do caráter subsidiário do Estado na economia, procurando apurar se a intervenção estatal na ordem econômica é suplementar e residual, autorizada quando presentes as hipóteses narradas no artigo 173 da Constituição Federal, ou se necessária quando não atendidos aqueles mesmos requisitos e outros objetivos intrínsecos à ordem econômica.

Contrário à ideia de subsidiariedade, Emerson Gabardo, para quem não há que se falar em tal princípio em matéria de intervenção do Estado na ordem econômica, afirma que:

> [...] nos casos de intervenção direta expressamente previstos na Constituição (estando sob regime de monopólio ou não), não há nem o que se cogitar diversamente; por óbvio que a sua atribuição constitucional ao Estado torna juridicamente típica a atividade (ainda que ontologicamente não seja). A identificação de atividades dessa natureza rege-se pelo princípio justamente oposto ao da subsidiariedade, que é o da prevalência do interesse público sobre o privado[...]. Ou seja, no Brasil, não é "condição jurídico-autorizativa" para a aceitação da intervenção econômica do Estado a presença de uma situação de mercado em que os recursos estejam empregados de forma precarizada ou mesmo não ótima no atendimento das necessidades dos consumidores; muito menos constitui critério determinante para este fim a situação de ausência de produtividade interna das empresas.[16]

[16] GABARDO, Emerson. *Interesse Público e Subsidiariedade*. Belo Horizonte: Fórum, 2009, p. 229.

A compreensão do princípio da subsidiariedade passa pelo exame da redação do artigo 173 da Constituição, porquanto a celeuma consiste em aquiescer com a intervenção estatal somente quando presentes os requisitos contidos naquele dispositivo ou se, em verdade, haveria um campo maior para tanto, cabendo à Administração Pública intervir na ordem econômica sempre que identificar distorções e falhas no exercício da livre-iniciativa e concorrência.

Essa segunda interpretação funda-se na ideia que a Constituição Federal, ao consagrar a ordem econômica, não se resume a privilegiar a livre-iniciativa e a concorrência, normatizando também como objetivos a serem alcançados a justiça social e a valorização do trabalho humano, de forma que estes, quando não atingidos pela livre-iniciativa, ensejam a intervenção estatal direta ou indireta na economia, atribuindo à subsidiariedade um caráter mais amplo do que o costumeiramente identificado quando analisada somente à luz do artigo 173.

Esse posicionamento é sustentado por Ricardo Marcondes Martins, que advoga que a subsidiariedade estaria presente não só na exploração de atividade econômica diretamente pelo Estado, mas também na própria regulação em suas mais distintas modalidades, ao que creditou à doutrina um equívoco ao diagnosticar a incidência do princípio da subsidiariedade somente nas hipóteses de exploração direta da atividade econômica pelo Estado. Consoante a lição do eminente professor:

> A subsidiariedade aplica-se, assim, à intervenção do Estado na ordem econômica, à regulação por direção (supra,VI-2.1), à regulação por indução (supra,VI-2.2) e à regulação por participação (supra,VI 3.3).

Em relação à aplicação da subsidiariedade no campo da liberdade econômica, são comuns na doutrina dois graves equívocos. Primeiro: é equivocado supor que a atuação estatal na economia só se dê diante da insuficiência do sistema econômico em relação à *eficiência econômica*. A regulação, conforme dantes enfatizado (*supra,* VI-1), não se faz necessária apenas quando não haja eficiente alocação de recursos, ou seja, quando haja eliminação desleal da concorrência. Ela também é indispensável quando não haja justa alocação de recursos. Se os agentes econômicos não conseguem, por si, obter um mercado justo e eficiente, faz-se necessária a intervenção do Estado como *soldado de reserva.*[17]

Parece-nos que, ao atribuir à subsidiariedade uma amplitude maior do que habitualmente se aponta, reconhecendo a tal princípio incidência em diversas outras hipóteses de intervenção do Estado na economia, em verdade não deveria ser o caso de rotulá-lo como "subsidiário", posto que se recorrente e cabível ao Estado sempre que julgar necessário, há um esvaziamento da ideia de subsidiariedade.

Endossando esse raciocínio, Carolina Barros Fidalgo chega a colocar em dúvida a existência da subsidiariedade no ordenamento constitucional: "o que torna questionável a consagração do princípio da subsidiariedade no ordenamento jurídico brasileiro é a existência de diversos dispositivos constitucionais prevendo que a intervenção direta do Estado na economia poderá ocorrer em inúmeras hipóteses",[18] a evidenciar que não há subsidiariedade onde há previsão de participação regular e massiva do Estado.

Situação diversa pode ser extraída do artigo 173, que traz em sua essência a ideia de restringir a exploração de atividade econômica pela Estado, admitindo-a somente em duas ocasiões excepcionais. É justamente dessa excepcionalidade que se extrai o conceito da subsidiariedade.[19]

O artigo 173 restringe e excetua a exploração de atividade econômica pelo Estado, e essa diferenciação de tratamento identificada nos dois dispositivos não permite enxergar no artigo 174, por exemplo, algo subsi-

---

[17] MARTINS, Ricardo Marcondes. *Teoria Jurídica da Liberdade*. São Paulo: Contracorrente, 2015, pp. 199-200.

[18] FIDALGO, Carolina Barros. *O Estado Empresário*: das sociedades estatais às sociedades privadas com participação minoritária do Estado. São Paulo: Almedina, 2017, p. 99.

[19] Segundo Emerson Gabardo, umas das definições de subsidiariedade consiste no "protagonismo do indivíduo e da sociedade civil na consecução das atividades que lhe são necessárias, relegando aos organismos institucionais público-estatais uma competência de caráter acessório (complementar e/ou suplementar)" (GABARDO, Emerson. *Interesse Público e Subsidiariedade*. Belo Horizonte: Fórum, 2009, p. 213).

diário, excepcional ou residual, na medida em que esse dispositivo motiva e endossa a participação do Estado na economia, algo diverso de subsidiário.

Por essa razão, vemos correlação do princípio da subsidiariedade com as disposições do artigo 173 da Constituição Federal, de maneira que fora dessa baliza não caberia, em nosso entender, falar em subsidiariedade no que concerne à intervenção do Estado na ordem econômica. Ou seja, a discussão relativa ao princípio da subsidiariedade gira em torno da exploração de atividade econômica diretamente pela Administração Pública tal qual delineado no já mencionado artigo 173 e os requisitos de intervenção nele contidos.

A ideia de subsidiariedade é perceptível quando nos deparamos com os requisitos estabelecidos pela Constituição para que haja exploração econômica diretamente pelo Estado, indicando que somente naquelas duas únicas hipóteses essa interferência seria admitida, sendo inconstitucional a presença estatal na ordem econômica para além daqueles requisitos e ressalvas.

Apenas quando identificados os dois requisitos do artigo 173 é que se autorizará a exploração de atividade econômica pelo Estado. Quando ausentes, a presença estatal é inconstitucional e inadmissível. Em função dessa distinção é que se afirma que o princípio da subsidiariedade possui uma face passiva e outra ativa: a primeira representada pela impossibilidade de ingerência do Estado quando não identificados os permissivos constitucionais, e a segunda, a obrigação de o Estado participar quando for possível e autorizado.

Esse é o ponto de vista apresentado por Juan Carlos Cassagne:

> Em termos gerais, o princípio da subsidiariedade apresenta duas facetas. Enquanto sua passiva traduz a não ingerência estatal em atividades que podem ser levadas a cabo por pessoas privadas (ou no plano político, que as comunidades maiores não façam o que podem levar a cabo as menores), sua faceta ativa obriga o Estado a atuar, sobretudo no âmbito econômico, social e educativo, pe-

rante a insuficiência da iniciativa privada.[20]

Só haverá subsidiariedade – pelo menos no que tange à ordem econômica – diante das limitações e autorizações apresentadas pelo artigo 173 da Constituição Federal, pois é nesse dispositivo que se apresenta de fato a excepcionalidade da atuação estatal e, por consequência, o caráter residual e específico de sua presença na ordem econômica.[21]

Em todos os demais dispositivos em que há previsão de intervenção do Estado na ordem econômica, trata-se de recorrência e intensificação da participação estatal, o que não se assemelha com subsidiariedade, de forma que o exercício da regulação nos termos do artigo 174[22] da Constituição Federal, a prestação de serviços públicos à luz do artigo 175 e até mesmo a observância dos princípios normatizados no artigo 3º da Carta Magna[23] configuram a regra e representam o desejo da Constituição que o Estado atue a bem de atingir os objetivos constitucionais consagrados a partir do artigo 170 da Constituição Federal.

---

[20] CASSAGNE, Juan Carlos. *Os grandes princípios de Direito Público*: Constitucional e Administrativo. Trad. Marly Peres. São Paulo: Contracorrente, 2017, p. 313.

[21] É válida a conclusão de Vitor Rhein Schirato: "A nosso ver, o art. 173 da Constituição Federal contempla expressamente o Princípio da Subsidiariedade no Direito brasileiro, na medida em que, interpretado com os demais dispositivos da ordem econômica constitucional (artigos 170 e seguintes), não oferece dúvidas de que a atuação estatal direta no domínio econômico é subsidiária, admissível apenas nos casos em que a própria Constituição Federal claramente autorizar" (SCHIRATO, Vitor Rhein. *As empresas estatais no Direito Administrativo Econômico atual*. São Paulo: Saraiva, 2016, p. 166).

[22] BRASIL. *Constituição da República Federativa do Brasil*, 1988. "Art. 174: Como agente normativo e regulador da atividade econômica, o Estado exercerá, na forma da lei, as funções de fiscalização, incentivo e planejamento, sendo este determinante para o setor público e indicativo para o setor privado".

[23] BRASIL. *Constituição da República Federativa do Brasil*, 1988. "Art. 3º: Constituem objetivos fundamentais da República Federativa do Brasil: I - construir uma sociedade livre, justa e solidária; II - garantir o desenvolvimento nacional; III - erradicar a pobreza e a marginalização e reduzir as desigualdades sociais e regionais; IV - promover o bem de todos, sem preconceitos de origem, raça, sexo, cor, idade e quaisquer outras formas de discriminação".

É evidente que a vinculação do Estado às diretrizes constitucionais torna obrigatória sua atuação para manter incólume aquilo que a Constituição normatiza,[24] o que é o oposto de algo suplementar e extraordinário que caracteriza o princípio da subsidiariedade na ordem econômica.

Sem desconhecer, tampouco renegar a capacidade e as prerrogativas do Estado para interferir na ordem econômica como ente regulador ou prestador de serviços públicos, não creditamos como subsidiária essa atuação, mas regular, de maneira que enxergamos o princípio da subsidiariedade na ordem econômica como a limitação imposta ao Estado de somente "atuar onde e na forma em que lhe for permitido por lei (princípio da legalidade da intervenção econômica) e da cláusula geral de liberdade dos particulares".[25]

1.1.2.1 A inexistência de livre-iniciativa do Estado e o princípio da legalidade como corolários da subsidiariedade

Dado o caráter extraordinário e subsidiário da intervenção do Estado na economia, é de se afirmar que essa participação não decorre do princípio da livre-iniciativa que rege a atuação de particulares. O que caracteriza a presença do Estado como agente econômico em regime de concorrência não é o livre interesse em participar de um dado setor ou

---

[24] Em sentido contrário, vale o registro do argumento de Paulo Otero, para quem a necessidade de o Estado buscar o bem-estar social constantemente não afasta dessa vinculação o princípio da subsidiariedade. "Se é certo que o bem-estar envolve um conceito de Estado Social e este, por seu lado pressupõe intervencionismo público, isto não significa, por si só, todavia, exclusão de um princípio de subsidiariedade do entendimento da intervenção econômica, social e cultural do Estado. Por outras palavras, a prossecução do bem-estar, apesar de determinar sempre um certo grau de intervenção dos poderes públicos, não é incompatível com uma intervenção norteada pela ideia de subsidiariedade, enquanto princípio normativo" (OTERO, Paulo. *Vinculação e liberdade de conformação jurídica do sector empresarial do Estado*. Coimbra: Coimbra, 1998, p. 24).

[25] FIDALGO, Carolina Barros. *O Estado Empresário*: das sociedades estatais às sociedades privadas com participação minoritária do Estado. São Paulo: Almedina, 2017, p. 108.

atividade, mas os imperativos de relevância nacional e relevante interesse coletivo, alijando-o de atuar em regime de livre-iniciativa.

Em função dessa restrição constitucional, a participação do Estado na economia em regime de concorrência condiciona-se ao princípio da legalidade, pois não apenas a Constituição define as hipóteses da presença estatal como também essas hipóteses devem estar satisfatoriamente apresentadas e justificadas na lei de criação da empresa estatal.

É a lei, portanto, que viabilizará a concorrência do Estado como agente econômico com entes privados, sem que haja faculdade para que o administrador público defina, de acordo com suas razões e convicções,[26] em quais setores ou atividades haverá a criação de uma empresa estatal. Ainda que a empresa estatal se submeta a regime jurídico de Direito Privado, sua criação e razão de existir regem-se pelo regime de Direito Público.

A vinculação do Estado como explorador de atividade econômica ao princípio da legalidade impõe que a lei autorizativa não se limite a mencionar os requisitos previstos no artigo 173 da Constituição Federal, mas que também demonstre sua efetiva existência, a fim de evitar a criação de empresas estatais fundadas em motivações imprecisas e genéricas, sem efetivo atendimento do interesse coletivo, condição precípua da criação de empresas dessa natureza.

Em outras palavras, o princípio da legalidade não representa mera formalidade para a consagração do Estado como agente econômico direto, de forma que não se admite a promulgação de lei autorizativa omissa ou imprecisa quanto à efetiva explicitação de imperativos de segurança nacional ou relevante interesse coletivo que justifiquem a

[26] Nesse particular, é salutar o registro da posição de Celso Antônio Bandeira de Mello acerca da indisponibilidade do interesse público e o exercício da função administrativa: "Em suma, o necessário – parece-nos – é encarecer que na Administração os bens e os interesses *não se acham entregues à livre disposição da vontade do administrador*. Antes, para este, coloca-se a obrigação, o dever de curá-los nos termos da finalidade a que estão adstritos. É a ordem legal que dispõe sobre ela" (BANDEIRA DE MELLO, Celso Antônio. *Curso de Direito Administrativo*. 32. ed. São Paulo: Malheiros, 2015, p. 77).

posição do Estado. Tais hipóteses, por serem de natureza constitucional, não devem ser simplesmente deduzidas pelo legislador, tampouco utilizadas como pretexto para a criação de uma empresa estatal, sob pena de desvio de finalidade e ofensa à legalidade.

Exatamente por isso, o inciso XIX do artigo 37 da Constituição Federal[27] estabelece que a lei autorizativa da criação da empresa estatal deverá ser *específica*, denotando o intento da Constituição de condicionar a observância do princípio da legalidade não à mera menção à segurança nacional ou relevante interesse coletivo, mas que estes estejam demonstrados e especificados no texto legal a bem de comprovar suas existências.[28]

1.1.3 A discricionariedade em intervir diretamente na ordem

[27] BRASIL. *Constituição da República Federativa do Brasil*, 1988. "Art. 37, Inciso XIV: A Administração Pública Direta e Indireta de qualquer dos Poderes da União, dos Estados, do Distrito Federal e dos Municípios obedecerá aos princípios de legalidade, impessoalidade, moralidade, publicidade e eficiência e, também, ao seguinte: (Redação dada pela Emenda Constitucional nº 19, de 1998) [...]

XIX - somente por lei específica poderá ser criada autarquia e autorizada a instituição de empresa pública, de sociedade de economia mista e de fundação, cabendo à lei complementar, neste último caso, definir as áreas de sua atuação; (Redação dada pela Emenda Constitucional nº 19, de 1998) [...]"

[28] Conforme Diogo de Figueiredo Moreira Neto: "Com efeito, as exigências constitucionais de *definição de motivos*, que se enquadrem nos permissivos de *excepcionalidade*, para que se admita a *exploração econômica por atividade empresarial do Estado* – que são a *segurança nacional* e o *relevante interesse coletivo* – não devem ser apenas *invocadas*, mas necessitam, efetivamente, *existir de fato*, podendo e devendo, portanto, serem *claramente deduzidas* no texto legal, para a sua devida *publicidade* e para possibilitar seu eventual *controle de constitucionalidade*. Não se concebe *discricionariedade legislativa* para fantasiar hipóteses de segurança nacional ou de relevante interesse coletivo, mas, tão somente, no dispositivo, se estabelece um *dever constitucional de identificá-las*, por óbvio, quando realmente existam" (NETO, Diogo de Figueiredo Moreira. *Curso de Direito Administrativo*: Parte Introdutória, Parte Geral, Parte Especial. 16. ed. Rio de Janeiro: Forense, 2014, p. 528). Em igual sentido, Carolina Barros Fidalgo: "O art. 37, XIX, aliás, prevê que essa lei deve ser específica, não podendo, portanto, o Poder Legislativo autorizar de forma genérica a criação de empresas estatais pelo Poder Executivo". (FIDALGO, Carolina Barros. *O Estado Empresário*: das sociedades estatais às sociedades privadas com participação minoritária do Estado. São Paulo: Almedina, 2017, p. 113). Cf. D´ALTE, Sofia Tomé. *A nova configuração do sector empresarial do Estado e a empresarialização dos serviços públicos*. Coimbra: Almedina, 2007, p. 222.

econômica quando presentes os requisitos do artigo 173 da Constituição Federal

Tema de relevo para se compreender a amplitude e a essência da intervenção direta do Estado na ordem econômica em concorrência com agentes privados, o exame da existência ou não de discricionariedade quanto à criação de uma empresa estatal é interligado à inexistência de livre-iniciativa no âmbito da Administração Pública, à legalidade e à própria subsidiariedade, pois, como exposto, trata-se de situação excepcional e vinculada a regras objetivas e específicas, o que retira qualquer prerrogativa da Administração Pública de intervir na economia conforme sua conveniência, como o fazem os particulares.

José Afonso da Silva, ao interpretar a inteligência do *caput* do artigo 173 e analisar o que ensejaria a atuação do Estado como explorador de atividade econômica, sustenta que essa participação nem sequer seria subsidiária ou suplementar, mas sim necessária, sempre e quando as circunstâncias de segurança nacional e relevante interesse coletivo se fizerem presentes:

> A outra, embora a Constituição não o diga é a *necessária,* ou seja, quando o exigir a segurança nacional ou interesse coletivo relevante, conforme definidos em lei (art. 173). Não se trata aqui de participação suplementar ou subsidiária da iniciativa privada. Se ocorrerem aquelas exigências, será legítima a participação estatal direta na atividade econômica.[29]

Segundo se extrai das lições daquele constitucionalista, a participação dita subsidiária seria, em verdade, necessária nas ocasiões em que houver legitimidade para a presença do Estado na qualidade de explorador direto da atividade econômica. Sendo a presença estatal necessária sempre quando presentes as razões de segurança nacional e relevante interesse coletivo, é possível inferir que essa mesma participação seria

[29] SILVA, José Afonso da. *Curso de Direito Constitucional Positivo.* 38. ed. São Paulo: Malheiros, 2015, pp. 817-818.

imposta pelo ordenamento, não havendo faculdade ao administrador público para optar por intervir ou não diretamente na economia quando presentes os requisitos constitucionais.

O exame da discricionariedade em intervir na ordem econômica passa pela depuração do conteúdo do artigo 173 no que tange às ocasiões em que se admitirá a presença do Estado, a fim de se apurar se aquele comando seria uma imposição ao administrador ou uma permissão para, querendo, intervir na economia quando presentes as hipóteses estabelecidas.

Na eventualidade de reputarmos o conteúdo do artigo 173 como uma imposição ao administrador, estaríamos diante de uma *norma impositiva*, que não comportaria nenhum tipo de discricionariedade, porquanto obrigação[30] decorrente do ordenamento, que estaria retirando do administrador a escolha de intervir ou não quando necessário.

Em contraponto a essa posição, poderíamos atestar que o conteúdo da norma seria um permissivo ao Estado para atuar como agente econômico desde que presentes os requisitos, o que categorizaria o texto constitucional como *norma permissiva*[31] a garantir a discricionariedade do administrador para praticar a intervenção caso assim entenda necessário e oportuno.

Retomando a leitura do *caput* do artigo 173 a fim de se concluir pelo caráter permissivo ou impositivo de seu conteúdo, observa-se a redação "*só*

[30] Essa definição é trazida por André Saddy: "As normas impositivas, a princípio, não seriam susceptíveis de conferir discricionariedade, uma vez que se tratam de obrigação positiva de realizar o efeito normativo relativamente a qualquer dependência constante da previsão" (SADDY, André. "Intervenção direta do Estado na economia: uma análise do *caput* do art. 173 da Constituição brasileira". *Revista de Direito Administrativo*, Rio de Janeiro, Fundação Getulio Vargas, n. 269, maio/ago. 2015, pp. 107-138.).

[31] Novamente nos valemos das palavras de André Saddy, para quem a norma permissiva é definida da seguinte maneira: "todas as normas permissivas, seja qual for a composição dos restantes elementos da sua estrutura normativa, constituirão normas atributivas de discricionariedade. Logo, além de ser permitido fazer um dos efeitos estipulados na estatuição, também, será possível não o fazer, ou seja, ter-se-ão as alternativas de seus contrários [...]" (SADDY, André. "Intervenção direta do Estado na economia: uma análise do *caput* do art. 173 da Constituição brasileira". *Revista de Direito Administrativo*, Rio de Janeiro, Fundação Getulio Vargas, n. 269, maio/ago. 2015, pp. 107-138.).

será permitida" naquelas hipóteses já demonstradas. Como a Constituição condicionou que o Estado poderá figurar como agente econômico em regime de concorrência, é perceptível que o conteúdo da norma não estabelece uma imposição ou obrigação à Administração Pública quando presentes as circunstâncias positivadas, mas uma permissão para que tal prática ocorra quando constatadas as situações de segurança nacional e grande interesse coletivo.

Quisesse o constituinte vincular a presença estatal como agente direto da ordem econômica às hipóteses do artigo 173, poderia ter delineado a redação estabelecendo que, sempre quando evidenciadas aquelas mesmas hipóteses, deveria o Estado atuar como agente econômico, o que é distinto de condicionar essa participação à existência de hipóteses específicas.

Ao positivar que a exploração de atividade econômica diretamente pelo Estado somente estaria autorizada se fossem identificados aspectos de segurança nacional e interesse coletivo, a Constituição procurou marcar a posição de participação residual e excepcional, preconizando que o Estado, fora daquelas regras, não poderia ter a intenção de participar do mercado e da livre concorrência. A partir dessa leitura, é consenso que o constituinte não impôs ao administrador público que figurasse na economia em regime de concorrência, mas apenas fixou os limites e condições em que poderia fazê-lo, denotando que a vinculação está em impor ao Estado que se mantenha adstrito às questões de segurança nacional e interesse coletivo e não em agir nessas ocasiões.

Verificada "a existência de imperativos de segurança nacional ou relevante interesse coletivo, está o Estado permitido a explorar diretamente a atividade econômica, tendo este a opção de realizar ou não (discricionariedade de atuação) a exploração".[32]

Em verdade, a Constituição , ao consagrar a discricionariedade do Estado em optar por intervir ou não na exploração de atividade econômica em regime de concorrência quando assim puder agir, manteve uma

---

[32] SADDY, André. "Intervenção direta do Estado na economia: uma análise do *caput* do art. 173 da Constituição brasileira". *Revista de Direito Administrativo,* Rio de Janeiro, Fundação Getulio Vargas, n. 269, maio/ago. 2015, pp. 107-138.

tônica já experimentada nas Constituições anteriores, tendente em conferir ao administrador público uma considerável discricionariedade para eleger o que seriam os imperativos de segurança nacional e relevante interesse coletivo que possibilitariam sua atuação como agente econômico em regime de concorrência. Isso significa dizer que, mais acentuada do que a discricionariedade de optar por explorar ou não atividade econômica em regime de concorrência, é a discricionariedade de definir o que materializaria e em que consistiriam aquelas hipóteses do artigo 173, pois, como dito anteriormente, são conceitos extremamente vagos e imprecisos, que conferem à Administração Pública uma margem de volição exacerbada em reputar inúmeros elementos e situações como segurança nacional e relevante interesse coletivo.

Essa extensa discricionariedade representa um paradoxo no sistema constitucional brasileiro, pois ao mesmo tempo que há uma limitação à participação estatal na ordem econômica, há uma ampla discricionariedade conferida ao administrador público para não só optar em intervir ou não no mercado quando isso for possível como também definir e conceituar aquilo que o artigo 173 expressa como motivos para a exploração de atividade econômica pelo Estado, o que acaba por mitigar aquela limitação e privilegiar a discricionariedade em definir quando ser um explorador de atividade econômica.

Apesar do caráter subsidiário da participação do Estado como explorador de atividade econômica, a discricionariedade decorrente da abertura e imprecisão das expressões "imperativos de segurança nacional" e "relevante interesse coletivo" faz com que exista uma considerável amplitude na capacidade de intervenção do Estado, na medida em que, se por um lado, a Constituição é liberal e capitalista, atribuindo a livre-iniciativa e livre concorrência aos particulares, de igual forma ela também consagra o bem-estar social como objetivo da ordem econômica, de maneira que esse viés ambíguo abriu um espaço para que o Estado tivesse uma ampla gama de possibilidades e escolhas em matéria de exploração de atividade econômica em regime de concorrência.[33]

[33] Essa definição é muito bem sintetizada por Sérgio Guerra: "Com esses antecedentes, a valorização da Constituição ocorrida em alguns países como principal eixo normativo

A conclusão a que se chega é que a extensa discricionariedade conferida ao administrador público mitiga o princípio da subsidiariedade, tendo em vista o esteio deste em conceitos vagos e indeterminados, o que acaba por impactar em sua incidência do ponto de vista prático, embora ainda assim não possamos rejeitar sua existência[34] consoante os argumentos apresentados anteriormente.

É nesse ambiente de pretensa subsidiariedade, mas com considerável discricionariedade quando presentes os requisitos reputados como subsidiários, que as empresas estatais retratadas no § 1º e seguintes do artigo 173 da Constituição Federal[35] estão inseridas. Em virtude dessa

---

do intervencionismo estatal, e considerando que as Cartas Políticas de viés social abriram, enormemente, espaço para uma forte intervenção do Poder Executivo, por um processo natural e crescente foi sendo ampliado o campo para a escolha administrativa por meio de aberturas concedidas na lei pelo legislador primário" (GUERRA, Sérgio. *Discricionariedade, Regulação e Reflexividade*: uma nova teoria sobre as escolhas administrativas. 4. ed. Belo Horizonte: Fórum, 2017, p. 73). Em igual sentido é a posição de Alexandre Santos de Aragão: "O art. 173, por sua vez, como já mencionado, impõe como requisitos para a atuação direta do Estado, em atividades econômicas até então apenas da iniciativa privada, a segurança privada ou o relevante interesse coletivo, conceitos indeterminados que naturalmente conferem grande margem de discricionariedade e escolha política do legislador [...]" (ARAGÃO, Alexandre Santos de. *Empresas Estatais:* regime jurídico das Empresas Públicas e Sociedades de Economia Mista. 2. ed. Rio de Janeiro: Forense, 2018, p. 98).

[34] Novamente nas palavras de Alexandre Santos de Aragão: "Em nossa opinião, o fato de o princípio da subsidiariedade estear-se em conceitos bastante indeterminados não quer dizer que ele não exista ou que seja inútil, mas também não quer dizer que ele tenha, juridicamente, a força que muitas vezes se deseja atribuir a ele" (ARAGÃO, Alexandre Santos de. *Empresas Estatais*: regime jurídico das Empresas Públicas e Sociedades de Economia Mista. 2. ed. Rio de Janeiro: Forense, 2018, p. 100).

[35] BRASIL. *Constituição da República Federativa do Brasil, 1988*. "Art. 173. Ressalvados os casos previstos nesta Constituição, a exploração direta de atividade econômica pelo Estado só será permitida quando necessária aos imperativos da segurança nacional ou a relevante interesse coletivo, conforme definidos em lei. § 1º A lei estabelecerá o estatuto jurídico da empresa pública, da sociedade de economia mista e de suas subsidiárias que explorem atividade econômica de produção ou comercialização de bens ou de prestação de serviços, dispondo sobre: I - sua função social e formas de fiscalização pelo Estado e pela sociedade; II - a sujeição ao regime jurídico próprio das empresas privadas, inclusive quanto aos direitos e obrigações civis, comerciais, trabalhistas e tributários; III - licitação e contratação de obras, serviços, compras e alienações, observados os princípios da Administração Pública; IV - a constituição e o funcionamento dos conselhos de

intervenção heterodoxa e extraordinária na economia, o regime jurídico constitucional atribuído àquelas empresas pode ser considerado de igual forma específico e extraordinário, pois funcionam sob regime de Direito Privado e equiparado em obrigações trabalhistas, tributárias e civis às empresas privadas, ao mesmo tempo que consubstanciam pessoas jurídicas pertencentes à Administração Indireta.

A atribuição de um regime jurídico atípico, que envolve diversas peculiaridades, conforme se verá mais detidamente adiante, retrata o caráter extraordinário da intervenção do Estado na ordem econômica a partir da criação de empresas estatais, pois como ao Estado não é assegurada a livre-iniciativa, a criação de empresas estatais, embora vise à concorrência no mercado privado, não se destina precipuamente ao desenvolvimento da atividade empresarial e lucrativa, mas a uma finalidade de interesse público individualizado na lei de sua criação.

As empresas estatais, uma vez instituídas nos termos fixados no artigo 173, estarão vinculadas a uma finalidade de interesse público específica e intrínseca à feição extraordinária prevista por aquele dispositivo constitucional. Essa vinculação legislativa deverá sempre nortear a atuação das empresas estatais à vinculação de interesse público prévia e legalmente definida, ainda que possa aplicar técnicas de gestão empresarial, de maneira que "as empresas resultantes de um processo de intervenção econômica do Estado sobre o respectivo capital estão sempre vinculadas a prosseguir na atividade definida pelo respectivo objeto social [e] o interesse público".[36]

---

administração e fiscal, com a participação de acionistas minoritários; V - os mandatos, a avaliação de desempenho e a responsabilidade dos administradores. § 2º As empresas públicas e as sociedades de economia mista não poderão gozar de privilégios fiscais não extensivos às do setor privado. § 3º A lei regulamentará as relações da empresa pública com o Estado e a sociedade. § 4º A lei reprimirá o abuso do poder econômico que vise à dominação dos mercados, à eliminação da concorrência e ao aumento arbitrário dos lucros. § 5º A lei, sem prejuízo da responsabilidade individual dos dirigentes da pessoa jurídica, estabelecerá a responsabilidade desta, sujeitando-a às punições compatíveis com sua natureza, nos atos praticados contra a ordem econômica e financeira e contra a economia popular".

[36] OTERO, Paulo. *Vinculação e liberdade de conformação jurídica do sector empresarial do*

Essa vinculação a um interesse público previamente constituído, que impede a alteração dos rumos e finalidades de uma empresa estatal, toca diretamente na questão da discricionariedade a ela relacionada, pois se por um lado estão abrigadas por regime de Direito Privado para desenvolver suas atividades, por outro não podem se desviar de seus objetivos definidos em lei autorizativa e em seus respectivos estatutos sociais. Esse conflito entre dois regimes jurídicos é traço marcante nessas empresas, identificado não só em decorrência da redação do § 1° e seguintes do artigo 173 da Constituição Federal, mas considerando-se também o histórico desde as primeiras empresas estatais.

Estado. Coimbra: Coimbra, 1998, p. 211.

Capítulo II

O REGIME JURÍDICO DAS EMPRESAS ESTATAIS

2.1 Aspectos iniciais do tratamento jurídico e histórico das empresas estatais

A existência das chamadas empresas estatais, ou ao menos com investimento majoritariamente estatal, está diretamente atrelada ao desenvolvimento econômico brasileiro e de toda a Europa, porquanto configuraram instrumento essencial para o expansionismo econômico e colonial daquele continente durante a chamada Era dos Descobrimentos e Grandes Navegações, em que as Cortes europeias valeram-se das sociedades empresariais que criaram – como a Companhia das Índias Orientais e Ocidentais, que durante o século XVII detiveram o monopólio da coroa holandesa – para expandir suas respectivas áreas de comércio e fronteiras, à medida que os investimentos nas companhias de navegação, conquistas e exploração de novos territórios aumentavam e geravam resultados não apenas ao Estado investidor como aos sócios privados.[37]

[37] Caio Tácito registrou acerca desse período histórico que "a empresa constituída pelo Estado visando fins econômicos tem antecedentes históricos que remontam às

O exemplo das Companhias das Índias Ocidentais e Orientais é costumeiramente utilizado em estudos sobre empresas estatais tanto por conta do simbolismo histórico dessa iniciativa como em razão de, já naquela experiência, se identificarem características e conflitos jurídicos que até hoje são constatados quando o Estado intervém na economia por intermédio de empresas estatais, como a necessidade de se atender a um interesse público específico e a colisão entre investidores públicos e privados, como ocorre nas atuais sociedades de economia mista.

Ao longo de suas existências, as Companhias das Índias Ocidentais e Orientais e as demais companhias europeias de navegação e exploração foram vivenciando o aprimoramento de suas respectivas composições societárias e a participação do Estado, como investidor ou mesmo administrador de seus rumos e objetivos, o que passou a se confundir com as políticas de governo, de maneira que o Estado, ao mesmo tempo que investia em expedições e navegações conduzidas pela iniciativa privada, fazia dessas mesmas navegações uma finalidade de governo.

Como meio de executar os objetivos delineados na carta-patente que as constituiu, foi criado o chamado Conselho Federal de Administração das Companhias das Índias Ocidentais e Orientais, que em reuniões semestrais ou trimestrais decidia as políticas vitais para as companhias, tais "como a adoção de diretrizes políticas, a preparação de expedições marítimas, a distribuição de dividendos, [além de ser o órgão] responsável pela prestação de contas da Companhia aos acionistas".[38]

É possível depreender dessa breve descrição da organização de gestão das Companhias das Índias Ocidentais e Orientais que o modelo

---

companhias holandesas e portuguesas que, nos séculos XV e XVI, corporificavam investimentos na Coroa, destinados a alcançar, em complemento à conquista de mares e terras desconhecidas, novas fontes de suprimento para os mercados europeus mediante intercâmbio e importação de mercadorias" (TÁCITO, Caio. *Temas de Direito Público* (Estudos e Pareceres). vol. 1. Rio de Janeiro: Renovar, 1997, p. 679).

[38] ALBUQUERQUE, Roberto Chacon de. "A Companhia das Índias Ocidentais: Sociedade Anônima?". *Revista da Faculdade de Direito da Universidade de São Paulo*, São Paulo, Universidade de São Paulo, n. 105, pp. 25-38, jan./dez. 2010. Disponível em: http://www.revistas.usp.br/rfdusp/article/view/67891. Acesso em: 12 set. 2019.

de suas estruturas muito se assemelhava às sociedades anônimas, notadamente por conta da existência de um Conselho que, além de possuir funções de execução e decisão, também atuava como moderador dos interesses dos acionistas e limitava as ações ao fomento da navegação e ao comércio nas Américas e África, o que representava o interesse público subjacente à sua criação e operação.

A vinculação a um interesse público previamente identificado e estabelecido como balizador e norteador da atuação empresarial com investimentos majoritariamente púbicos já se observava nas Companhias das Índias Ocidentais e Orientais, compondo traço jurídico inafastável para a existência de uma sociedade empresarial, cujos desígnios se dão à luz de uma política de Estado, aspecto que pode gerar conflitos entre os interesses públicos que motivam a atuação empresarial estatal e a essência privada de uma atividade econômica, como a busca por lucro, o controle interno e externo e a captação de investimentos públicos ou privados.[39]

Não obstante, a intervenção do Estado na ordem econômica por intermédio de investimento em sociedades empresariais passou a ser cada vez mais difundida na Europa, notadamente sob a forma daquilo que hoje convencionamos chamar de sociedades de economia mista. Um movimento bastante difundido enquanto perdurou a política de expansão territorial e exploração das novas colônias, momento em que o

---

[39] Ainda no exemplo histórico das Companhias das Índias Orientais e Ocidentais, Roberto Chacon de Albuquerque apontou que os investidores privados daquelas sociedades constantemente entravam em conflitos com os interesses estatais apresentados, denotando que um dos maiores desafios do Estado como agente econômico era aliar os interesses públicos com a finalidade eminentemente privada e lucrativa desse tipo de atividade: "Um dos maiores obstáculos para a subscrição do capital necessário para que a Companhia das índias Ocidentais começasse a funcionar regularmente foi justamente este conflito entre a razão de Estado e a busca do lucro. Muitos investidores ficavam reticentes diante dos conflitos que podiam surgir não apenas com os Estados Gerais, mas entre os acionistas e os administradores das câmaras" ALBUQUERQUE, Roberto Chacon de. "A Companhia das Índias Ocidentais: Sociedade Anônima?". *Revista da Faculdade de Direito da Universidade de São Paulo*, São Paulo, Universidade de São Paulo, n. 105, pp. 25-38, jan./dez. 2010. Disponível em: http://www.revistas.usp.br/rfdusp/article/view/67891. Acesso em: 12 set. 2019.

Estado figurou como grande investidor das companhias de navegação e fiscalizador das atividades por elas exercidas, na tentativa de implementar o predomínio dos interesses estatais sobre atividades prestadas em ambiente privado.[40]

Com o arrefecimento das grandes navegações e a ascensão dos Estados liberais, que apregoavam redução da participação estatal na ordem econômica, a figura das sociedades empresariais estatais viveu um ocaso[41] e só retornou com mais ênfase após 1914, quando o Estado teve de intervir na correção do aumento da desigualdade e outras distorções econômicas que pairavam no início do século XX.

O Estado voltou a participar do capital social de sociedades empresariais em conjunto com entes privados, atuando na gestão dessas sociedades, novamente em um regime muito próximo ao das sociedades de economia mista. Naquele período destacaram-se as sociedades de economia mista criadas para a proteção da segurança nacional e do interesse coletivo, como as sociedades constituídas com entes privados para a produção e distribuição de energia elétrica, bem como

[40] Essa é a posição histórica adotada por Natália Bertolo Bonfim: "[a] participação do Estado em sociedades anônimas nesta primeira fase deixou de ser processo banal de colocação momentânea de capitais, para ter como fim participar dos lucros de certas sociedades, fiscalizar sua administração ou demonstrar seu predomínio [...]" (BONFIM, Natália Bertolo. *O interesse público nas sociedades de economia mista.* 2011. 126 f. Dissertação (Mestrado em Direito). Universidade de São Paulo – USP, São Paulo, 2011, p. 17).

[41] Acerca do ocaso experimentado pelas sociedades empresariais estatais em virtude do predomínio do liberalismo econômico, Trajano de Miranda assim relaciona os dois fatos: "O movimento liberal que se estendia vitorioso pelo mundo, tanto sôbre a ordem política, quanto sôbre a ordem econômica, encontrava na burguesia enriquecida o alicerce firme do Estado constitucional. Combatia-se, coerentemente, a intervenção do Estado na ordem econômica. O sistema da prévia autorização para se formarem companhias ou sociedades anônimas foi abordado, primeiramente em França, e, seguidamente, na quase totalidade dos países de origem latina. O liberalismo econômico não podia sequer conceder ao Estado esta última intromissão na organização das emprêsas sob forma anônima" (VALVERDE, Trajano de Miranda. "Sociedades Anônimas ou Companhias de Economia Mista". *Revista de Direito Administrativo,* Rio de Janeiro, Fundação Getulio Vargas, vol. 1, n. 02, abr./jun. 1945, pp. 429-441).

para o desenvolvimento de indústrias de base consideradas estratégicas pelo governo alemão.[42]

A experiência alemã se espraiou por toda a Europa[43] e contribuiu para consolidar uma perspectiva mais pública e republicana das sociedades de economia mista, na medida em que sua criação se distanciou de majoritariamente atender aos interesses de governo, como à época das Companhias das Índias Orientais e Ocidentais, e efetivamente passou a atender o interesse coletivo e operar no desenvolvimento econômico dos Estados através do investimento e da participação estatal em sociedades empresariais destinadas e voltadas não a certo grupo ou atividade econômica restrita e sem abrangência coletiva, mas que fosse útil e beneficiasse grande parte da população e o Estado como um todo.

Essa conotação mais pública e abrangente das novas sociedades de economia mista não lhes retirou a forma de Direito Privado e a aplicabilidade do Direito Comercial no âmbito de gestão e tomadas de decisão, mantendo a tônica de se atingir interesses públicos com a aplicação de Direito Privado, preservando dessa forma o interesse do investidor privado em seus lucros.[44]

---

[42] Trajano de Miranda registrou que "[n]a Alemanha, pode dizer-se, nasceram as novas sociedades de economia mista, baseadas tôdas, ou na necessidade de defender o interêsse coletivo, ou na de preservar as fronteiras do *Reich* contra os possíveis ataques das nações vizinhas" (VALVERDE, Trajano de Miranda. "Sociedades Anônimas ou Companhias de Economia Mista". *Revista de Direito Administrativo,* Rio de Janeiro, Fundação Getulio Vargas, vol. 1, n. 02, abr./jun. 1945, pp. 429-441). Em igual sentido, Alfredo de Almeida Paiva: "A partir da primeira conflagração europeia, começaram a aparecer e prosperar, particularmente, na Alemanha, as chamadas sociedades de economia mista, que nada mais representam que sociedades de capital, constituídas pela associação do Estado e dos particulares" (PAIVA, Alfredo de Almeida. "As sociedades de economia mista e as emprêsas públicas como instrumentos jurídicos a serviço do Estado". *Revista de Direito Administrativo*, Rio de Janeiro, Fundação Getulio Vargas, n. 60, 1960, pp. 1-15).

[43] Nesse mesmo período, foi criada na Inglaterra a Port of London Authority, a Sociedade Anônima para a Exploração das Estradas de Ferro Belgas e as Companhias de Refino de Petróleo na Itália (BONFIM, Natália Bertolo. *O interesse público nas sociedades de economia mista.* 2011. 126 f. Dissertação (Mestrado em Direito). Universidade de São Paulo – USP, São Paulo, 2011, p. 17).

[44] Natália Bertolo Bonfim sintetiza esse raciocínio da seguinte forma: "[n]este segundo momento da associação entre capital público e privado, a introdução do Estado em

Em consonância com o movimento de se reconhecer ao Estado o papel de força motriz da economia, cabendo-lhe o atendimento do interesse público e do desenvolvimento com o emprego de sociedades empresariais nos mais distintos setores econômicos, surgiram as primeiras empresas públicas, que se distinguiam das sociedades de economia mista por seu capital pertencer integralmente ao Estado, sem que isso mitigasse a essência lucrativa e submissão ao regime jurídico de Direito Privado dessas sociedades completamente estatais e também voltadas ao atendimento do interesse público.[45]

No que se refere ao Estado brasileiro, é notório o desenvolvimento social e econômico maciçamente manifestado com a criação de empresas públicas e sociedades de economia mista que se destinaram a fomentar os mais distintos setores econômicos em diversos momentos de nossa história.

O Banco do Brasil, por exemplo, criado em 1808, é considerado a primeira empresa estatal brasileira e que serviu de plataforma para a "formação do Brasil como Nação independente do poder econômico colonial e em busca da construção dos seus instrumentos de soberania econômica".[46-47]

---

sociedades anônimas não visa apenas ao lucro; como causa determinante desta fase, encontra o Estado neste tipo de sociedade uma forma de atender ao interesse público, agrupando-se em companhias ao lado de banqueiros e industriais com o intuito de realizar obras de interesse coletivo. Neste contexto, passam as sociedades anônimas a constituir instrumentos da atividade de entidades públicas, que assim utilizam o instrumento elaborado no Direito Comercial, sujeitando-se aos seus princípios" (BONFIM, Natália Bertolo. *O interesse público nas sociedades de economia mista*. 2011. 126 f. Dissertação (Mestrado em Direito). Universidade de São Paulo – USP, São Paulo, 2011, p. 19).

[45] Cf. FIDALGO, Carolina Barros. *O Estado Empresário*: das sociedades estatais às sociedades privadas com participação minoritária do Estado. São Paulo: Almedina, 2017, p. 151.

[46] OCTAVIANI, Alessandro; NOHARA, Irene Patrícia. *Estatais*. São Paulo: Revista dos Tribunais, 2019, p. 46.

[47] Concernente à criação do Banco do Brasil, Mário Engler Pinto Júnior apontou que sua criação se assemelhou às sociedades de economia mista, com a maioria do capital pertencente à Coroa Portuguesa e o restante fragmentado entre acionistas privados, mas que esse movimento foi um fato isolado na concepção liberal do Capitalismo da época:

A expansão das empresas estatais ao longo da história do Brasil tornou-as a principal fonte de desenvolvimento de sua economia. "O Estado era forçado a assumir a forma empresarial para explorar diretamente empreendimentos produtivos. A constituição de companhias com capital público e vocacionadas a cumprir missões específicas passa a ser a fórmula preferencial para gerar o desenvolvimento nacional".[48]

O desenvolvimento de diversos segmentos econômicos no Brasil decorreu da forte presença estatal no setor empresarial, processo que se iniciou com a estatização da malha ferroviária em 1929, ampliada no segundo governo de Getúlio Vargas (1951-1954), com a criação da Rede Ferroviária Federal S.A.[49]

Do nacionalismo característico da Era Vargas (1930-1945 e 1951-1954) resultou também a criação da Companhia Siderúrgica Nacional – CSN e da Companhia Vale do Rio Doce, ambas em 1942; da Companhia Hidroelétrica do São Francisco – CHESF em 1945; da Petróleo Brasileiro S.A. – Petrobras em 1953,[50] das Centrais Elétricas Brasileiras – Eletrobrás em 1954,[51] dentre outras estatais que contribuíram para o desenvolvimento econômico do país.

O regime militar (1964-1985) igualmente valeu-se da intensa criação de empresas estatais como meio de manter forte intervencionismo estatal na economia. Nesse período foram criadas a Empresa Brasi-

---

"A primeira experiência brasileira com a utilização da sociedade por ações para atender finalidades estatais remonta à criação do Banco do Brasil em 1808, cujo controle acionário pertencia à Coroa Portuguesa, sendo permitida a participação minoritária de acionistas privados. Tratou-se, porém, de episódio isolado e ocorrido em contexto histórico anterior à difusão do sistema capitalista" (PINTO JÚNIOR, Mário Engler. *Empresa Estatal*: função econômica e dilemas societários. 2. ed. São Paulo: Atlas, 2013, p. 10).

48 PINTO JÚNIOR, Mário Engler. *Empresa Estatal*: função econômica e dilemas societários. 2. ed. São Paulo: Atlas, 2013, p. 20.

49 PINTO JÚNIOR, Mário Engler. *Empresa Estatal:* função econômica e dilemas societários. 2. ed. São Paulo: Atlas, 2013, p. 18.

50 OCTAVIANI, Alessandro; NOHARA, Irene Patrícia. *Estatais*. São Paulo: Revista dos Tribunais, 2019, p. 48.

51 Disponível em: https://eletrobras.com/pt/Paginas/Historia.aspx. Acesso em: 19 set. 2019.

leira de Correios e Telégrafos – ECT e a Empresa Brasileira de Aeronáutica – Embraer (1969); a Empresa de Infraestrutura Aeroportuária – Infraero; a Empresa Brasileira de Pesquisa Agropecuária – Embrapa; a Telecomunicações Brasileiras S.A. – Telebrás, todas em 1972, além da Casa da Moeda do Brasil – CMB em 1973; a Itaipu Binacional em 1974 e a Engenharia, Construções e Ferrovias S.A. – Valec, em 1978.[52]

Sobretudo no governo de Ernesto Geisel (1974-1979), as empresas estatais passaram a sofrer significativa interferência governamental, com supressão de autonomia, deixando de serem instrumentos empresariais para se tornarem instrumentos do governo no combate à inflação e controle de juros, desvirtuadas de seus propósitos de interesse público.

Essas empresas foram atingidas pelo fim do chamado milagre econômico, quando então o controle do governo se intensificou, tornando-as "alvo de rígidos controles governamentais, a exemplo de restrições para importação, investimentos, endividamento, remuneração do pessoal, ampliação das atividades e autonomia decisória, com destaque para a exigência de autorização presidencial para constituição de novas subsidiárias",[53] restando ignorada a autonomia privada que o Decreto-Lei nº 200/67 (artigo 5º, incisos I e II e artigo 27, parágrafo único) lhes assegurava.

O retrocesso na autonomia empresarial das empresas estatais, a despeito da natureza privada[54] assegurada no Decreto-Lei nº 200/67, ao

---

[52] OCTAVIANI, Alessandro; NOHARA, Irene Patrícia. *Estatais*. São Paulo: Revista dos Tribunais, 2019, pp.48, 52.

[53] PINTO JÚNIOR, Mário Engler. *Empresa Estatal:* função econômica e dilemas societários. 2. ed. São Paulo: Atlas, 2013, p. 37.

[54] Acerca desse período, em que as empresas estatais tiveram suas autonomias privadas suprimidas e passaram a ser meros instrumentos de governo voltados a atender políticas governamentais, praticamente resumidas a autarquias, Mário Engler Pinto Júnior destacou a supressão da divisão de lucros imposta à Companhia Vale do Rio Doce: "a Companhia Vale do Rio Doce (CVRD) perdeu grande parte da autonomia para decidir sobre a destinação de seus excedentes, que passaram a subordinar-se a interesses estratégicos de âmbito nacional, e não mais apenas à lógica privada maximizadora" (PINTO JÚNIOR, Mário Engler. *Empresa Estatal:* função econômica e dilemas societários. 2. ed. São Paulo: Atlas, 2013, p. 36).

lado dos conflitos entre interesses públicos e privados inerentes às sociedades de economia mista, repercute até hoje no principal debate acerca de sua independência e discricionariedade. Não são raros os exemplos de governos que flexibilizaram a atuação das empresas estatais e de governos que as utilizaram como instrumento de políticas públicas, com maior intervencionismo a fim de executar essas políticas.[55]

A ingerência governamental, experimentada de forma institucional a partir do governo Geisel, levou a uma deterioração da capacidade efetivamente empresarial das empresas estatais, fomentando o controle ministerial centralizado e reduzindo aquelas empresas quase a um papel autárquico, o que ensejou o início do debate sobre as privatizações, intensificado a partir dos anos 1990.

Após a redemocratização, o Brasil recrudesceu na política de criação de empresas estatais e limitou-se a criar subsidiárias, sobretudo da Eletrobrás e da Petrobras, além de preparar um ambiente de privatização de outras como a CSN e a Vale do Rio Doce. Foram criadas algumas estatais que não tiveram grande impacto no desenvolvimento econômico, como a Empresa Brasileira de Hemoderivados e Biotecnologia – Hemobrás (2004).

Com o arrefecimento da intensa política de criação de empresas estatais, o exame da importância destas para o desenvolvimento econômico brasileiro passou a girar em torno da maneira mais eficaz de se extrair delas o atingimento dos interesses públicos intrínsecos às suas criações: reconhecer-lhes autonomia privada, concedendo-lhes certa discricionariedade de atuação, ou resumi-las a órgãos descentralizados

---

[55] São exemplos de maior liberdade de ação das empresas estatais o Decreto nº 2.745/98, que instituiu o procedimento licitatório simplificado da Petrobras, justamente para que tivesse uma flexibilidade e autonomia maiores em suas contratações, e a Lei nº 9.478/97, que estatuiu um regime de competição na exploração do petróleo. Por outro lado, a interferência na autonomia de atuação das empresas estatais reflete na Lei nº 12.783/13, que determinou a redução das tarifas de energia elétrica, e na recorrente política de intervenção nos preços dos combustíveis praticados pela Petrobras (Disponível em: https://economia.estadao.com.br/noticias/geral,a-desastrada-intervencao-na-petrobras,70002790549. Acesso em: 18 set. 2019).

da Administração Direta, tal qual as autarquias, utilizando-as como instrumento de políticas econômicas e sociais em detrimento da natureza empresarial.

Por outro lado, o processo de evolução legislativa por que passaram tais empresas passou pela simples menção do regime de Direito Privado previsto no Decreto nº 200/67, posteriormente replicado no artigo 173, §1°, inciso II da Constituição Federal, até a Lei nº 13.303/16, cujo objetivo foi estabelecer critérios de governança e gestão que buscassem atender ao regime de Direito Privado previsto constitucionalmente e também às finalidades de interesses públicos essenciais às estatais.

Se a previsão de um regime de Direito Privado tal qual previsto na Constituição pressupõe maior discricionariedade às empresas estatais, é de se reconhecer que, em verdade, elas têm "sua capacidade gerencial mitigada, seja pela ingerência do Poder Executivo, seja por um sistema de controle que tende a privilegiar aspectos formais e não substantivos, o que, por via indireta tolhe ainda mais a autonomia das empresas".[56]

A dicotomia entre os conceitos de empresas estatais independentes, ou ao menos com mais autonomia, e daquelas sujeitas a um regime de controle e gestão mais afeta ao Direito Público toca diretamente na discricionariedade e nos limites desta em matéria de empresa estatal, pois a concepção do regime jurídico que se atribua a elas definirá os limites da discricionariedade de atuação não só das estatais em si, mas de seus gestores.

Em virtude da pluralidade de empresas estatais existentes no Brasil e as diferenças entre elas, o exame de sua discricionariedade passa pela leitura das legislações que lhes são dedicadas até o momento, e fundamentalmente da Lei nº 13.303/16, a fim de se verificar em que medida a chamada Lei das Estatais potencializou ou suprimiu a autonomia e a flexibilização dessas empresas e se é possível extrair desse diploma a aferição de maior discricionariedade à atuação destas.

---

[56] MESQUITA, Clarissa Ferreira de Mello. *Autonomia e controle das empresas estatais no Brasil*. 2018. 328 fls. Tese (Doutorado em Direito). Universidade de São Paulo – USP, São Paulo, 2018, p. 5.

Portanto, o objetivo do presente trabalho será buscar na própria Lei nº 13.303/16, notadamente em seus artigos 8º, 23 e 27, a existência dessa maior ou menor discricionariedade em questão, bem como se é possível se valer dos mesmos conceitos de discricionariedade administrativa aplicáveis à Administração Direta e Indireta em um ambiente empresarial constitucionalmente regido pelo regime de Direito Privado.

Para tanto, além do exame específico da chamada Lei das Estatais, será realizado um exame das legislações que a precederam, notadamente do Decreto nº 200/67 (alterado pelo Decreto-Lei nº 900/1969) e da Lei nº 6.404/76, a fim de se apurar o tratamento jurídico conferido às estatais em suas respectivas vigências.

2.2 O decreto-lei nº 200/67 e a lei nº 6.404/76 como precursores do atual regime jurídico das estatais. Aspectos iniciais do tratamento jurídico e histórico das empresas estatais

Antes mesmo da Constituição de 1988, e evidentemente da Lei nº 13.303/16, as empresas estatais já haviam recebido tratamento jurídico no Decreto-Lei nº 200/67, ocasião em que lhes foram asseguradas as características das empresas privadas, conforme se depreende dos artigos 5º, incisos II e III e 27, parágrafo único desse regramento.[57]

---

[57] BRASIL. *Decreto-Lei nº 200,* de 25 de fevereiro de 1967: "Art. 5º Para os fins desta lei, considera-se: [...] II - Empresa Pública - a entidade dotada de personalidade jurídica de Direito Privado, com patrimônio próprio e capital exclusivo da União, criada por lei para a exploração de atividade econômica que o Governo seja levado a exercer por força de contingência ou de conveniência administrativa podendo revestir-se de qualquer das formas admitidas em Direito. (Redação dada pelo Decreto-Lei nº 900, de 1969)

III - Sociedade de Economia Mista - a entidade dotada de personalidade jurídica de Direito Privado, criada por lei para a exploração de atividade econômica, sob a forma de sociedade anônima, cujas ações com direito a voto pertençam em sua maioria à União ou a entidade da Administração Indireta [...].

Art. 27. Assegurada a supervisão ministerial, o Poder Executivo outorgará aos órgãos da Administração Federal a autoridade executiva necessária ao eficiente desempenho de sua responsabilidade legal ou regulamentar. Parágrafo único. Assegurar-se-á às empresas públicas e às sociedades de economia mista condições de funcionamento idênticas às

Já naquele momento, o legislador buscou não só evidenciar o caráter privado das empresas estatais como também procurou distinguir as empresas públicas e as sociedades de economia mista, conceitos que viriam a se repetir posteriormente na legislação de 2016.

A caracterização das empresas estatais como entidades de Direito Privado e a distinção de empresas públicas e sociedades de economia mista consistem em aperfeiçoamento do regime jurídico aplicável à matéria, pois as Constituições anteriores não se dedicaram a apontar como se daria a intervenção do Estado na ordem econômica, tampouco o regime jurídico em que essa participação ocorreria.

Além dessas importantes inclusões e definições, que até hoje representam o cerne daquilo que se entende por regime jurídico das empresas estatais,[58] os dispositivos do Decreto-Lei nº 200/67 destinados ao tema trazem em seu artigo 27 a intenção do legislador de atrelar os desígnios das empresas estatais aos planos de Governo, e não a uma política de Estado. Em comparação com a legislação atual e com a própria Carta de 1988, há uma considerável diferença entre a ideia de vinculação das empresas estatais a certo interesse público como hoje se entende e a um plano de governo tal qual se concebeu em 1967.

Examinando a parte final do artigo 27 do Decreto-Lei nº 200/67, verifica-se que, ao vincular os objetivos e diretrizes das empresas estatais a um plano de governo, e não a uma política de Estado, de plano, transparece uma ideia antirrepublicana de sua utilização, pois até mesmo considerando o contexto ditatorial da época não seria factível consentir

---

do setor privado, cabendo a essas entidades, sob a supervisão ministerial, ajustar-se ao plano geral do Governo".

[58] Registre-se que o Decreto-Lei nº 200/1967 não traz em seu conteúdo a expressão "empresas estatais", sempre fazendo menção às sociedades de economia mista ou empresas públicas. Contudo, e como adiante será explicitado mais detalhadamente, sociedades de economia mista e empresas públicas são espécies do gênero empresa estatal, de forma que para fins de padronização de nomenclatura nos valemos da expressão "empresa estatal", mesmo quando estivermos a tratar do Decreto-Lei nº 200/1967, de maneira que sempre que utilizarmos aquela expressão, estaremos nos referindo às sociedades de economia mista e às empresas públicas.

que uma empresa estatal fosse constituída a bem de atender a um governo em detrimento do Estado e do próprio interesse público.

Além disso, e mais significativo ainda, uma empresa estatal atrelada a planos de governo e não a uma finalidade devidamente expressa em lei retira sua principal característica e razão de se constituir pelas regras de Direito Privado: a autonomia e discricionariedade de atuação sem a interferência externa do Poder Executivo.

Ao mesmo tempo que o Decreto-Lei nº 200/67 instituiu que as empresas estatais seriam estatuídas à luz do Direito Privado, justamente para que tivessem maior flexibilidade para a atuar no mercado concorrencial, bem como para não sofrerem influências que pudessem impactar na autonomia de suas gestões, também cunhou a expressão "ajustar-se ao plano governo", esvaziando referidas autonomia e flexibilidade intrínsecas ao Direito Privado e aproximando as empresas estatais – mesmo aquelas exploradoras de atividade econômica – das autarquias e demais entidades descentralizadas da Administração.

A despeito da interferência prevista no texto da norma, que evidentemente não deve ser desconsiderada, é de se ressaltar que o espírito do Decreto-Lei nº 200/67 destaca as sociedades de economia mista e as empresas públicas como efetivamente *exploradoras de atividade econômica*. Isso se evidencia a partir da leitura do inciso I do artigo 5º, que trata especificamente das autarquias a serem criadas para "executar atividades típicas da Administração".[59]

Na sequência, destacando as empresas estatais do conceito e função de autarquia, a norma estabeleceu que a empresa pública, "dotada de personalidade jurídica de Direito Privado", e a sociedade de economia mista, também "dotada de personalidade jurídica de Direito Privado",

[59] BRASIL. *Decreto-Lei nº 200,* de 25 de fevereiro de 1967: "Art. 5º Para os fins desta lei, considera-se:

I - Autarquia - o serviço autônomo, criado por lei, com personalidade jurídica, patrimônio e receita próprios, para executar atividades típicas da Administração Pública, que requeiram, para seu melhor funcionamento, gestão administrativa e financeira descentralizada [...]"

seriam criadas por lei para "exploração de atividade econômica" (incisos II e III), deixando claro o intento de conferir às estatais a função precípua de atuarem no mercado como agentes econômicos diretos.[60]

O regime de Direito Público somente recairia sobre as autarquias e entidades da Administração Direta, incidindo o Direito Privado exclusivamente nas hipóteses de exploração de atividades econômicas exercidas pelas empresas estatais.[61]

A natureza do regime de Direito Privado sempre foi o mote das empresas estatais e o aspecto que mais suscitou dúvidas e críticas da doutrina, que se dedicou em grande medida a mitigar as influências do Direito Privado naquelas empresas, buscando preservar o regime de Direito Público.

Essa é a posição adotada por Caio Tácito, para quem a finalidade pública e a existência do controle ministerial fazem com que as estatais continuem inseridas dentro dos regramentos de Direito Público:

> Nas empresas estatais (como tal entendidas as empresas públicas e as sociedades de economia mista) a forma é privada, mas o

---

[60] Essa definição é criticada por Celso Antônio Bandeira de Mello: "Outrossim, erram uma vez mais os decretos-leis *sub examine* ao configurarem as empresas públicas como constituídas para a "exploração de atividade econômica". Não é exato. Por isto tal característica não pode ser proposta como um elemento de sua definição. Deveras, algumas empresas públicas efetivamente são concebidas como instrumento de atuação estatal no referido setor. Outras, entretanto, foram criadas e existem para prestação de *serviços públicos*" (BANDEIRA DE MELLO, Celso Antônio. *Curso de Direito Administrativo*. 32. ed. São Paulo: Malheiros, 2015, p. 199).

[61] Conforme o escólio de Sérgio de Andréa Ferreira sobre essa forma de se interpretar os incisos II e III do artigo 5° do Decreto-Lei 200/67 após o advento do Decreto-Lei 900/69: "Conjugadas essas disposições com o estabelecido pelos incisos II e III do art. 5° do Decreto-Lei n° 200/67, com a redação dada pelo Decreto-Lei n° 900/69, verifica-se que atividade econômica no sentido de atuação para o mercado, em termos capitalistas, o Governo só pode exercitar através de empresas públicas e sociedades de economia mista: Administração Direta e autarquias só atuam na área regida pelo Direito Público." (FERREIRA, Sérgio de Andréa. "O direito administrativo das empresas governamentais brasileiras". *Revista de Direito Administrativo*, Rio de Janeiro, Fundação Getulio Vargas, n. 136, abr./jun. 1979, pp. 1-33).

> substrato é público. A personalidade de direito privado e a liberdade de gestão atuam como efeito centrípeto, distanciando-as do controle centralizado. Contudo, a finalidade pública a que se destinam, sob supervisão ministerial, gera efeito centrífugo que as colocam no âmbito da administração direta.[62]

Independentemente da extensão e dos efeitos do regime de Direito Privado nas empresas estatais, é incontroverso que, embora isso tenha representado um avanço acerca do regime jurídico aplicável àquelas entidades empresariais, não evitou a proliferação de empresas públicas e sociedades de economia mista que não buscavam uma atuação direta na economia, mas se resumiam a executar tarefas típicas da Administração Direta e das autarquias,[63] ensejando uma deturpação do conceito inicial idealizado no Decreto-Lei nº 200/67.

Outra característica do Decreto-Lei nº 200/67 relativa ao regime jurídico das empresas estatais é a definição de empresas púbicas e sociedades de economia mista que até hoje vem permeando o debate relativo ao tema, bem como as razões para classificar as empresas estatais sob duas formas.

Consoante demonstrado anteriormente, os incisos II e III do artigo 5º do Decreto-Lei 200/67 cindiram as empresas estatais em duas diferentes formas, atribuindo-lhes aspectos societários particulares e distintos.

---

[62] TÁCITO, Caio. "Regime jurídico das empresas estatais". *Revista de Direito Administrativo*, Rio de Janeiro, Fundação Getulio Vargas, n. 195, jan./mar.1994, pp. 1-8.

[63] Ricardo Marcondes Martins chama esse fenômeno de "contrafações de autarquias", que consiste, segundo ele, em utilizar empresas estatais "para finalidade diversa da exploração da atividade econômica". Nas precisas palavras do autor: "A utilização da forma empresarial pelo Estado para desiderato diverso da exploração de atividade econômica viola o artigo 173, § 1º, da CF/88, o artigo 5º, incisos II e III, do Decreto-Lei n. 200/67, além de todos os alicerces do regime de Direito Administrativo. [...] empresas estatais prestadoras de serviço público, construtoras de obras públicas e exercentes de função pública são contrafações de autarquias e, como tais, regem-se integralmente pelo Direito Administrativo" (MARTINS, Ricardo Marcondes. Estatuto jurídico das empresas estatais à luz da Constituição. In: DAL POZZO, Augusto; MARTINS, Ricardo Marcondes (Coord.). *Estatuto Jurídico das Empresas Estatais*. São Paulo: Contracorrente, 2018, pp. 67-68).

Infere-se dessa diferenciação que as sociedades de economia mista seriam aquelas constituídas sob a forma de sociedade anônima, cujas ações com direito a voto pertenceriam à União ou a entidades da Administração Indireta, enquanto as empresas públicas seriam constituídas sob qualquer forma admitida em Direito, o que lhes permite existirem também sob o modelo de sociedades anônimas, tal qual as primeiras.

Muito a propósito das maiores implicações, sobretudo a respeito da composição do capital votante e da obrigatória constituição como sociedade anônima, as sociedades de economia mista ensejam maiores reflexões, sem prejuízo de uma análise crítica das empresas públicas igualmente.

Celso Antônio Bandeira de Mello definiu sociedade de economia mista como a pessoa "jurídica de *Direito Privado* constituída sob a forma de Direito Mercantil e composta por capitais públicos e privados, (ou assumida) pelo Poder Público como um instrumento de sua atuação para a realização de interesses relevantes para a coletividade e, por isso mesmo, submetida a um regime jurídico especial".[64]

Justamente em decorrência desse regime específico, em 1976 o legislador ordinário positivou a Lei nº 6.404/76, que dedicou um capítulo específico às sociedades de economia mista, destacando a subsunção destas aos seus ditames[65] e a sujeição da pessoa jurídica de Direito Público controladora aos deveres e responsabilidades do acionista controlador.[66]

---

[64] BANDEIRA DE MELLO, Celso Antônio. *Prestação de serviços públicos e Administração Indireta*: concessão e permissão de serviço público; autarquia; sociedades de economia mista; empresas públicas; fundações governamentais. 2. ed. São Paulo: Revista dos Tribunais, 1983, p. 93.

[65] BRASIL. *Lei nº 6404*, de 15 dezembro de 1976: "Art. 235. As sociedades anônimas de economia mista estão sujeitas a esta Lei, sem prejuízo das disposições especiais de lei federal".

[66] BRASIL. *Lei nº 6404,* de 15 dezembro de 1976: "Art. 238. A pessoa jurídica que controla a companhia de economia mista tem os deveres e responsabilidades do acionista controlador (artigos 116 e 117), mas poderá orientar as atividades da companhia de

A inserção das sociedades de economia mista nos regramentos da Lei das Sociedades Anônimas, embora tenha buscado viabilizar sua atuação no mercado concorrencial e definir sua organização interna, trouxe instabilidade quanto à natureza e à própria definição daquelas sociedades,[67] porquanto ao aproximá-las do Direito Privado não as afastou do Direito Público, proporcionando uma hibridez no regime jurídico que se faz sentir sempre em maior grau quando se trata de autonomia, discricionariedade de atuação e controle.

Embora o Decreto-Lei nº 200/67 tenha previsto o Direito Privado como regime aplicável às sociedades de economia mista, foi a Lei das Sociedades Anônimas que tipificou as figuras jurídicas que hoje mais suscitam conflitos entre os regimes privado e público, pois ao mesmo tempo que elas possuem a flexibilização e autonomia intrínsecas ao Direito Privado, devem obediência à rigidez do Direito Público e suas especificidades.

Em ensaio datado de 1953, Bilac Pinto já identificara a existência de uma colisão entre o Direito Privado e o Direito Público como principal entrave ao desenvolvimento das sociedades de economia mista, oportunidade em que não só expôs que a concomitância entre dois regimes jurídicos distintos comprometeria o sucesso daquelas sociedades como também registrou a existência de um confronto entre os sócios privados e públicos que acabaria por fazer naufragar o uso das sociedades de economia mista, pois, segundo o autor, em uma "empresa de economia mista, os fins visados pelo Estado e pelos particulares são diametralmente opostos; eles se excluem reciprocamente. Nasce, assim, entre os

modo a atender ao interesse público que justificou a sua criação".

[67] A inserção das sociedades de economia mista na Lei das Sociedades Anônimas foi objeto de intenso debate e críticas à época da votação do Projeto de Lei. Nesse sentido, conferir: WALD, Arnoldo. "As sociedades de economia mista e a nova lei das sociedades anônimas". *Revista de Informação Legislativa*, Brasília, Senado Federal, ano 14, n. 54, pp. 99-114, abr./jun. 1977. Disponível em: https://www2.senado.leg.br/bdsf/handle/id/181005. Acesso em: 15 ago. 2018.

dois grupos de associados, um conflito irredutível, no qual um deles será inevitavelmente a vítima".[68]

Essa desarticulação em se definir os intentos das sociedades de economia mista e equilibrar o adimplemento das regras de uma sociedade mercantil e o atendimento ao interesse público sob a égide do Direito Público reflete diretamente na atuação das sociedades de economia mista e empresas públicas. Enquanto o primeiro regime permite maior flexibilidade e independência para a adoção das medidas de gestão, representando maior discricionariedade na condução da sociedade de economia mista, que se vincula e se limita ao estatuto social e à Lei nº 6.404/76, o segundo é permeado majoritariamente pelos princípios de Direito Público, entre os quais a obrigatoriedade de licitar, a contratação de servidores mediante concurso público, controle externo e orçamentário, o que, invariavelmente, engessa a fluidez da gestão empresarial e a discricionariedade de atuação, ressaltando o conflito entre essas duas roupagens jurídicas.

Relativamente às empresas públicas, o fato de não estarem sujeitas ao regime da Lei das Sociedades Anônimas e serem criadas com esteio nos mais diversos tipos societários existentes a princípio mitiga os conflitos entre Direito Público e Privado, mas não se pode chegar a afirmar que tais colisões são inexistentes, pois as empresas públicas igualmente demandam otimização da gestão tal como ocorre no mercado privado, de maneira que a incidência concomitante do regime de Direito Público também impede uma atuação empresarial integralmente calcada nos preceitos das legislações civil e societária, submetendo o administrador das empresas públicas ao mesmo desafio de se pautar pelo regime de Direito Privado sem se distanciar do regime de Direito Público.

A bem de se distinguir o conceito jurídico de ambas as formas de empresa estatal, valemo-nos novamente da definição de Celso Antônio Bandeira de Mello acerca do conceito de empresas públicas:

---

[68] PINTO, Bilac. "O declínio das sociedades de economia mista e o advento das modernas empresas públicas". *Revista de Direito Administrativo*, Rio de Janeiro, Fundação Getulio Vargas, n. 32, 1953, pp. 1-15.

> [a] pessoa jurídica de Direito Privado, constituída sob a forma de sociedade mercantil e formada por capitais exclusivos governamentais, criada (ou assumida) pelo Estado como instrumento de sua ação, por via empresarial, para a realização de interesses relevantes para a coletividade e por isso mesmo submetida a um regime jurídico marcado por certa originalidade em relação às demais sociedades comerciais.[69]

Em comum, tanto as empresas públicas quanto as sociedades de economia mista possuem a natureza de Direito Privado como principal condutor de suas atuações, enquanto somente as empresas públicas detêm capital social integralmente público, sem que isso signifique que estejam sujeitas ou vinculadas ao orçamento do ente público que as criou.

Quanto à opção pela empresa estatal ou sociedade de economia mista, o Decreto-Lei nº 200/67 não impôs condições ou requisitos para a adoção de um ou outro modelo, competindo ao Executivo a discricionária escolha do modelo de empresa estatal com que intervirá na economia. De acordo com Sergio D'Andréa Ferreira, caso o Estado julgue necessário "atuar com seus próprios recursos, optará pela empresa pública; se preferir agir, valendo-se, também, dos recursos particulares, adotará a forma das companhias mistas".[70]

Em sua postura crítica às sociedades de economia mista, Bilac Pinto sustentou preferência pelas empresas públicas em razão de características que no seu entender evidenciam os benefícios destas em detrimento daquelas. Nesse sentido, compõem aspectos favoráveis das empresas públicas elementos como a personalidade jurídica de Direito Privado, propriedade e direção exclusivamente estatais, autonomia ad-

---

[69] BANDEIRA DE MELLO, Celso Antônio. *Prestação de serviços públicos e Administração Indireta:* concessão e permissão de serviço público; autarquia; sociedades de economia mista; empresas públicas; fundações governamentais. 2. ed. São Paulo: Revista dos Tribunais, 1983, pp. 133-134.

[70] FERREIRA, Sérgio De Andréa. "O direito administrativo das empresas governamentais brasileiras". *Revista de Direito Administrativo*, Rio de Janeiro, Fundação Getulio Vargas, n. 136, abr./jun. 1979, pp. 1-33.

ministrativa e técnica, liberdade em matéria de despesas e flexibilidade e rapidez de ação.[71]

Todavia, essas características também são encontradas nas sociedades de economia mista, o que demonstra não haver um modelo perfeito ou mais adequado à Administração Pública, pois os entraves de gestão decorrentes da dualidade de regimes jurídicos que lhes são aplicáveis ocorrem em ambas as formas de empresa estatal.

De todo modo, o traço mais marcante das sociedades de economia mista e das empresas públicas é o fato de serem regradas pelo Direito Privado e, em virtude de tal regime, é natural e até imposto que sua atuação se dê com maior flexibilidade e autonomia, o que representa maior discricionariedade em suas escolhas.

Nesse particular, os Decretos-leis nº 200/67 e 900/69 e a Lei nº 6.404/76 foram exitosos em dar as primeiras diretrizes acerca do regime jurídico das empresas estatais e cumpriram um importante papel em reconhecer que somente em um ambiente de maior autonomia e flexibilidade de atuação elas poderiam atingir de forma satisfatória os interesses públicos para os quais foram criadas.

Com a promulgação da Constituição de Federal de 1988, o reconhecimento das empresas estatais como entidades de Direito Privado foi mantido no artigo 173, de maneira que o desafio, com o advento do novo Texto Constitucional, passou a ser a materialização da legislação a regulamentá-las, conservando as diretrizes das legislações até aqui estudadas, oferecendo, no entanto, avanços em matéria de gestão e controle.

Foi nesse contexto que surgiu a Lei nº 13.303/16, a denominada "Lei das Estatais". Ao mesmo tempo que preservou a essência de Direito Privado das empresas estatais, progrediu em matéria de contratações, gestão e controle, a bem de potencializar, ainda que dentro das

---

[71] PINTO, Bilac. "O declínio das sociedades de economia mista e o advento das modernas empresas públicas". *Revista de Direito Administrativo*, Rio de Janeiro, Fundação Getulio Vargas, n. 32, 1953, pp. 1-15.

regras privadas, o atendimento do relevante interesse coletivo e do imperativo de segurança nacional afetos ao Direito Público, intrínsecos à atuação estatal.

2.3 O conteúdo e os objetivos da lei nº 13.303/16

2.3.1 A autonomia e a flexibilidade das empresas estatais

Fruto da Emenda Constitucional nº 19/1998, que alterou a redação do § 1º e seguintes do artigo 173 da Constituição Federal, a Lei nº 13.303/16 teve sua redação proposta, debatida e promulgada muito mais em função dos casos de corrupção que assolaram as grandes estatais brasileiras do que efetivamente por força da imposição ou necessidade legislativa de se padronizar e estabelecer critérios objetivos acerca do papel das empresas estatais, alvo constante de inúmeras interpretações e debates tanto na doutrina quanto na jurisprudência.

A despeito de a Emenda Constitucional nº 19/1998 ter previsto a edição de lei que conferisse maior segurança jurídica no tratamento jurídico das empresas estatais,[72] o estatuto entrou em vigor somente após 18 (dezoito) anos da promulgação da emenda e, ainda assim, muito mais como uma resposta à sociedade na esteira do chamado combate à corrupção do que efetivamente em ressonância à emenda constitucional.

[72] A respeito da importância de a Emenda Constitucional nº 19/1998 ter estabelecido a necessidade de lei a disciplinar o estatuto jurídico das estatais, Alice Gonzalez Borges registrou: "Em verdade, a elaboração de um estatuto jurídico especial das sociedades de economia mista e empresas públicas fazia falta no ordenamento jurídico-constitucional brasileiro. Tínhamos, a respeito dessas entidades, esparsas disposições: as do Dec.-lei 200/67 e as do Dec.-lei 900/69; o capítulo XIX da Lei de Sociedades Anônimas [...]" (BORGES, Alice Gonzales. O Estatuto Jurídico das Empresas Estatais na Emenda Constitucional nº 19/98. *Revista de Direito Administrativo*, Rio de Janeiro, Fundação Getulio Vargas, n. 217, jul./set. 1999, pp. 1-12). Ana Frazão, por sua vez, asseverou que "o problema da má gestão das estatais jamais foi propriamente a ausência ou a deficiência de legislação, mas sim a falta do arcabouço normativo existente" (FRAZÃO, Ana. *O que esperar da Lei das Estatais*. Publicado no portal JOTA, em 1 fev. 2017. Disponível em: https://www.jota.info/opiniao-e-analise/colunas/constituicao-empresa-e-mercado/o-que-esperar-da-lei-das-estatais-01022017. Acesso em: 6 ago. 2019).

Referida lei aprimorou questões de governança, estabelecendo dispositivos que asseguram maior autonomia às estatais, contribuindo para uma gestão mais eficiente destas empresas, sem inovar ao prever sua submissão ao regime de Direito Privado (até porque trata-se de previsão constitucional), mas cuidou em definir parâmetros a bem de buscar conciliar o emprego desse regime frente às finalidades de Direito Público a serem atingidas com a criação de uma empresa estatal.

Em síntese, o legislador positivou novas regras de "governança corporativa, disciplinou a ingerência de políticas públicas na gestão empresarial das estatais, aproximou em alguns pontos as empresas públicas do regime das sociedades anônimas, e estabeleceu procedimentos licitatórios e modelos contratuais mais voltados a resultados que ao atendimento de requisitos formais".[73]

Ainda com os avanços na matéria, a hibridez do regime jurídico das empresas estatais continua a suscitar os principais questionamentos acerca de sua forma de atuação, sobretudo no que diz respeito à discricionariedade de seus gestores e o controle incidente sobre suas decisões.

Inegavelmente, o que motiva a criação de uma empresa estatal é o interesse público consubstanciado no artigo 173 da Constituição Federal, de maneira que não há outra conclusão a se chegar além de que as finalidades de uma empresa estatal são essencialmente públicas e intrínsecas aos ditames do Direito Administrativo. O que não quer dizer, contudo, que as funções essenciais para o desenvolvimento das empresas estatais devam se regrar à luz do Direito Público, tampouco que esse aspecto seja inconstitucional, eis que previsto na própria Carta de 1988.

Ao disporem sobre o regime de Direito Privado aplicável às estatais, a Constituição e o legislador infraconstitucional o fizeram objetivando permitir que as finalidades de interesse público inerentes à existência de uma empresa estatal fossem executadas e atingidas de maneira mais flexível e célere, sem que isso represente uma ruptura com o regi-

[73] ARAGÃO, Alexandre Santos de. *Empresas Estatais*: regime jurídico das Empresas Públicas e Sociedades de Economia Mista. 2. ed. Rio de Janeiro: Forense, 2018, p. 176.

me de Direito Público[74] consentâneo com os relevantes interesses coletivos e os imperativos de segurança nacional.

É a partir dessa lógica que o reconhecimento do Direito Privado como regime jurídico aplicável às estatais deve ser estudado e enfrentado, até porque se a elas fosse aplicado integralmente o regime de Direito Público, ainda mais se atuantes em um mercado concorrencial, é inequívoco que não teriam condições de sobreviver comercial e economicamente, tendo em vista as especificidades do regime de Direito Público.

Ainda que em contrapartida se possa argumentar que elas teriam benefícios como imunidade tributária recíproca, prazos processuais diferenciados e execução por regime de precatórios, por outro lado restaria inviabilizada sua competitividade no contexto de uma concorrência, seja porque teriam que licitar toda e qualquer contratação, seja porque eventuais concorrentes declinariam de com elas concorrer caso se inserissem como beneficiárias de um regime específico de execução e preços sem a incidência da carga tributária aplicável ao mercado de atuação em disputa.

Nesse sentido, o emprego do regime de Direito Privado não implica ofensa aos princípios republicanos[75] nem é incabível em um am-

---

[74] Embora critique a posição de aplicação de regime de Direito Privado "puro" às empresas estatais, Celso Antônio Bandeira de Mello não desconhece que a presença de Direito Privado, ainda que mitigado, em seu entender, tem uma relevante função de permitir que aquelas empresas reúnam condições de atingir suas finalidades e operacionalizarem suas atividades: "Posto que a personalidade de Direito Privado que lhes foi infundida é apenas um *meio* para melhor cumprimento de interesses que transcendem os interesses privados. Bem por isto, as normas de Direito Privado comparecem no que concerne ao seu regime operacional (e ainda assim com restrições), pois o que se pretendeu foi tão somente outorgar-lhes meios de ação dotados de maior agilidade e desenvoltura do que os dispostos para as pessoas públicas" (BANDEIRA DE MELLO, Celso Antônio. "Sociedades mistas, empresas públicas e o regime de direito público". *Revista Eletrônico de Direito Administrativo Econômico*, Salvador, Instituto Brasileiro de Direito Público, n. 10, maio/jun./jul. 2007. Disponível em: http://www.direitodoestado.com.br/redae.asp. Acesso em: 11 ago. 2019).

[75] Crítica a este posicionamento, Sofia Tomé D'Alte sustenta que "a dicotomia entre os dois tipos de gestão [público e privado] subalteriza a importância da *res* pública, cria

biente em que imperam os princípios que norteiam a Administração Pública. Nas palavras de Alexandre Santos de Aragão, a atribuição do regime de Direito Privado às empresas estatais "não deve ser vista como um risco aos princípios republicanos ou uma exceção desafiadora, mas como uma necessidade legítima de prover o Estado dos meios para a melhor realização dos seus objetivos".[76]

A necessidade de as empresas estatais possuírem um regime mais flexível, que lhes permita maior capacidade de atuação a bem de atingir os interesses públicos que motivam a sua existência não advém de uma simples negação ou repulsa ao regime jurídico de Direito Público, sem nenhum lastro jurídico; trata-se da maneira encontrada pelo constituinte de consagrar o princípio constitucional da eficiência em matéria de empresas estatais e seus objetivos pelas leis que as criaram.

Sobre essa relação entre o regime de Direito Privado e a eficiência administrativa, Carolina Barros Fidalgo assinala que a "opção pela utilização de instrumentos jurídicos com personalidade própria e sujeitos ao Direito Privado para a intervenção estatal direta na economia visa a conferir ao Estado maior agilidade e flexibilidade para a exploração de atividades econômicas, tornando a sua atuação mais eficiente".[77]

Diante da positivação constitucional do princípio da eficiência no *caput* do artigo 37 da Constituição da Federal, caso o Texto Constitucional, ao tratar da intervenção do Estado no domínio econômico mediante a criação de empresas estatais, não cuidasse de estabelecer o

---

dificuldades de vária ordem e leva à convicção errada de que tudo o que é público é ineficaz, ineficiente, incompetente, quando, pelo contrário, se deveria assumir e reclamar para a actuação dos poderes públicos padrões de diligência, excelência e competência" (D'ALTE, Sofia Tomé. *A nova configuração do sector empresarial do Estado e a empresarialização dos serviços públicos*. Coimbra: Almedina, 2007, p. 315).

[76] ARAGÃO, Alexandre Santos de. *Empresas Estatais:* regime jurídico das Empresas Públicas e Sociedades de Economia Mista. 2. ed. Rio de Janeiro: Forense, 2018, p. 168.

[77] FIDALGO, Carolina Barros. *O Estado Empresário*: das sociedades estatais às sociedades privadas com participação minoritária do Estado. São Paulo: Almedina, 2017, p. 151.

regime jurídico que melhor atendesse ao desempenho e à finalidade daquelas empresas, correria o risco de positivar um elemento totalmente inócuo e figurativo, o que culminaria na inobservância do dito princípio da eficiência, com empresas estatais absolutamente letárgicas e incapazes de atuar no mercado privado.

A atribuição de um regime privado às empresas estatais relaciona-se diretamente com o princípio da eficiência, o que permeia a análise e a compreensão das flexibilidades e independência asseguradas no que tange à gestão de uma empresa estatal, pois as estatais possuem uma posição peculiar na Administração Indireta, com autonomia reforçada para que possam cumprir seus objetivos de interesse público de forma eficiente.[78]

Não se está a afirmar que conferir maior discricionariedade de atuação às empresas estatais para que operem com a eficiência constitucionalmente delas esperadas seja um salvo conduto para atuarem indiscriminadamente, sem nenhum tipo de controle. Tanto a Lei das Sociedades Anônimas quanto a Lei das Estatais estabelecem limites e controles, de forma que mesmo em um ambiente empresarial, mais amplo do que o da Administração, verificam-se controles e freios à má gestão.

Não há descompasso em se atingir as finalidades públicas e os princípios norteadores da Administração Pública com o emprego de um regime menos formalístico e mais célere. Essa afirmação não afasta o fato de que não só o regime de Direito Privado é suficiente para assegurar a eficiência necessária às empresas estatais, a previsão de maior concorrência, a diminuição da influência política, a introdução de instrumentos de governança corporativa, "além da eliminação ou redução de alguns

---

[78] Esse é o raciocínio de Bernardo Strobel Guimarães *et al.*: "Um primeiro registro a ser feito é que, de acordo com a Constituição, as estatais são entes que estão em uma posição peculiar no que se refere à sua inclusão na Administração Indireta. A elas reconhece-se uma margem de autonomia reforçada no que à implementação dos seus objetivos" (GUIMARÃES, Bernardo Strobel; *et al. Comentários à Lei das Estatais* (Lei nº 13.303/2016). Belo Horizonte: Fórum, 2019, p. 44).

entraves ao desenvolvimento das suas tarefas são medidas que podem promover uma maior eficiência".[79]

Permeada por todos esses conceitos, a Lei nº 13.303/16 buscou adequar a necessidade de se atingir finalidades públicas[80] com regras de operação e execução que permitam maior discricionariedade de atuação aos gestores de empresas estatais, como se identifica na previsão de contratos regidos pelo Direito Privado sem a presença das chamadas cláusulas exorbitantes e a inaplicabilidade de licitação para contratações afetas ao objeto social e escolhas de parceiros de negócio, consoante se depreende da redação dos artigos 68 e 28, § 3º, incisos I e II da lei em exame:

Art. 68. Os contratos de que trata esta Lei regulam-se pelas suas cláusulas, pelo disposto nesta Lei e pelos preceitos de Direito Privado.

> Art. 28. Os contratos com terceiros destinados à prestação de serviços às empresas públicas e às sociedades de economia mista, inclusive de engenharia e de publicidade, à aquisição e à locação de bens, à alienação de bens e ativos integrantes do respectivo patrimônio ou à execução de obras a serem integradas a esse patrimônio, bem como à implementação de ônus real sobre tais

---

[79] FIDALGO, Carolina Barros. *O Estado Empresário:* das sociedades estatais às sociedades privadas com participação minoritária do Estado. São Paulo: Almedina, 2017, p. 229.

[80] A obrigatoriedade de as empresas estatais atingirem finalidades públicas afetas ao regime jurídico de Direito Administrativo está prescrita nos artigos 8º, § 1º e 27, § 1º da "Lei das Estatais": "Art. 8º As empresas públicas e as sociedades de economia mista deverão observar, no mínimo, os seguintes requisitos de transparência [...] § 1º O interesse público da empresa pública e da sociedade de economia mista, respeitadas as razões que motivaram a autorização legislativa, manifesta-se por meio do alinhamento entre seus objetivos e aqueles de políticas públicas, na forma explicitada na carta anual a que se refere o inciso I do *caput*. [...]

Art. 27. A empresa pública e a sociedade de economia mista terão a função social de realização do interesse coletivo ou de atendimento a imperativo da segurança nacional expressa no instrumento de autorização legal para a sua criação [...] § 1º A realização do interesse coletivo de que trata este artigo deverá ser orientada para o alcance do bem-estar econômico e para a alocação socialmente eficiente dos recursos geridos pela empresa pública e pela sociedade de economia mista, bem como para o seguinte: [...]".

> bens, serão precedidos de licitação nos termos desta Lei, ressalvadas as hipóteses previstas nos arts. 29 e 30.
>
> [...]
>
> § 3º São as empresas públicas e as sociedades de economia mista dispensadas da observância dos dispositivos deste Capítulo nas seguintes situações:
>
> I - comercialização, prestação ou execução, de forma direta, pelas empresas mencionadas no *caput*, de produtos, serviços ou obras especificamente relacionados com seus respectivos objetos sociais;
>
> II - nos casos em que a escolha do parceiro esteja associada a suas características particulares, vinculada a oportunidades de negócio definidas e específicas, justificada a inviabilidade de procedimento competitivo.
>
> [...]

Conquanto a lei tenha buscado dar concretude à disposição constitucional de atribuir o regime de Direito Privado às empresas estatais, o texto não passou incólume de críticas quanto à extensão desse regime, apontando que o legislador foi tímido naquilo que aproximaria as estatais do regime de Direito Privado, considerando ainda inconstitucional e incompatível com o regime de Direito Administrativo tentar enquadrá-las em qualquer conceito que lhes desse autonomia, flexibilidade e discricionariedade de atuação e gestão.

Partidário da maior autonomia e liberdade na atuação das empresas estatais como meio de atingirem as finalidades públicas para as quais foram criadas, Alexandre Santos de Aragão teceu ressalvas quanto ao progresso da lei nesse aspecto, consignando que "apesar de inegáveis avanços, [a Lei 13.303/16] foi tímida na aproximação das estatais ao regime jurídico das empresas privadas. O mencionado diploma sequer trata, por exemplo, dos seus aspectos trabalhistas e tributários e, em matéria contratual, ficando mais próximo da Lei 8.666/1993 do que do Código Civil ou Comercial".[81]

---

[81] ARAGÃO, Alexandre Santos de. *Empresas Estatais*: regime jurídico das Empresas

No mesmo sentido é o posicionamento de Clarissa Ferreira de Mello Mesquita, que registrou que a "Lei nº 13.303/16 contém dispositivos que reforçam a autonomia das estatais e ajudam a conduzi-las a uma gestão mais responsável, mas eles são certamente insuficientes para remover as estatais da arena política e da ingerência inadequada dos controladores sobre o rumo da empresa, preservando o interesse público que justifica sua criação".[82]

Ricardo Marcondes Martins, por sua vez, advogou que uma empresa estatal "não pode ser equiparada juridicamente ao particular. Ela, por definição, não possui liberdade; não possui ao contrário do particular, interesses próprios. E essa imposição conceitual decorre da própria Constituição".[83]

Posição semelhante, embora mais comedida, é sustentada por Celso Antônio Bandeira de Mello, que afirma:

> É preciso, pois, aturado precato para não incorrer no equívoco de assumir fetichisticamente a personalidade de Direito Privado (como costumava ocorrer no Brasil) das estatais e imaginar que, por força dela, seu regime pode ensejar-lhes uma desenvoltura equivalente à dos sujeitos cujo modelo tipológico inspirou-lhes a criação. Deveras, a personalidade de Direito Privado que as reveste não passa de um expediente técnico cujo préstimo adscreve-se, inevitavelmente, a certos limites, já que não poderia ter o condão de embargar a positividade de certos princípios e normas de Direito Público cujo arredamento comprometeria objetivos celulares do Estado de Direito.
>
> [...]

Públicas e Sociedades de Economia Mista. 2. ed. Rio de Janeiro: Forense, 2018, p. 178.

82 MESQUITA, Clarissa Ferreira de Mello. *Autonomia e controle das empresas estatais no Brasil*. 2018. 328 f. Tese (Doutorado em Direito). Universidade de São Paulo – USP, São Paulo, 2018, p. 4.

83 MARTINS, Ricardo Marcondes. Estatuto jurídico das empresas estatais à luz da Constituição. In: DAL POZZO, Augusto; MARTINS, Ricardo Marcondes (Coord.). *Estatuto Jurídico das Empresas Estatais*. São Paulo: Contracorrente, 2018, p. 32.

> Se assim não fosse, e se as estatais desfrutassem da mesma liberdade que assiste ao comum das empresas privadas, haveria comprometimento de seus objetivos e funções essenciais [...].[84]

Conforme exposto anteriormente, a previsão constitucional de um regime de Direito Privado está intimamente ligada ao igualmente constitucional princípio da eficiência. À luz desse raciocínio, considerando o caráter normativo de nossa Carta Política e que a lei não traz palavras ou disposições inúteis, é de se reconhecer que o legislador, buscando atribuir utilidade e pertinência ao que positivara, dentro de sua discricionariedade legislativa, houve por bem, em um caso particular envolvendo a Administração Pública, consagrar o regime de Direito Privado a bem de garantir o êxito na atuação da empresa estatal.

O artigo 37 da Constituição Federal consagrou o regime de Direito Público para o exercício da função administrativa. Por outro lado, isso não significa afirmar que tenha determinado a aplicação exclusiva desse regime à Administração Pública, tampouco que o Direito Público é o único regime jurídico normatizado pelo Texto de 1988.

Mesmo tendo assegurado majoritariamente o regime jurídico de Direito Público à Administração Pública, não se pode afirmar que a ela foi destinado exclusivamente aquele regime jurídico. A Constituição de 1988, da mesma maneira que consagra o regime de Direito Público, também consagra o regime de Direito Privado, e não há ressalvas do constituinte que sobre o Poder Público incidirá exclusivamente o primeiro regime.

Se o artigo 173 da Constituição Federal previu, ainda que de forma excepcional, o regime jurídico de Direito Privado às empresas estatais, não há inconstitucionalidade a se reputar nesse quesito, uma vez que não há primazia do Direito Público ou maior relevância deste em relação ao Privado.

---

[84] BANDEIRA DE MELLO, Celso Antônio. *Curso de Direito Administrativo*. 32. ed. São Paulo: Malheiros, 2015, p. 199.

Reputar inaplicável o regime jurídico de Direito Privado às empresas estatais apenas porque o artigo 37 da Constituição Federal previu o regime jurídico de Direito Público seria o mesmo que reputar inconstitucional o artigo 173, lastreado em uma inexistente prevalência do primeiro sobre o segundo.

Nesse sentido, se o constituinte estatuiu o regime de Direito Privado às empresas estatais, não há ofensa aos demais preceitos da Constituição ou ilegalidade, sendo inadmissível, portanto, que não se reconheça às empresas estatais tratamento semelhante aos particulares, nas circunstâncias e limites prescritos em lei, quando a própria Constituição Federal assim normatizou.

Ao estabelecer o regime de Direito Privado – enfatizando-se que a Constituição não contempla termos inúteis ou figurativos –, o constituinte almejou maior flexibilidade e, sobretudo, autonomia na atuação das empresas estatais sem que isso caracterizasse ruptura ou negação ao regime de Direito Administrativo e muito menos às finalidades públicas que motivam a criação e a existência de uma empresa estatal.[85]

Quando se fala em discricionariedade e autonomia no que tange às empresas estatais à luz do regime de Direito Privado que lhes é assegurado constitucionalmente, é importante aclarar que sua incidência não implica atuação pautada em livre-arbítrio e destoante dos interesses públicos motivadores de uma estatal. O Direito Privado, neste caso, deverá sempre visar ao interesse público. Nessa perspectiva, não há nenhum óbice para que a Administração Pública, por intermédio de suas estatais, busque o interesse público a partir de regras daquele regime jurídico.

---

[85] Maria Sylvia Zanella Di Pietro define essa incidência concomitante entre o Direito Administrativo e o Direito Privado nas empresas estatais como *Direito Privado Administrativo*: "Nos dois extremos, o *regime jurídico de Direito Privado* e o *regime jurídico de Direito Público*; nos pontos intermediários, o *regime jurídico híbrido*, em que predomina ora o Direito Público, ora o Direito Privado (é o chamado *Direito Privado Administrativo*)" (DI PIETRO, Maria Sylvia Zanella. Introdução: Do Direito Privado na Administração Pública. In: DI PIETRO, Maria Sylvia Zanella (Coord.). *Direito Privado Administrativo*. São Paulo: Atlas, 2013, p. 8).

O que não se admite é a implementação do regime de Direito Privado para atender a interesses diversos daqueles delineados em lei e no estatuto social da empresa estatal, de forma que seja em um ambiente de Direito Privado, seja de Direito Privado Administrativo, há uma limitação e uma vinculação a ser respeitada.

Uma vez observadas a vinculação e a limitação inerentes ao trato da coisa pública, é perfeitamente aceitável que os fins públicos e o interesse coletivo sejam buscados sob o Direito Privado, o que não se confunde com uma atuação em nome de interesses próprios, de forma que a baliza para a incidência de um ou outro regime no âmbito das empresas estatais será sempre o atendimento do interesse público.

Sintetizando esse raciocínio, vale a lição de Maria João Estorninho, que asseverou não ser verdadeira a assertiva de que os atos de Direito Privado se voltem tão somente à finalidade privatista, "enquanto que os actos de Direito Público teriam finalidade de interesse público. A Administração Pública deve sempre perseguir o interesse público e apenas varia o instrumento jurídico por ela escolhido para esse fim, umas vezes de Direito Público e outras de Direito Privado".[86]

Nem sequer seria o caso de se falar em "fuga para o Direito Privado", pois sendo este o Direito natural atribuído às empresas estatais, este será o regime ordinário de sua atuação, fundado nas regras de Direito Civil e Comercial, conforme assinalado pelo próprio Texto Constitucional, de maneira que sua aplicação como regime jurídico próprio daquelas empresas não configura uma antijuridicidade para ser apontado como uma "fuga". Trata-se da simples incidência de um regime jurídico intrínseco à opção estatal de atuar na economia mediante a criação de empresas públicas ou sociedades de economia mista.

Acerca do assunto, Paulo Otero muito bem sintetiza:

[86] ESTORNINHO, Maria João. *A Fuga para o Direito Privado*: contributo para o estudo da atividade de Direito Privado da Administração Pública. Coimbra: Almedina, 2009, p. 130.

> Neste sentido, urge sublinhar, não há no exercício da actividade das entidades privadas integrantes do sector empresarial do Estado uma verdadeira *fuga* para o Direito Privado: sendo o Direito Privado, em especial o Direito Comercial, o direito típico ou comum regulador da actuação empresarial, não se pode dizer que sempre que o Estado adopta uma forma privada da sua intervenção empresarial estará a *fugir* do Direito Administrativo para o Direito Privado. Se aqui existir *fuga,* ela será sempre uma *fuga* normal ou natural, imposta até pelos princípios e valores constitucionais.
>
> Por tudo isto, o problema da *fuga* para o Direito Privado apenas se coloca, em bom rigor, perante a actuação de entidades dotadas de uma personalidade jurídica de Direito Público.[87]

Há que prevalecer a discricionariedade de atuação do gestor da empresa estatal, sem que seja considerada antinatural, para lhe possibilitar agir dentro de sua discricionariedade executiva, valendo-se de suas escolhas para conduzir a companhia, vinculando-se, evidentemente, ao interesse público que motiva a existência da empresa estatal.

Ao ingressar na seara do Direito Privado, a Administração Pública o faz ciente de que inexiste liberdade plena e de que a autonomia inerente àquele regime jurídico se limita às disposições do estatuto social e da lei autorizativa da empresa estatal, havendo, portanto, uma vinculação a limitar sua atuação, ainda que em regime de Direito Privado.

O regime de Direito Privado, quando aplicado para atender ao interesse público, confere ao gestor da empresa estatal uma ampla – mas não irrestrita – discricionariedade de atuação e gestão, para tomar as medidas gerenciais necessárias a fim de que a pessoa jurídica cumpra suas finalidades com eficiência.

Essa amplitude de atuação, intimamente relacionada com o regime jurídico tipificado no artigo 173 da Constituição Federal e considera-

---

[87] OTERO, Paulo. *Vinculação e liberdade de conformação jurídica do sector empresarial do Estado*. Coimbra: Coimbra, 1998, p. 267.

velmente potencializada em diversos dispositivos da Lei nº 13.303/16, representa o cerne do presente trabalho, pois, em nosso entender, a existência de uma discricionariedade mais acentuada na gestão das empresas estatais decorre justamente da flexibilidade e autonomia de atuação características do Direito Privado.

A despeito das críticas aqui identificadas e enfrentadas, a Lei procurou materializar tanto quanto possível o regime de Direito Privado constitucionalmente normatizado e positivou alguns elementos e conceitos que permitem maior discricionariedade de atuação aos gestores, levando-nos a enfrentar como se opera a ideia de discricionariedade administrativa em um ambiente de maior autonomia de gestão, ainda que pertencente à Administração Indireta.

Com regras que galvanizam maior independência, a Lei nº 13.303/16 cumpriu em boa medida o intento de atribuir às empresas estatais a característica essencial de maior autonomia de atuação, proporcionando maior discricionariedade na tomada de decisões empresariais, sendo justamente a essência e os efeitos dessa discricionariedade o que examinaremos no presente trabalho.

2.3.2 A empresa pública, a sociedade de economia mista e a unificação de seus regimes societários na Lei nº 13.303/16

Tal qual o Decreto-Lei nº 200/67, a Lei nº 13.303/16 também procurou distinguir empresas públicas de sociedades de economia mista, além de inovar ao tratar das subsidiárias e das estatais dependentes.

Na linha do que já havia delineado o Decreto-Lei e suas posteriores alterações, a Lei das Estatais apresentou em seus artigos 3º e 4º a figura das empresas públicas e das sociedades de economia mista, com pequenas alterações acerca do conceito de empresa pública, que passou a admitir em seu capital social a participação de outras entidades de Direito Público e outras entidades da Administração Indireta, desde que preservada a maioria do capital votante em poder da União, Estados, Municípios e Distrito Federal.[88]

Mantidos os traços mais significativos das empresas estatais – como a personalidade jurídica de Direito Privado aplicável às suas relações e operações e o fato de as sociedades de economia serem constituídas obrigatoriamente como sociedades anônimas –, são perceptíveis algumas diferenças entre o Decreto-Lei nº 200/67 e a Lei nº 13.303/16.

Enquanto o Decreto-Lei nº 200/67 era estanque em distinguir as empresas públicas e as sociedades de economia mista, a Lei das Estatais atribuiu um regime mais homogêneo entre as duas espécies de empresa estatal, aproximando-as em diversas circunstâncias, de modo a impor-lhes um regime jurídico único em diversos aspectos.

Essa aproximação passa pela disposição contida no artigo 11 do Decreto nº 8.945/16, que regulamenta a Lei das Estatais e que estabelece como desejável a assunção do regime das sociedades anônimas pelas empresas públicas, sendo obrigatório também às subsidiárias a serem constituídas,[89] denotando uma inclinação do legislador em ado-

---

[88] BRASIL. *Lei nº 13.303,* de 30 de junho de 2016. "Art. 3º: Empresa pública é a entidade dotada de personalidade jurídica de Direito Privado, com criação autorizada por lei e com patrimônio próprio, cujo capital social é integralmente detido pela União, pelos Estados, pelo Distrito Federal ou pelos Municípios. Parágrafo único. Desde que a maioria do capital votante permaneça em propriedade da União, do Estado, do Distrito Federal ou do Município, será admitida, no capital da empresa pública, a participação de outras pessoas jurídicas de Direito Público interno, bem como de entidades da Administração Indireta da União, dos Estados, do Distrito Federal e dos Municípios.

Art. 4º Sociedade de economia mista é a entidade dotada de personalidade jurídica de Direito Privado, com criação autorizada por lei, sob a forma de sociedade anônima, cujas ações com direito a voto pertençam em sua maioria à União, aos Estados, ao Distrito Federal, aos Municípios ou a entidade da Administração Indireta. § 1º A pessoa jurídica que controla a sociedade de economia mista tem os deveres e as responsabilidades do acionista controlador, estabelecidos na Lei nº 6.404, de 15 de dezembro de 1976, e deverá exercer o poder de controle no interesse da companhia, respeitado o interesse público que justificou sua criação. § 2º Além das normas previstas nesta Lei, a sociedade de economia mista com registro na Comissão de Valores Mobiliários sujeita-se às disposições da Lei nº 6.385, de 7 de dezembro de 1976".

[89] BRASIL. *Decreto nº 8. 945,* de 27 de dezembro de 2016. "Art 11: A empresa pública

tar as regras de controle e governança das sociedades anônimas mesmo não se tratando de sociedades de economia mista, o que se confirma com a leitura dos artigos 14 e 15 da Lei nº 13.303/16, que estabeleceram regras de governança e gestão oriundas da Lei nº 6.404/76 tanto às sociedades de economia mista quanto às empresas públicas, em uma clara tentativa de uniformizar o controle e a gestão das duas espécies de empresa estatal.

Segundo a leitura dos mencionados dispositivos, caberá ao controlador da sociedade de economia mista ou empresa pública adotar a política de sigilo a bem de preservar os interesses fundamentais da companhia; garantir a independência do Conselho de Administração e o exercício de suas funções e observar a política de indicação na escolha de administradores e membros do aludido Conselho. Além disso, recairão sobre o controlador da empresa pública as responsabilidades decorrentes da Lei nº 6.404/76,[90] o que antes do advento da Lei 13.303/16 era expressamente restrito às sociedades de economia mista.

Examinando a dicção dos artigos 14 e 15, Bernardo Stroebel Guimarães *et al.* concluíram que a "lei veio trazer contribuições [no sentido de] dar contornos mais concretos às previsões da Lei das S.A.",[91]

adotará, preferencialmente, a forma de sociedade anônima, que será obrigatória para as suas subsidiárias".

[90] BRASIL. *Lei nº 13.303,* de 30 de junho de 2016. "Art. 14. 'O acionista controlador da empresa pública e da sociedade de economia mista deverá: I - fazer constar do Código de Conduta e Integridade, aplicável à alta administração, a vedação à divulgação, sem autorização do órgão competente da empresa pública ou da sociedade de economia mista, de informação que possa causar impacto na cotação dos títulos da empresa pública ou da sociedade de economia mista e em suas relações com o mercado ou com consumidores e fornecedores; II - preservar a independência do Conselho de Administração no exercício de suas funções; III - observar a política de indicação na escolha dos administradores e membros do Conselho Fiscal.

"Art. 15. O acionista controlador da empresa pública e da sociedade de economia mista responderá pelos atos praticados com abuso de poder, nos termos da Lei nº 6.404, de 15 de dezembro de 1976".

[91] GUIMARÃES, Bernardo Strobel; *et al. Comentários à Lei das Estatais* (Lei nº 13.303/2016). Belo Horizonte: Fórum, 2019, p. 73.

o que em nosso sentir reflete a intenção de unificar tanto quanto possível a tipificação jurídica, a governança e o controle de ambas as espécies de empresa estatal.[92]

De igual forma, o artigo 7° da Lei n° 13.303/16 arremata a busca do legislador em unificar o regime jurídico de ambas as formas de empresa estatal, porquanto preconiza que:

> aplicam-se a todas as empresas públicas, às sociedades de economia mista de capital fechado e às suas subsidiárias as disposições da Lei n° 6.404, de 15 de dezembro de 1976, e as normas da Comissão deValores Mobiliários sobre escrituração e elaboração de demonstrações financeiras, inclusive a obrigatoriedade de auditoria independente por auditor registrado nesse órgão.

Ao homogeneizar o tratamento jurídico de controle, gestão e governança das empresas públicas e sociedades de economia mista, o legislador esvaziou ao máximo as diferenças entre as duas espécies de empresas estatais, relegando-as à composição do capital societário e composição acionária com diferença de voto.

No que toca à essência do andamento de uma empresa estatal, sua estrutura e controle, não há dúvidas quanto à unificação do regime jurídico à luz de um comportamento comum oriundo da Lei das Sociedades Anônimas, a fim de se atingir um só padrão de organização e requisitos para controle interno ou externo. Nas palavras de Ana Frazão: "[a] Lei n° 13.303/16, com vistas a traçar critérios mais adequados para a organização e gestão das empresas estatais, procurou instituir regime uniforme de governança para as empresas públicas e sociedades de eco-

---

[92] Essa também é a posição de Jessé Torres Pereira Junior *et al.*: "Ao fazê-lo, a Lei n° 13.303/2016 importa ao regime jurídico das empresas estatais toda a sistemática da Lei n° 6.404/1976 acerca do abuso de poder, notadamente o arcabouço normativo contido no seu art. 117" (TORRES JUNIOR, Jessé; HEINEN, Juliano; DOTTI, Marinês Restelatto. *Comentários à Lei das Estatais:* Lei n° 13.303/16. Belo Horizonte: Fórum, 2018, p. 81).

nomia mista, definindo requisitos rigorosos para o controle e a estruturação dos órgãos sociais destas".[93]

Hoje, portanto, as empresas estatais gozam de um regime societário próprio que lhes possibilita atuação homogênea em matéria de gestão empresarial, na adoção de medidas eminentemente empresariais voltadas a cumprir a eficiência constitucional e o interesse público que motivam suas existências.

A síntese desse raciocínio nos faz concluir que as diferenças entre sociedades de economia mista e empresas públicas restringem-se à composição do capital social e não à gestão e ao controle, tornando-as, em verdade, sociedades anônimas sob uma gestão impessoal e independente que caracteriza esse tipo de sociedade.

No campo da discricionariedade administrativa, a definição do escopo deste trabalho em período anterior à vigência da Lei nº 13.303/16 nos faria ter que distinguir ou optar por tratar de sociedades de economia mista ou empresas públicas, na medida em que não seria possível inferir a atribuição da mesma discricionariedade e autonomia para uma pessoa jurídica pertencente à Administração Indireta regrada pela Lei das Sociedades Anônimas e outra muito mais suscetível à interferência do ente que a criou e aos ditames das políticas de governo.

A ideia da gestão empresarial fundada nos preceitos da Lei nº 6.404/76 é permitir o máximo de independência e impessoalidade na condução da empresa estatal, submetendo as decisões relevantes e sensíveis ao Conselho de Administração, que, junto com o corpo diretivo, deve ter a autonomia necessária para praticar os atos de gestão necessários ao bom andamento da companhia, sem o risco de indesejadas interferências externas do governo ou dos controladores externos quando extrapolam suas competências e acabam agindo como uma entidade superior, partícipe da administração ordinária da empresa estatal.

[93] FRAZÃO, Ana. O abuso de poder de controle na Lei das Estatais In: NORONHA, João Otávio de; FRAZÃO, Ana; MESQUITA, Daniel Augusto (Coord.). *Estatuto Jurídico das Estatais:* Análise da Lei nº 13.303/2016. Belo Horizonte: Fórum, 2018, p. 108.

No que se refere à independência do Conselho Administrativo e da Diretoria e a impossibilidade de o controlador interferir na administração e nas decisões da sociedade anônima, Modesto Carvalhosa é preciso em apresentar a necessidade de se preservar essa distância como meio de manter a higidez da companhia:

> Deve, no entanto, ficar esclarecido que a Diretoria e o Conselho de administração têm plena autonomia, dentro de seus poderes legais e estatutários, para deliberar sobre matérias da administração ordinária da companhia. O exercício dessa autonomia no tocante à administração ordinária dos negócios sociais constitui um dever dos diretores e conselheiros, devendo os mesmos manter absoluta independência sobre tais assuntos, por isso que inteiramente fora da alçada da comunhão dos controladores.[94]

A autonomia do Conselho Administrativo da sociedade anônima é fio condutor para se verificar onde reside a discricionariedade da atuação da empresa estatal. Sem um Conselho de Administração e uma Diretoria verdadeiramente independentes e autônomos para tomarem as decisões empresariais que julgarem mais apropriadas, não é possível falar-se em discricionariedade administrativa no exercício das funções de gestão da companhia, eis que pessoas jurídicas desprovidas de uma estruturação interna com essas características tornam-se meros instrumentos de ações governamentais, suscetíveis a todo tipo de controle, superando o requisito de legalidade dos atos praticados.

Não se ignora a existência dos conflitos já narrados entre as normas de Direito Público e Direito Privado, os quais, mesmo com o tratamento uniforme da Lei das Sociedades Anônimas conferido às sociedades anônimas e empresas públicas, podem ter sido mitigados, mas não completamente superados.

Algumas prerrogativas do chefe do Poder Executivo, como nomear o Diretor-Presidente de uma empresa estatal, podem evidentemente

---

[94] CARVALHOSA, Modesto. *Comentários à Lei de Sociedades Anônimas*. 6. ed. São Paulo: Saraiva, 2014, p. 60.

abalar essa necessária independência e autonomia,[95] mas ainda assim a condução da companhia não deve se desvirtuar dos interesses públicos que permeiam sua existência, tampouco de princípios republicanos como impessoalidade e moralidade, de maneira que qualquer interferência do Poder Executivo que rompa com esses preceitos evidentemente não estará coadunada ao espírito da Lei das Estatais e não deve servir como parâmetro de análise da discricionariedade que se extrai de seu texto.

Sucede que os interesses públicos de uma empresa estatal não se confundem com interesses governamentais, e essa distinção é intransponível, mesmo que se entenda haver uma incidência maior de regras de Direito Público sobre essas empresas, porquanto a ingerência na administração de uma empresa estatal para fins pessoais ou até mesmo eleitorais colide, com igual ou maior impacto, com o regime de Direito Administrativo.

Para além dessa questão, não pode passar incólume o fato de que uma empresa estatal congrega em si inúmeros interesses, pois não só há a expectativa de retorno financeiro daqueles que nela investem (ainda que se trate de empresa pública, com o Estado na figura de único investidor), como há a busca precípua de se atingir o interesse público em concomitância com os primeiros objetivos.[96] Também nesse particular, a

---

[95] Ainda assim, poderíamos argumentar que se o intento da Lei das Estatais é atribuir maior autonomia e liberdade para as Empresas Estatais e justamente daí advém o emprego do regime de Direito Privado e das regras de gestão da Lei das Sociedades Anônimas, seria o caso de defender a inconstitucionalidade ou ao menos a antinomia da lei autorizativa que preveja a prerrogativa de o diretor-presidente ser nomeado pelo chefe do Poder Executivo.

[96] Concernente à profusão de interesses a serem administrados em uma empresa estatal, Henrique Motta Pinto e Mário Engler Pinto Junior muito bem retratam essa situação: "Os deveres e as responsabilidades do Estado como acionista controlador são mais amplos do que os imputáveis ao empresário privado, nos termos do parágrafo único do art. 116 da Lei n. 6404/76. Além de atuar no interesse dos demais acionistas (se existentes) e de terceiros abrangidos pelo conceito de função social da empresa (trabalhadores, consumidores, fornecedores, credores e comunidade local), o Estado deve exercer ativamente o poder de comando para fazer com que a companhia cumpra sua missão pública [...]" (PINTO, Henrique Motta; PINTO JÚNIOR, Mario Engler. *Empresas Estatais*. São Paulo: Saraiva, 2013, p. 62).

existência de uma regra única de gestão a padronizar e homogeneizar a administração de empresas públicas e sociedades de economia mista, embora tenha melhorado o ambiente para o atingimento desses objetivos, evidentemente não extinguiu certos conflitos, o que por si só não exclui a aplicação de certas regras de Direito Público em conjunto com a Lei das Sociedades Anônimas.

O que as estatais absorvem do Direito Privado, notadamente no âmbito societário e comercial, não ocorre necessariamente da mesma forma com as empresas integralmente privadas, pois não se pode desconsiderar que as primeiras, ao perseguirem um certo interesse coletivo, devem observar também as regras de Direito Público,[97] ainda que em paralelo com a disposição do artigo 238 da Lei nº 6.404/76.[98]

Até por isso, é possível admitir que a Lei das Estatais acabou por mitigar a incidência da Lei das Sociedades Anônimas nas estatais que eventualmente se subordinariam ao seu regime, pois o ente controlador de uma empresa estatal deve buscar a proteção de interesses mais amplos do que o lucro ou viabilizar dividendos dos acionistas, "deve exercer ativamente o comando para fazer com que a companhia cumpra sua missão pública".[99]

Assim é que, independentemente da Lei das Sociedades Anônimas, atualmente as empresas estatais devem seguir, nos termos do artigo 8º da Lei nº 13.303/16, diversos requisitos de transparência, como:

> [a] elaboração de carta anual, subscrita pelos membros do Con-

---

[97] Não se desconsidera, por exemplo, que as estatais devam observar os princípios norteadores da Administração Pública positivados no artigo 37 da Constituição Federal.

[98] BRASIL. *Lei nº 6.404/76,* de 15 de dezembro de 1976. "Art. 238: A pessoa jurídica que controla a companhia de economia mista tem os deveres e responsabilidades do acionista controlador (artigos 116 e 117), mas poderá orientar as atividades da companhia de modo a atender ao interesse público que justificou a sua criação".

[99] MESQUITA, Clarissa Ferreira de Mello. *Autonomia e controle das empresas estatais no Brasil.* 2018. 328 f. Tese (Doutorado em Direito). Universidade de São Paulo – USP, São Paulo, 2018, p. 22.

selho de Administração, com a explicitação dos compromissos de consecução de objetivos em atendimento ao interesse coletivo ou ao imperativo de segurança nacional que justificou a autorização para suas respectivas criações, com definição clara dos recursos a serem empregados para esse fim, bem como dos impactos econômico-financeiros da consecução desses objetivos, mensuráveis por meio de indicadores objetivos.

Além disso, devem adequar o estatuto social à "autorização legislativa de sua criação"; divulgar tempestivamente "informações relevantes, em especial as relativas a atividades desenvolvidas, estrutura de controle, fatores de risco, dados econômico-financeiros"; elaborar e divulgar a "política de divulgação de informações, em conformidade com a legislação em vigor e com as melhores práticas"; elaborar a "política de distribuição de dividendos, à luz do interesse público que justificou a criação" da estatal; divulgar a "política de transações com partes relacionadas, em conformidade com os requisitos de competitividade, conformidade, transparência, equidade" e divulgar "carta anual de governança corporativa".

Examinando o conteúdo do artigo 8º da Lei das Estatais, Bernardo Strobel Guimarães *et al.* concluíram que a "referida [carta anual] é instrumento relevantíssimo para que haja o controle da atuação dos administradores, que estão sujeitos a perseguir as metas definidas".[100]

A carta anual contida no plano de ação estabelecido no artigo 8º é, portanto, instrumento fundamental para a condução de uma empresa estatal, bem como para compreender os seus objetivos e instrumentos de ação, de modo que uma correta consolidação da referida carta e de seu plano de ação pode prescindir da incidência da Lei das Sociedades Anônimas sem prejudicar o atendimento das finalidades públicas intrínsecas a uma empresa estatal, independentemente de ser uma empresa pública ou sociedade de economia mista.

---

[100] GUIMARÃES, Bernardo Strobel; *et al. Comentários à Lei das Estatais* (Lei nº 13.303/2016). Belo Horizonte: Fórum, 2019, p. 86.

A consubstanciação de um regime jurídico comum a abarcar tanto empresas públicas quanto sociedades de economia mista passa muito mais pela existência de uma carta anual e um plano de ação que estabeleçam diretrizes claras e satisfatórias acerca dos objetivos e condução das empresas estatais do que permitir a aplicação da Lei nº 6.404/16 em outras estatais que não as sociedades de economia mista.

Muito mais do que a remissão às disposições da Lei das Sociedades Anônimas como forma de consagrar um regime jurídico único entre empresas públicas e sociedades de economia mista, a redação da Lei das Estatais exige "a realização de planejamento estratégico, ainda que vocacionado à implementação de objetivos públicos", objetivos estes que devem "ser traduzidos em um plano de atuação, que deverá ser conhecido e avaliado".[101]

O que aproxima a gestão e a tipificação jurídica das empresas públicas e das sociedades de economia mista é a existência de um plano de ação que balizará a atuação do Conselho e da Diretoria, além de garantir a independência e a autonomia da empresa estatal, seja ela sociedade de economia mista, seja empresa pública.

Igualmente relevante para se compreender o regime jurídico unificado para ambas as espécies de empresa estatal para além das disposições da Lei das Sociedades Anônimas, a tipificação da função social vinculada ao interesse coletivo e ao imperativo de segurança nacional, prevista no artigo 27 da Lei nº 13.303/16, é outro objetivo que passa a ser fundamental e essencial a qualquer espécie de empresa estatal.

As estatais devem não só observar suas finalidades de interesse público consoante seu instrumento de criação, devendo fazê-lo também segundo as diretrizes estabelecidas no mencionado artigo 27 da Lei das Estatais, balizadas pelo "alcance do bem-estar econômico e para a alocação socialmente eficiente dos recursos geridos pela empresa pública e pela sociedade de economia mista", com a "ampliação economicamen-

---

[101] GUIMARÃES, Bernardo Strobel; *et al. Comentários à Lei das Estatais* (Lei nº 13.303/2016). Belo Horizonte: Fórum, 2019, p. 86.

te sustentada do acesso de consumidores aos produtos e serviços" da empresa estatal e o desenvolvimento ou emprego de tecnologia brasileira para produção e oferta de produtos e serviços, sempre de maneira economicamente justificada".

Os artigos 8º e 27 representam, portanto, "o centro de gravidade de todos os assuntos relativos ao funcionamento da estatal"[102] e norteiam os atos de governança e gestão das estatais, a fim de que estas possam atingir suas finalidades de interesse público.

A Lei nº 13.303/16 possibilita às empresas estatais perseguir e atingir suas finalidades públicas a partir de critérios objetivos e delimitados por elas próprias, dentro de sua discricionariedade de gestão. Por outro lado, a existência de um plano de ação objetivo e previamente estabelecido pelo Conselho de Administração permite que os órgãos de controle e a própria sociedade tenham condições de apurar se os objetivos públicos tracejados estão sendo atingidos da forma como foram delineados.

Clarissa Ferreira de Melo Mesquita resume a relação de um plano de negócios com a otimização do controle das estatais da seguinte maneira:

> Essas previsões normativas, na medida em que exigem maior clareza sobre o papel das estatais, contribuem para mitigar problemas oriundos de sua dualidade. É possível ver na lei, portanto, um avanço no sentido de identificar a missão pública de que está investida a estatal, o que pode permitir a verificação de se ela está ou não exercendo esses fins públicas de maneira adequada.[103]

---

[102] GUIMARÃES, Bernardo Strobel; *et al*. *Comentários à Lei das Estatais* (Lei nº 13.303/2016). Belo Horizonte: Fórum, 2019, p. 163.

[103] MESQUITA, Clarissa Ferreira de Mello. *Autonomia e controle das empresas estatais no Brasil*. 2018. 328 f. Tese (Doutorado em Direito). Universidade de São Paulo – USP, São Paulo, 2018, p. 33.

Dado que a dicção dos artigos 8º e 27 constitui ponto essencial da unificação do regime das sociedades de economia mista e empresas públicas, na medida em que é por eles que a atuação autônoma das empresas estatais se norteia, servindo de baliza e permissivo para a adoção das medidas empresariais definidas, a incidência de ambos os dispositivos nas duas espécies de estatal fará com que estudemos a discricionariedade neles presente sem distinguir a figura das sociedades de economia mista e as empresas públicas.

2.3.3 A redação do artigo 1º da Lei nº 13.303/16 e a ideia de empresas estatais exploradoras de atividade econômica e prestadoras de serviços públicos

Outro aspecto essencial para o exame do tratamento jurídico das empresas estatais previsto na Lei nº 13.303/16 diz respeito à unificação dos conceitos de empresas estatais exploradoras de atividade econômica e prestadoras de serviços públicos, conforme estatuído em seu artigo 1º:

> Art. 1º Esta Lei dispõe sobre o estatuto jurídico da empresa pública, da sociedade de economia mista e de suas subsidiárias, abrangendo toda e qualquer empresa pública e sociedade de economia mista da União, dos Estados, do Distrito Federal e dos Municípios que explore atividade econômica de produção ou comercialização de bens ou de prestação de serviços, ainda que a atividade econômica esteja sujeita ao regime de monopólio da União ou seja de prestação de serviços públicos.

Da redação do texto legal, depreende-se que a intenção do legislador foi atribuir o mesmo regime jurídico e as mesmas disposições de obrigações e direitos tanto às chamadas exploradoras de atividade econômica quanto às prestadoras de serviços públicos, superando uma dicotomia muito recorrente de que haveria uma distinção constitucional entre ambas.

O fato de a prestação do serviço público e a exploração direta de atividade econômica por empresa estatal serem tratadas em artigos distintos na Constituição Federal – artigos 175 e 173, respectivamente – suscitou nos debates acadêmico e jurisprudencial uma celeuma tendente em atribuir à primeira o exercício de uma função introversa da Administração Pública que não se confundiria com a exploração de atividade econômica, eis que resguardada pela Constituição como elemento da atuação exclusiva do Estado, que poderia delegá-la por intermédio de concessão ou permissão sem que a prestação deixasse de se pautar por um regime de Direito Público.

Defensor dessa distinção, dentre outros autores, Celso Antônio Bandeira de Mello há muito vem se posicionando no sentido de que a prescrição de prestação de serviços públicos em outro dispositivo da Constituição Federal que não aquele em que se positivou a exploração de atividade econômica seria um claro recado do constituinte originário de que os serviços públicos não se sujeitariam a um regime de livre competição e livre-iniciativa, afetos, em seu entender, ao conceito de atividade econômica, devendo ser reputados como atividades de exclusiva titularidade da Administração Pública:

> Ditas atividades, portanto, salvo algumas exceções ao diante referidas (educação, saúde, previdência social e assistência social) estão excluídas da esfera do comércio privado. De conseguinte, atividades em questão *não pertencem à esfera da livre-iniciativa, sendo estranhas então, ao campo da* "exploração da atividade econômica".[104]

No mesmo sentido é o escólio de Eros Roberto Grau:

> É que, por um lado, a Constituição de 1988 aparta, a ambos conferindo tratamento peculiar, *atividade econômica e serviço público*. No art. 173 enuncia as hipóteses em que é permitida a exploração direta de "atividade econômica" pelo Estado, além de, no §1° deste mesmo art. 173, indicar regime jurídico a que se sujeitam empresa pública, sociedade de economia mista e suas subsidiárias

[104] BANDEIRA DE MELLO, Celso Antônio. *Curso de Direito Administrativo*. 32. ed. São Paulo: Malheiros, 2015, p. 700.

> que explorem "atividade econômica de produção ou comercialização de bens ou de prestação de serviços". No art. 175 define incumbir ao Poder Público a prestação de "serviços públicos". Além disso, o art. 174 dispõe sobre a atuação do Estado como agente normativo da "atividade econômica". A necessidade de distinguirmos *atividade econômica* e *serviço público* é assim, no quadro da Constituição de 1988, inquestionável.[105]

O exame da identidade ou diferença entre serviço público e atividade econômica supera a mera observação de sua alocação distinta no Texto Constitucional. A essência desses institutos, aliada ao fato de que os próprios entusiastas da separação entre eles acabam por reconhecer que, ao fim, serviço público seria uma forma de atividade econômica inserida em um conceito denominado *atividade econômica em sentido amplo*,[106] faz com que os serviços públicos acabem se confundindo com as atividades econômicas tradicionalmente reconhecidas, sendo necessário um exame mais acurado daquilo que se entende por serviço público.

Analisando as razões pelas quais parcela da doutrina não admite a aproximação entre serviços públicos e exploração de atividade econômica, depreende-se que o cerne do argumento passa por reputar que a exploração da atividade econômica seria intrínseca à iniciativa privada, o que excluiria os chamados serviços públicos de seu abrigo, eis que seriam de titularidade ou exclusividade da Administração Pública, que a *priori* não explora atividade econômica.

---

[105] GRAU, Eros Roberto. *A Ordem Econômica na Constituição de 1988* (Interpretação e crítica). 19. ed. São Paulo: Malheiros, 2018, p. 97.

[106] Nas palavras de Eros Roberto Grau: "A prestação de *serviço público* está voltada à satisfação de necessidades, o que envolve a utilização de bens e serviços, recursos escassos. Daí podermos afirmar que o *serviço público* é um tipo de *atividade econômica. Serviço público* – dir-se-á mais – é o tipo de *atividade econômica* cujo desenvolvimento compete *preferencialmente* ao setor público. Não *exclusivamente,* note-se, visto que o setor privado presta serviço público em regime de concessão ou permissão. Insista-se em que *atividade econômica em sentido amplo* é território dividido em dois campos: o do *serviço público* e o da *atividade econômica em sentido estrito.* (GRAU, Eros Roberto. *A Ordem Econômica na Constituição de 1988* [Interpretação e crítica]. 19. ed. São Paulo: Malheiros, 2018, p. 97).

Todavia, os chamados serviços públicos, sobretudo aqueles prestados mediante regime tarifário, carregam em si uma forte carga de atividade econômica, pois necessitam de grandes investimentos para que sejam operacionalizados, bem como exigem de seus tomadores o custeio de contrapartidas para que deles possam usufruir, denotando que, em verdade, apesar de se destinarem ao atendimento dos interesses públicos, também congregam características mercantis que não os afastam de uma atividade econômica.

Não caberia cingir a análise das características do serviço público sob o prisma de inaplicabilidade de um conceito de atividade econômica em razão de serem titularizados pelo Estado, eis que, como brevemente demonstrado, também os serviços públicos, notadamente os tarifados, são essencialmente econômicos, ao necessitarem de uma contrapartida dos usuários e de excessivos investimentos para que possam ser prestados.

Tomemos como exemplo serviços como os postais, de saneamento básico e de transporte coletivo de passageiros, que, conquanto voltados à coletividade, ensejam a cobrança de tarifas de seus tomadores. Tais tarifas não se destinam a somente recompor os custos dos serviços prestados como também proporcionam lucro às prestadoras, evidenciando que o fato de serem titularizados pelo Estado não afasta sua essência de atividade econômica.

Nesse sentido, Floriano de Azevedo Marques Neto conclui:

> Entendo que o fato de uma atividade ser considerada serviço público não extrai dela o seu conteúdo econômico, a possibilidade de ser esta atividade explorada em termos econômicos, com a possibilidade de geração de lucros. Mesmo quando estas atividades são exploradas diretamente pelo Estado, isso não retira o conteúdo de atividade econômica em sentido amplo.[107]

---

[107] MARQUES NETO, Floriano de Azevedo. "A Nova Regulação dos Serviços Públicos". *Revista de Direito Administrativo*, Rio de Janeiro, Fundação Getulio Vargas, n. 228, abr./jun. 2002, pp. 13-29.

Restaria, por outro lado, reputar que tais serviços públicos seriam distintos das atividades econômicas por serem dotados de uma certa exclusividade na prestação, visto que caberia ao Estado prestá-los diretamente ou mediante concessão ou permissão, de forma que os serviços públicos seriam infensos aos regimes de livre-iniciativa e livre concorrência característicos de uma atividade econômica.

A dinâmica atual da prestação dos serviços públicos não permite concluir enfática e automaticamente que todos eles estariam isolados da livre concorrência e livre-iniciativa, uma vez que a onda de privatizações e concessões que pautou a prestação desses serviços, notadamente nos anos 1990, acarretou abertura de mercado e diversificação da relação entre tomadores e prestadores. Ampliaram-se as opções de serviço, mais distanciadas do Estado como prestador, iniciando-se certa competitividade entre as novas empresas prestadoras. Esse fenômeno ficou mais acentuado em setores como telefonia, energia elétrica e transporte coletivo de passageiros, que passaram a contar com uma pluralidade de prestadores, evidenciando uma mudança no paradigma de prestação exclusivamente estatal até então praticada.

Com essa diversidade de prestação, a ideia de exclusividade reservou-se a um conceito muito específico de serviços públicos, que necessitam de ampla infraestruturas e redes para que possam ser disponibilizados e usufruídos, de maneira que somente o Estado teria condições de materializar tais estruturas e realizar os investimentos necessários.

Por serem serviços que necessitam de expressivos investimentos e não comportarem coexistência com outro idêntico ao menos na mesma localidade em que já estão instalados, esses serviços compõem o chamado "setor de infraestrutura" e, por conta de sua magnitude, são prestados em regime de exclusividade pelo Estado ou por concessionário, mitigando a possibilidade de livre concorrência.

Os serviços públicos de infraestrutura possuem como característica essencial o fato de serem prestados isoladamente em razão de necessitarem de estruturas complexas e extensas que contribuem por afastar a concorrência, sem que, no entanto, haja vedação para que dessa maneira sejam prestados, posto que o próprio artigo 175 da Constituição Federal estabelece que a prestação dos serviços públicos deverá se dar mediante a prestação direta do Estado ou por seus concessionários e permissionários, sem vedar a prestação por um ou mais concessionários, nem a prestação concomitante entre o Estado e uma dada concessionária:

> Art. 175. Incumbe ao Poder Público, na forma da lei, diretamente ou sob regime de concessão ou permissão, sempre através de licitação, a prestação de serviços públicos.

O Texto Constitucional não veda que o Estado ou mais de uma concessionária prestem o mesmo serviço público, apenas determina sua prestação pelo Estado ou por suas concessionárias, sem impedir a prestação conjunta.

Isso se evidencia com a leitura da Lei Federal nº 8.987/95, em seu artigo 16, que expressamente estabelece que a prestação do serviço *não terá caráter de exclusividade, salvo no caso de inviabilidade técnica ou econômica justificada*[108], de maneira que o próprio legislador infraconstitucional reconheceu a possibilidade de prestação concorrencial ou em concomitância de um mesmo serviço público, exceto nos casos em que isso for inviável do ponto de vista econômico ou técnico.

Portanto, a prestação simultânea de dado serviço público, até mesmo daqueles de infraestrutura, encontra limitação não no Texto Constitucional ou na própria Lei de Concessões, mas nos aspectos logísticos e de manutenção pertinentes a cada tipo de serviço, o que por vezes afasta a concorrência direta em uma mesma localidade.

Tanto é assim que a Lei nº 14.026/20 , ao acrescentar o inciso XV ao artigo 49 da Lei nº 11.445/07, fixou entre os objetivos da po-

---

[108] BRASIL. *Lei nº 8.987/95*, de 13 de fevereiro de 1995. "Art. 16. A outorga de concessão ou permissão não terá caráter de exclusividade, salvo no caso de inviabilidade técnica ou econômica justificada no ato a que se refere o art. 5º desta Lei".

lítica de saneamento básico *promover a concorrência na prestação dos serviços*.[109]

A exemplificar com ainda mais clareza a possibilidade legal de serviços públicos concorrerem entre si e que essa concorrência pode se dar até mesmo entre Estado e concessionária, rememoremos a iniciativa da Agência Nacional de Aviação Civil – ANAC e do Ministério dos Transportes, que, em meados de 2017, iniciaram estudos de viabilidade para reabrir o Aeroporto da Pampulha, em Belo Horizonte (MG), para voos comerciais regulares, o que suscitou questionamento por parte da Concessionária do Aeroporto Internacional de Confins – BH Airport acerca de prática de concorrência predatória praticada pela União.[110]

Mesmo a controvérsia não tendo avançado para além da impetração de um mandado de segurança que não chegou a ter o mérito analisado, tendo em vista o recuo do Governo Federal, o fato de existirem dois aeroportos próximos operando concomitantemente na mesma fatia de tomadores é a prova de que não há vedações para que o Estado e a iniciativa privada concorram entre si no campo dos serviços públicos, mesmo naqueles de infraestrutura.

Por tais razões, os serviços públicos representam uma forma de atuação econômica do Estado, ainda que não busquemos aqui inseri-la no campo das classificações já existentes, bastando para fins de fixação das premissas necessárias que os serviços públicos carregam um componente de atividade econômica em virtude da natureza contratual existente na contraprestação tarifária pelos tomadores, bem como pela possibilidade de serem prestados em um regime de concorrência.

---

[109] BRASIL. *Lei nº 14.026, de 15 de julho de 2020*: "Art. 49. São objetivos da Política Federal de Saneamento Básico: [...] XV – promover a concorrência na prestação dos serviços [...]".

[110] Disponível em: https://www.jota.info/justica/bh-airport-quer-anular-ampliacao-de-voos-na-pampulha-09112017 e https://ww2.stj.jus.br/processo/pesquisa/. Acesso em: 20 ago. 2019.

Cotejando a redação dos artigos 173 e 175 da Constituição Federal, Vitor Rhein Schirato assinala que não há diferenciação entre exploração de atividade econômica e prestação de serviços públicos, porquanto os segundos seriam uma obrigação de atividade econômica imposta ao Estado, enquanto o primeiro uma atividade econômica excepcional ou até mesmo facultativa, mas ambas atividades econômicas designadas ao Estado:

> O conteúdo do artigo 173 distinguir-se-ia do conteúdo do artigo 175 *em razão da obrigatoriedade contida neste segundo, não refletida no primeiro.* É dizer, segundo entendemos, *o artigo 175 contempla uma forma obrigatória de exercício de atividades econômicas pelo Estado para realizar algo aos cidadãos, ao passo que o artigo 173 contempla hipóteses de exercício facultativo de atividades econômicas pelo Estado.* O fundamento de nossa posição decorre do próprio texto constitucional, quando este menciona no artigo 173 a *possibilidade de exercício de determinadas atividades econômicas e no artigo 175* a *obrigatoriedade de exercício de determinadas atividades econômicas classificadas como serviços públicos que consistem em favor dos cidadãos.*[111]

Porquanto não se extraia da redação dos artigos 173 e 175 da Constituição Federal a propagada dicotomia entre serviços públicos e atividades econômicas, os respectivos regimes jurídicos que norteiam essas atividades, de igual forma, não devem ser utilizados como fator discriminatório entre ambos. Embora os serviços públicos tenham que obrigatoriamente seguir o regime de Direito Público em suas finalidades, inclusive quanto às responsabilidades e ao cumprimento dos princípios norteadores do serviço público adequado[112] e da Administração Pública,

---

[111] SCHIRATO, Vitor Rhein. *A noção de serviço público em regime de competição.* 2011. 323 fls. Tese (Doutorado em Direito). Universidade de São Paulo – USP, São Paulo, 2011, p. 102.

[112] BRASIL. *Lei nº 8.987*, de 13 de fevereiro de 1995: "Art. 6º: Toda concessão ou permissão pressupõe a prestação de serviço adequado ao pleno atendimento dos usuários, conforme estabelecido nesta Lei, nas normas pertinentes e no respectivo contrato. § 1º Serviço adequado é o que satisfaz as condições de regularidade, continuidade, eficiência, segurança, atualidade, generalidade, cortesia na sua prestação e modicidade das tarifas".

a essência privada das empresas estatais que os prestam deve continuar a observar as regras de Direito Privado e demais disposições da Lei das Estatais, pois não há que se confundir o regime jurídico de quem presta o serviço com o regime jurídico da atividade exercida. Nos dizeres de Juliana Bonacorsi de Palma e Floriano de Azevedo Marques Neto, "quando estamos diante do Direito Administrativo Econômico, podemos identificar duas ordens de regime jurídico: o regime jurídico de gestão do ente e o regime jurídico da *atividade objeto da atualização do ente*".[113]

Sob este raciocínio, a tentativa de distinguir serviços públicos e atividades econômicas porque os primeiros submetem-se a regime de Direito Público enquanto as atividades econômicas pautam-se pelo regime de Direito Privado também se mostra equivocada, por se ater fundamentalmente à finalidade da atividade exercida em detrimento da natureza jurídica de quem a exerce.

Por estarem vinculadas à Administração Indireta e sujeitas ao regime de Direito Privado, as empresas estatais devem conservar essas características próprias independentemente da natureza das finalidades que exerçam, seja com fulcro no artigo 173 ou no artigo175 da Constituição Federal, tendo em vista que o regime jurídico aplicável se relaciona com a natureza da entidade, e não com as características da atividade econômica exercida.[114]

---

[113] MARQUES NETO, Floriano de Azevedo; PALMA, Juliana Bonacorsi de. "Empresas Estatais e parcerias institucionais". *Revista de Direito Administrativo*, Rio de Janeiro, Fundação Getulio Vargas, vol. 272, maio/ago. 2016, pp. 59-92.

[114] Em consonância com esse raciocínio, Marçal Justen Filho aponta o equívoco de se definir o regime jurídico de uma empresa estatal a partir da distinção de serviços públicos e atividade econômica: "A qualificação da entidade estatal é uma decorrência da natureza de seu objeto de atuação – o que se evidencia, inclusive, pela ausência de diferenciação subjetiva na Constituição ou na lei. A distinção entre estatais prestadoras de serviço público e exploradoras de atividade econômica foi construída a partir da constatação de que a atividade desempenhada por cada qual subordinava-se a regime jurídico distinto. Ou seja, não cabe determinar o regime jurídico aplicável a uma atividade como decorrência da *natureza* da entidade estatal" (JUSTEN FILHO, Marçal. Empresas Estatais e a Superação da Dicotomia "Prestação de Serviço Público/Exploração de Atividade Econômica". In: FIGUEIREDO, Marcelo; PONTES FILHO, Valmir (Coord.). *Estudos de Direito Público em homenagem a Celso Antônio Bandeira de Mello*. São

Partindo da premissa de que a Administração Pública pode, discricionariamente, prestar diretamente os chamados serviços públicos, ou concedê-los à iniciativa privada, seria ilógico imaginar que haveria uma distinção do regime jurídico incidente sobre a prestadora em razão da atividade apenas pelo fato de ser pública ou privada.

Não se desconhece que os serviços públicos devem ser dotados de princípios e regras de Direito Público, a fim de que, independentemente de quem os preste, sejam voltados ao atendimento do interesse público, garantindo-se as metas de universalização e modicidade tarifária intrínsecas a uma finalidade do regime que lhe é precípuo,[115] mas este regime é afeto à atividade exercida e não deve ser automaticamente replicado às entidades que o prestam, que não perdem suas características e obrigações imanentes.

A relação contratual firmada entre uma concessionária de serviços públicos e o poder concedente evidentemente se pauta pelo regime jurídico de Direito Público, além disso, em um ambiente de contrato administrativo, não se discute que regras inerentes àquele regime incidam sobre as contratantes, mas a empresa privada (ou até mesmo estatal) que venha a ser concessionária de certos serviços não renuncia ou esvazia suas características privadas no que concerne às suas relações internas, civis, tributárias e societárias.

O § 2º do artigo 25 da Lei nº 8.987/95 consubstancia esse raciocínio ao assegurar as relações de Direito Privado às concessionárias de serviços públicos, preceituando que "os contratos celebrados entre a concessionária e os terceiros a que se refere o parágrafo anterior reger-

Paulo: Malheiros, 2008, pp. 419-420).

[115] Acerca do regime de Direito Público intrínseco aos serviços públicos, André Luiz Freire assim preleciona: "As atividades públicas são o campo de incidência do Direito Público. O titular de determinada atividade pública deverá exercê-la em vista dos interesses públicos consagrados na ordem jurídica, devendo observar os princípios do Direito Público brasileiro, que lhe impõem uma séria de obrigações jurídicas" (FREIRE, André Luiz. *O Regime de Direito Público na Prestação de Serviços Públicos por Pessoas Privadas*. São Paulo: Malheiros, 2014, pp. 70-71).

-se-ão pelo Direito Privado, não se estabelecendo nenhuma relação jurídica entre os terceiros e o poder concedente".

Em se tratando de empresa estatal prestadora de serviço público, essa conclusão é a mesma, pois se a elas é destinado o regime jurídico de Direito Privado, não há razão para que, na qualidade de prestadoras de serviços públicos, sejam submetidas a um regime de Direito Público, em conflito com seu regime jurídico natural.

Por tais razões, muito embora os serviços públicos estejam prescritos em um artigo da Constituição e as atividades econômicas em outro, essa separação não é suficiente para se reputar que as empresas estatais prestadoras do primeiro seriam regidas pelo regime de Direito Público e as segundas pelo regime de Direito Privado, eis que, consoante já assinalado, não só os mencionados serviços públicos não destoam de uma atividade econômica como também o regime de Direito Público que lhes é afeto diz respeito à prestação e relação com o ente titular, o que não se confunde com a natureza jurídica de seu prestador, seja uma empresa estatal, uma autarquia, seja uma empresa privada.

Essa afirmação não esvazia o reconhecimento de que os serviços públicos são naturalmente regrados pelo Direito Administrativo, mas se contrapõe à ideia de que, por serem abrigados no Direito Público, inseririam seus prestadores nesse mesmo regime. O fato de empresas estatais e privadas, regidas pelo Direito Privado, prestarem serviços públicos não impede que as finalidades públicas inerentes a estes sejam atingidas, tampouco impede que o poder concedente exerça suas prerrogativas contratuais a fim de garantir a prestação adequada, universal e consentânea com o interesse público.

Ademais, se a natureza de Direito Privado do prestador do serviço ensejasse o esvaziamento das prerrogativas da Administração Pública,[116] seria o caso de, também, reconhecer-se o regime de Di-

---

[116] Neste ponto, externamos nossa divergência à posição adotada por Celso Antônio Bandeira de Mello, que sustenta que a atribuição de um regime de Direito Privado atribuível também às estatais prestadoras de serviços públicos retiraria do Poder Público as prerrogativas contratuais inerentes ao Direito Público. Vejamos: "A se

reito Público às prestadoras de serviços e fornecedoras de bens com contratos firmados com fulcro na Lei nº 14.133 de 01 de abril de 2021. Esse fenômeno não acontece porque é nítida a irrazoabilidade de se definir o regime jurídico de uma empresa a partir do regime jurídico destinado à sua atividade finalística.

Enalteça-se que determinadas concessionárias privadas de serviços públicos adquirem certas prerrogativas precípuas do Estado, como a possiblidade de efetivar desapropriações e a impenhorabilidade de bens essenciais à concessão, mas nem por isso adquirem natureza de regime jurídico de Direito Público em seus comportamentos internos. Exatamente por isso, José dos Santos Carvalho Filho assevera que, em se tratando de concessionárias ou permissionárias, "o Estado não tem qualquer ingerência em sua estrutura e organização, limitando-se à fiscalização normal exercida por quem contrata os serviços de outrem. É, portanto, característica da concessão que o concessionário pertença à iniciativa privada, mesmo que, por delegação do Estado, esteja executando um serviço de interesse público".[117]

Se em concessões confiadas à iniciativa privada e até mesmo às empresas estatais o Estado não pode interferir na organização interna das concessionárias a ponto de lhes alterar o regime jurídico atribuído, é indubitável que também na prestação direta por intermédio de empresas estatais não há razão para que a finalidade de alto interesse público do serviço prestado seja suficiente para que a prestadora deixe de possuir a autonomia e a flexibilidade de Direito Privado constitucionalmente assegurada.

---

entender que quaisquer empresas estatais ficarão sujeitas ao regime previsto para as exploradoras de atividade econômica, mesmo os contratos travados pelas prestadoras de serviços públicos serão havidos, consoante visto, como contratos de Direito Privado, e *não contratos administrativos*. Logo, nem o contratante governamental desfrutará dos poderes *indispensáveis à proteção do interesse público* que lhe são reconhecidos no contrato administrativo, nem os contratados beneficiar-se-ão da garantia do equilíbrio econômico-financeiro" (BANDEIRA DE MELLO, Celso Antônio. *Curso de Direito Administrativo*. 34. ed. São Paulo: Malheiros, 2019, p. 213).

[117] CARVALHO FILHO, José dos Santos. *Manual de Direito Administrativo*. 31. ed. São Paulo: Atlas, 2017, p. 397.

É juridicamente possível, portanto, que um mesmo diploma legal discipline as atividades das empresas estatais em um sentido amplo, sem distinção entre atividade econômica e serviços públicos,[118] sem que isso afete a prestação destes à luz de um regime de Direito Público e da incidência dos princípios norteadores da Administração Pública.

O que não é crível é que empresas estatais em atuação maciçamente empresarial – independentemente do rótulo que se atribua à atividade exercida[119] – valham-se dos benefícios assegurados aos órgãos da Administração Direta e Indireta, como a impenhorabilidade de bens, execução via regime de precatórios e imunidade tributária recíproca, para exercerem suas atividades econômicas em condição de desigualdade, seja no mercado concorrencial, seja perante seus credores quando atuam com certa exclusividade, como nos casos dos chamados serviços de infraestrutura, o que foi chancelado pelo

---

[118] Em crítica a esse posicionamento, vale a lição de Ricardo Marcondes Martins: "Em assonância com essa forte tendência doutrinária, o legislador federal propõe a *uniformização de regimes*. Após oito anos da edição da EC n. 19/08, e a previsão, por força dela, da edição do estatuto jurídico das empresas estatais, foi finalmente editada, em 30.06.2016, a Lei nº 13.303. Logo no *caput* de seu artigo 1º, ela, desastrosamente, afirma a incidência do mesmo regime jurídico para todas as empresas estatais, sejam as exploradoras de atividade econômica, sejam as prestadoras de serviço público. Essa fase atual, pelos motivos já antecipados e retomados adiante, consiste num atentado à Constituição" (MARTINS, Ricardo Marcondes. Estatuto jurídico das empresas estatais à luz da Constituição. In: DAL POZZO, Augusto; MARTINS, Ricardo Marcondes (Coord.). *Estatuto Jurídico das Empresas Estatais*. São Paulo: Contracorrente, 2018, p. 53). Em igual sentido é a posição de Celso Antônio Bandeira de Mello, para quem "o estatuto legal de que fala o art. 173, § 1º diz respeito às exploradoras de atividade econômica. Assim, é claro a todas as luzes que o preceito em causa *não está a tratar da prestação de serviços públicos*" (BANDEIRA DE MELLO, Celso Antônio. *Curso de Direito Administrativo*. 34. ed. São Paulo: Malheiros, 2019, p. 212).

[119] Vitor Rhein Schirato muito bem aponta que as "regras de mercado vêm cada vez mais administrando a prestação dos serviços públicos. As prerrogativas do Direito Público, atualmente, não dizem mais respeito à entidade prestadora do serviço, e, sim, à atividade em si, seja a entidade pública ou privada", de modo que "não é a entidade prestadora dos serviços que obtém algumas proteções típicas do Direito público, mas a atividade propriamente dita" (SCHIRATO, Vitor Rhein. As empresas estatais no Direito Administrativo Econômico atual. São Paulo: Saraiva, 2016, p. 108).

Supremo Tribunal Federal em algumas oportunidades, concedendo às empresas estatais ditas prestadoras de serviços públicos alguns dos privilégios garantidos à Administração Pública, afastando-se assim das prescrições do § 1º, inciso II e § 2º do artigo 173 da Constituição Federal.

Verifica-se no Supremo Tribunal Federal a recorrência de diversos julgados aproximando as empresas estatais dos órgãos da Administração Direta e Indireta e esvaziando o conteúdo constitucional do regime jurídico daquelas empresas,[120] tudo a pretexto da inaplicável dicotomia entre empresas estatais exploradoras de atividade econômica e prestadoras de serviços púbicos, bem como do entendimento de que estas últimas, a despeito de serem empresas estatais, deveriam gozar das prerrogativas inerentes à Administração Pública por estarem, teoricamente, sujeitas ao regime de Direito Público.

É traço marcante desse posicionamento do Supremo Tribunal Federal o reconhecimento da impenhorabilidade de bens não essenciais ao serviço público confiado a uma empresa estatal, como sintetiza Alexandre Santos Aragão: "de acordo com o STF, contudo, não haveria como separar a proteção ao bem da estatal, por estar afetado ao serviço público, da natureza do bem e da própria entidade. Para o STF, sendo uma empresa estatal prestadora de serviços públicos, a ela se aplicaria o mesmo regime da Fazenda".[121]

Mostram-se paradigmáticos os Recursos Extraordinários nº 220.906-9/DF e 229.696 -7/PE, que autorizaram a impenhorabilidade

---

[120] Henrique Motta Pinto define essa aproximação do regime jurídico das empresas estatais ao regime ordinário da Administração Direta e Indireta da seguinte forma: "Daí poder-se afirmar que a concessão de privilégios para uma empresa estatal induz à sua *autarquização,* no sentido de que seu regime jurídico passa a se aproximar do das autarquias, entidades estatais descentralizadas cujo regime jurídico básico decorre da sua personalidade de Direito Público" (PINTO, Henrique Motta. *Empresa Estatal:* modelo jurídico em crise? 2011. 203 f. Dissertação [Mestrado em Direito]. Pontifícia Universidade Católica de São Paulo – PUC-SP, São Paulo, 2011, p. 77).

[121] ARAGÃO, Alexandre Santos de. *Empresas Estatais:* regime jurídico das Empresas Públicas e Sociedades de Economia Mista. 2. ed. Rio de Janeiro: Forense, 2018, p. 295.

de bens da ECT, afastando a aplicação do § 1° do artigo 173 em questão, sob o argumento de que os Correios seriam prestadores de serviços públicos e infensos à equiparação ao regime de Direito Privado.[122]

Para além das reiteradas decisões impondo o a impenhorabilidade de bens às empresas estatais, o que por si só esvazia a redação não só do § 1°do artigo 173, mas também do seu § 2°, o Supremo Tribunal Federal alargou a concessão de privilégios àquelas empresas, também para que se beneficiassem da imunidade recíproca estabelecida no artigo 150, inciso VI, alínea "a", em claro confronto com a redação do § 3° do mesmo artigo, que afasta a imunidade tributária contida em seu *caput*, "ao patrimônio, à renda e aos serviços, relacionados com exploração de atividades econômicas regidas pelas normas aplicáveis a empreendimentos privados, ou em que haja contraprestação ou pagamento de preços ou tarifas pelo usuário".

A despeito de a própria Constituição não espraiar sua imunidade à prestação dos serviços públicos, o Supremo Tribunal Federal, nos autos do Recurso Extraordinário n°407.099-5/RS, fixou a extensão da imunidade recíproca à ECT, o que acabou sendo replicado em outros julgados que, de igual forma, concederam a imunidade tributária a outras empresas estatais.[123]

A concessão de privilégios não aplicáveis às estatais apenas evidencia que a distinção entre empresas estatais prestadoras de serviços públicos e exploradoras de atividade econômica abala as diretrizes constitucionais dessas empresas e compromete o atingimento das finalidades

---

[122] Para uma análise mais detida destes e de outros casos julgados pelo STF que envolveram a impenhorabilidade de bens de empresas estatais, cf. PINTO, Henrique Motta. *Empresa Estatal*: modelo jurídico em crise? 2011. 203 f. Dissertação (Mestrado em Direito). Pontifícia Universidade Católica de São Paulo – PUC-SP, São Paulo, 2011, p. 77.

[123] Para uma análise mais detida destes e de outros casos julgados pelo STF que envolveram a concessão de imunidade recíproca, cf. PINTO, Henrique Motta. *Empresa Estatal:* modelo jurídico em crise? 2011. 203 f. Dissertação (Mestrado em Direito). Pontifícia Universidade Católica de São Paulo – PUC-SP, São Paulo, 2011, p. 141.

de interesse público para as quais foram criadas, comprometendo inclusive a própria razão de existir de empresas constituídas pelo Estado.

Ao abrigar as empresas estatais em dois regimes jurídicos distintos, concedendo benefícios e privilégios a elas não destinados, tanto a doutrina quanto a própria jurisprudência deturpam o conceito basilar daquelas empresas. Ademais, fundadas em conceitos que lhe são próprios e, por isso, subjetivos, extraem uma ideia de que serviços públicos não se relacionam com uma atividade econômica e protegem, sem abrigo constitucional, o patrimônio e o caixa de empresas que deveriam se guiar pelo Direito Privado.

Agiu bem o legislador infraconstitucional ao superar a dicotomia eminentemente teórica e unificar o tratamento jurídico das estatais,[124] reconhecendo a inexistência de uma distinção entre serviços públicos e atividade econômica, abrigando-os em um conceito uno de atividade econômica em sentido amplo.

Isso nem poderia ser diferente, pois a necessidade de se superar a distinção entre exploradoras de atividades econômicas e prestadoras de serviços públicos passa pela necessidade de se garantir a ambas os mesmos critérios de governança, transparência e controle desejáveis pelo legislador e prescritos nos artigos 8º e 27 da Lei nº 13.303/16.

---

[124] Embora sejam favoráveis à redação do art. 1º da Lei das Estatais e à superação da distinção entre atividade econômica e serviços públicos, Diego Rosenthal Coutinho, Clarissa Ferreira de Melo Mesquita e Maria Virgínia Nabuco do Amaral Mesquita Nasser criticam o fato de a lei ter buscado equiparar todo e qualquer tipo de empresa estatal, sem se ater que nem todas as estatais são iguais entre si e possuem inúmeras diferenças, não podendo receber um tratamento integralmente homogêneo: "A norma caminhou bem ao avançar sobre a dicotomia empresas estatais de serviço público e de atividade econômica. Porém, em certa medida, pecou ao tratar de maneira mais ou menos uniforme estatais que são tão diferentes entre si" (COUTINHO, Diogo R.; MESQUITA, Clarissa Ferreira de Mello; NASSER, Maria Virgínia Nabuco do Amaral Mesquita. "Empresas estatais entre serviços públicos e atividades econômicas". *Revista de Direito GV*, São Paulo, Fundação Getulio Vargas, vol. 15, n. 1, jan./abr. 2019. Disponível em: https://direitosp.fgv.br/en/publicacoes/revista/artigo/empresas-estatais-entre-servicos-publicos-atividades-economicas-1. Acesso em: 15 jul. 2019).

Outrossim, há um claro intento do legislador, ao destinar o mesmo tratamento às empresas estatais exploradoras de atividade econômica e de serviços públicos, de estabelecer um patamar mínimo de governança, de finalidades e independência de atuação, de modo a garantir que as empresas estatais exerçam sua autonomia e não recorram, conforme sua conveniência, à condição de prestadora de serviço público "ou de veículos de realização de políticas públicas para justificar um desequilíbrio de suas contas e, futuramente, reivindicar privilégios como o da impenhorabilidade de bens [e imunidade tributária] como política de sobrevivência financeira".[125]

A bem de se evitar que as empresas estatais sejam resumidas a meras autarquias, com uma atuação engessada, sujeitas aos desígnios de seu ente criador e controlador, é salutar que a Lei das Estatais tenha sido positivada excluindo expressamente a instável e inconclusiva segregação de empresa estatal prestadora de serviço público do conceito de exploração de atividade econômica,[126] de forma que o principal desafio passa a ser a aplicabilidade prática do dispositivo, a fim de a Lei não se tornar uma legislação de licitação ou de organização societária das estatais, sem que haja uma interpretação e aplicação do artigo 1° despida da distinção entre exploradoras de atividade econômica e prestadoras de serviços públicos.

2.3.4 A figura da empresa estatal dependente e a redação do § 2° do artigo 1° da Lei n° 13.303/16

[125] COUTINHO, Diogo R.; MESQUITA, Clarissa Ferreira de Mello; NASSER, Maria Virgínia Nabuco do Amaral Mesquita. "Empresas estatais entre serviços públicos e atividades econômicas". *Revista de Direito GV*, São Paulo, Fundação Getulio Vargas, vol. 15, n. 1, jan./abr. 2019. Disponível em: https://direitosp.fgv.br/en/publicacoes/revista/artigo/empresas-estatais-entre-servicos-publicos-atividades-economicas-1. Acesso em: 15 jul. 2019.

[126] Rememore-se que a Lei n° 13.303/16 é objeto da ADIN 5624, que questiona a "excessiva abrangência" da Lei e em que os requerentes pleiteiam que a norma atinja somente as empresas estatais exploradoras de atividade econômica em sentido estrito.

Ainda acerca do artigo 1º da Lei das Estatais, o § 2º especificamente abre a possibilidade para que os capítulos I e II e o título II sejam aplicáveis também às empresas estatais dependentes, o que significa reconhecer que as matérias relativas a licitações as alcançam, porém, questões mais sensíveis, como aspectos societários, de governança e da abrangência de atuação, acertadamente não as atingiriam, por dependerem integralmente das verbas do erário, implicando atuação muito mais limitada.

O inciso III do artigo 2º da Lei Complementar nº 101/00 define empresa estatal dependente[127] como a "empresa controlada que receba do ente controlador recursos financeiros para pagamento de despesas com pessoal ou de custeio em geral ou de capital, excluídos, no último caso, aqueles provenientes de aumento de participação acionária", o que por si só impede alguma autonomia que lhes garanta a discricionariedade de atuação calcada na Lei nº 13.303/16.

As restrições impostas às empresas estatais dependentes vão além da definição contida na Lei de Responsabilidade Fiscal, estando sujeitas ao teto remuneratório constitucional (CF, artigo 37, XI)[128] e à autoriza-

[127] Carlos Ari Sundfeld e Rodrigo Pagani Souza as definem da seguinte maneira: "[tal] conceito de empresa estatal dependente [...] está ligado, essencialmente, à empresa que (i) recebe recurso financeiros de seu controlador; (ii) destinados à cobertura de seus déficits de manutenção (despesas com pessoal, de custeio em geral ou de capital); (iii) de forma reiterada a cada exercício financeiro; (iv) sem necessidade de dar, a seu controlador ou a seu cliente, qualquer contrapartida específica; (v) de tal maneira que se verifica uma espécie de comunicação de seu orçamento com o orçamento de seu controlador, como se houvesse uma desconsideração de sua personalidade jurídica para fins de sua gestão financeira e orçamentária" (SUNDFELD, Carlos Ari; SOUZA, Rodrigo Pagani. "A superação da condição de empresa estatal dependente". *Revista de Direito Público da Economia*, Belo Horizonte, ano 3, n. 12, out./dez. 2005, pp. 9-49).

[128] No Acórdão 937/2019, o Tribunal de Contas da União reafirmou essa interpretação, contrário a que empresas estatais dependentes possam pagar Participação dos Lucros e Receita em patamar que exceda a imitação constitucional dos subsídios dos servidores públicos: "VISTOS, relatados e discutidos estes autos de representação autuada com vistas a apurar possíveis pagamentos irregulares a título de participação nos lucros ou resultados (PLR) a empregados e dirigentes de estatais não dependentes do Tesouro Nacional que, entre os anos de 2013 e 2017, receberam aportes de capital da União, o que poderia caracterizar dependência do Governo Federal" (BRASIL. Tribunal de

ção orçamentária para aumento de despesa com pessoal (CF, artigo 169, § 1º, incisos I e II e LRF, artigos 21 e 22), o que denota que as restrições inerentes às empresas estatais dependentes são de ordem financeira, em função do vínculo direto entre essas empresas e o erário, retirando-lhes qualquer autonomia e flexibilidade de atuação empresarial, como liberdade de investimento e execução de ações que atendam ao interesse público, que é individualizado e finalístico. Em outras palavras, trata-se de uma realidade claramente distinta das estatais não dependentes: às primeiras é vedada discricionariedade de atuação empresarial que lhes assegure perseguir seus desígnios desconectadas dos propósitos da sua entidade controladora e mantenedora, inclusive no que tange à administração da autonomia orçamentária, eis que estará sujeita ao controle orçamentário previsto na LRF.

Por estarem organizacional e financeiramente atreladas aos seus entes mantenedores e controladores, as empresas estatais dependentes não se coadunam com as disposições, por exemplo, do artigo 27 da Lei nº 13.303/16, que preceitua que a realização do interesse coletivo que justifica a existência de uma empresa estatal deverá se dar com "*alocação socialmente eficiente dos recursos* geridos pela empresa pública e pela sociedade de economia mista", sempre com o "desenvolvimento ou emprego de tecnologia brasileira para produção e oferta de produtos e serviços da empresa pública ou da sociedade de economia mista, *sempre de maneira economicamente justificada*".

As limitações inerentes às empresas estatais ao que é mais essencial ao pleno e eficaz desenvolvimento próprio fazem com que, em verdade, o reconhecimento de uma dependente como empresa estatal deva ser revisto, até mesmo para se redefinir a existência de uma empresa estatal que dependa financeiramente de sua mantenedora, inclusive abrigada eminentemente pelas regras de Direito Público.[129]

Contas da União. *Acórdão n. 937/2019*. Plenário. Rel. Min. Vital do Rego. Brasília. J. 24 abr. 2019. Acesso em: 13 ago. 2019).

[129] Destoando desse entendimento, Alexandre Santos Aragão aponta que "apesar de todas as limitações à autonomia das estatais dependentes, deve ser frisado é que o fato de eles serem dependentes não significa que a elas se deva aplicar, sem exceções nem

Uma empresa estatal que seja dependente financeiramente de seu controlador, que esteja vinculada aos ditames de Direito Público e com orçamento controlado pela Lei de Responsabilidade Fiscal nem sequer pode ser reconhecida como empresa, caracterizando-se, quando muito, como uma autarquia dotada de certas prerrogativas inerentes às estatais, como um procedimento específico de licitações.[130] A postura adotada pelo legislador de não atribuir o mesmo regime societário e de governança às empresas estatais dependentes mostra-se acertada, pois não se afigura plausível que uma estatal com autonomia mitigada, sujeita aos mesmos controles orçamentários da Administração Direta e Indireta, possa efetivamente atuar empresarialmente com os critérios de governança e objetivos traçados na Lei das Estatais.[131]

Por tais razões é que, em matéria de discricionariedade, não se pode partir das mesmas premissas e chegar às mesmas conclusões ao examinar as empresas estatais dependentes e as não dependentes, eis que

---

temperamentos, todo o regime jurídico próprio ao Estado, como se o serviço estivesse sendo prestado pela Administração Direta ou por entidade autárquica, pois se fosse, não faria sentido a criação de uma empresa, ainda que dependente, para o desempenho dessa função" (ARAGÃO, Alexandre Santos de. *Empresas Estatais:* regime jurídico das Empresas Públicas e Sociedades de Economia Mista. 2. ed. Rio de Janeiro: Forense, 2018, pp. 217-218).

[130] A bem da verdade, a única razão para se admitir que as empresas estatais dependentes sejam reputadas como estatais resume-se ao fato de lhes assegurar a possibilidade de se valerem do regime licitatório contido no artigo 51 e seguintes da Lei nº 13.303/16, o que é por si questionável, pois se na prática as ditas dependentes são meras autarquias, não seria o rótulo de "estatal" que asseguraria a subsunção a alguns ditames da Lei das Estatais.

[131] Em sentido contrário, Edgar Guimarães e José Anacleto Abduch Santos advogam a aplicabilidade da Lei das Estatais integralmente também às estatais dependentes: "A intenção normativa não é excepcionar os Títulos I e II do plano de aplicação das empresas estatais dependentes, mas afirmar que, embora as empresas dependentes possam realizar suas contratações com custeio de recursos recebidos do ente federativo controlador, tal situação jurídica não atrai o regime jurídico de licitações e de contratos que se aplica para a Administração Pública Direta, vale dizer, o da Lei nº 8666/93. O regime jurídico da Lei nº 13.303/16 aplica-se integralmente para as estatais dependentes, inclusive no que tange à parte referentes a licitações e contratos" (GUIMARÃES, Edgar; SANTOS, José Anacleto Abduch. *Lei das Estatais:* comentários ao regime jurídico licitatório e contratual da Lei nº 13.303 – Lei das Estatais. Belo Horizonte: Fórum, 2017, p. 22).

estas estão muito mais afetas a uma ideia de discricionariedade identificada na Administração Direta, distinto, portanto, daquilo que se enxerga em matéria de discricionariedade nas não dependentes.

2.4 O interesse público e o estatuto social como balizadores da atuação da empresa estatal

Consoante visto no primeiro capítulo, a existência de uma empresa estatal justifica-se quando presentes os requisitos de relevante interesse coletivo e de imperativo de segurança nacional estabelecidos no artigo 173 da Constituição Federal, que consubstanciam o interesse público identificado e individualizado que deverá pautar a condução da empresa estatal criada a fim de atendê-lo.

A despeito de ser uma atividade empresarial e lucrativa, "toda a iniciativa econômica pública [está] vinculada à prossecução do interesse público. Significa isto dizer que também a intervenção empresarial do Estado encontra no princípio constitucional da prossecução do interesse público o seu fundamento, o seu limite e o seu critério de configuração".[132]

Dito de modo mais enfático, Paulo Otero preleciona:

> Pode concluir-se de tudo, afinal, que as empresas resultantes de um processo de intervenção econômica do Estado sobre o respectivo capital estão sempre vinculadas a prosseguir na actividade definida pelo respectivo objeto social o interesse público, ou mais especificamente, o interesse público correspondente aos fins do ente público que lhes deu origem ou detém o controlo da maioria do capital social.[133]

---

[132] OTERO, Paulo. *Vinculação e liberdade de conformação jurídica do sector empresarial do Estado*. Coimbra: Coimbra, 1998, p. 207.

[133] OTERO, Paulo. *Vinculação e liberdade de conformação jurídica do sector empresarial do Estado*. Coimbra: Coimbra, 1998, p. 211. Nessa linha também é a posição de Caio Tácito: "É precisamente para alcançar seus fins públicos que a empresa estatal deve aplicar, na exploração da atividade econômica a que se destina, a mecânica e a dinâmica

Como meio de garantir que a empresa estatal atenda e não se desvie do interesse público que justificou sua criação, é essencial que sua concepção venha acompanhada não só de lei autorizativa que descreva satisfatoriamente os objetivos daquele interesse público identificado como também de um estatuto social que reflita as finalidades almejadas com a sua criação, e ainda seja capaz de instrumentalizar sua gestão com os elementos de ação necessários e eficazes para que os fins delineados sejam realmente atingidos.

É absolutamente essencial que desde a sua concepção a empresa estatal seja conduzida adstrita à lei autorizativa e ao objeto social definido, a fim de que ações de administração sejam vinculadas às finalidades públicas da sociedade, o que, diga-se, é anterior à própria Lei nº 13.303, pois a Lei das Sociedades Anônimas já previra que "[a] companhia de economia mista somente poderá explorar os empreendimentos ou exercer as atividades previstas na lei que autorizou a sua constituição" (artigo 237 da Lei nº 6.404/76).

O artigo 238 da Lei das Sociedades Anônimas também já estabelecera que "[a] pessoa jurídica que controla a companhia de economia mista tem os deveres e responsabilidades do acionista controlador (artigos 116 e 117), mas poderá orientar as atividades da companhia de modo a atender ao interesse público que justificou a sua criação", evidenciando que sempre foi a tônica das empresas estatais ter a figura do interesse público como norteador e limitador da atuação do gestor da empresa estatal, que deve persegui-lo a partir das iniciativas a ele conferidas no estatuto da companhia e na lei autorizadora.

É em função desse papel essencial do interesse público nas finalidades conferidas a uma empresa estatal que se afirma que a vinculação da atuação do administrador de uma empresa estatal se dá ao estatuto social e ao interesse público definido, e não necessariamente ao princípio da legalidade, no sentido de só agir quando a lei assim permitir.

---

privada" (TÁCITO, Caio. "Direito Administrativo e Direito Privado nas Empresas Estatais". *Revista de Direito Administrativo*, Rio de Janeiro, Fundação Getulio Vargas, n. 151, jan./mar. 1983, pp. 22-28.

Imbuída dessas características essenciais para o desenvolvimento das empresas estatais, a Lei nº 13.303/16 não só preservou a necessidade de se observar o interesse público como norte das empresas estatais, enaltecendo o fato de tê-lo como principal instituto jurídico a vincular a administração da empresa estatal, como potencializou a importância destinada à observância do interesse público como diretriz da empresa criada, ao fixar requisitos e parâmetros a serem refletidos no estatuto social, que por sua vez deverá refletir as definições da lei autorizativa.

É o que se extrai da redação dos já mencionados artigos 8º e 27 da Lei nº 13.303/16, que sintetizam os padrões mínimos de governança, objetivos e transparência das empresas estatais,[134] que não haviam recebido

---

[134] BRASIL. *Lei nº 13.303,* de 30 de junho de 2016. "Art. 8º As empresas públicas e as sociedades de economia mista deverão observar, no mínimo, os seguintes requisitos de transparência: I - elaboração de carta anual, subscrita pelos membros do Conselho de Administração, com a explicitação dos compromissos de consecução de objetivos de políticas públicas pela empresa pública, pela sociedade de economia mista e por suas subsidiárias, em atendimento ao interesse coletivo ou ao imperativo de segurança nacional que justificou a autorização para suas respectivas criações, com definição clara dos recursos a serem empregados para esse fim, bem como dos impactos econômico-financeiros da consecução desses objetivos, mensuráveis por meio de indicadores objetivos; II - adequação de seu estatuto social à autorização legislativa de sua criação; III - divulgação tempestiva e atualizada de informações relevantes, em especial as relativas a atividades desenvolvidas, estrutura de controle, fatores de risco, dados econômico-financeiros, comentários dos administradores sobre o desempenho, políticas e práticas de governança corporativa e descrição da composição e da remuneração da administração; IV - elaboração e divulgação de política de divulgação de informações, em conformidade com a legislação em vigor e com as melhores práticas; V - elaboração de política de distribuição de dividendos, à luz do interesse público que justificou a criação da empresa pública ou da sociedade de economia mista; VI - divulgação, em nota explicativa às demonstrações financeiras, dos dados operacionais e financeiros das atividades relacionadas à consecução dos fins de interesse coletivo ou de segurança nacional; VII - elaboração e divulgação da política de transações com partes relacionadas, em conformidade com os requisitos de competitividade, conformidade, transparência, equidade e comutatividade, que deverá ser revista, no mínimo, anualmente e aprovada pelo Conselho de Administração; VIII - ampla divulgação, ao público em geral, de carta anual de governança corporativa, que consolide em um único documento escrito, em linguagem clara e direta, as informações de que trata o inciso III; IX - divulgação anual de relatório integrado ou de sustentabilidade. § 1º O interesse público da empresa pública e da sociedade de economia mista, respeitadas as razões que motivaram a autorização legislativa, manifesta-se por meio do alinhamento entre seus objetivos e

nenhum tratamento, seja no Decreto-Lei nº 200/67, seja na Lei nº 6.404/76, o que poderia ensejar uma ampla liberdade do administrador na consecução dos objetivos apontados para determinada empresa estatal, inclusive com a mudança constante e injustificada de atividades-fim, porquanto aquelas legislações não estabeleciam critérios objetivos e limitadores para a condução da empresa estatal.

Comentando as inovações trazidas pela Lei nº 13.303/16, Ana Frazão aponta que, antes do advento da Lei, a ideia de função social das

---

aqueles de políticas públicas, na forma explicitada na carta anual a que se refere o inciso I do *caput*. § 2º Quaisquer obrigações e responsabilidades que a empresa pública e a sociedade de economia mista que explorem atividade econômica assumam em condições distintas às de qualquer outra empresa do setor privado em que atuam deverão: I - estar claramente definidas em lei ou regulamento, bem como previstas em contrato, convênio ou ajuste celebrado com o ente público competente para estabelecê-las, observada a ampla publicidade desses instrumentos; II - ter seu custo e suas receitas discriminados e divulgados de forma transparente, inclusive no plano contábil. § 3º Além das obrigações contidas neste artigo, as sociedades de economia mista com registro na Comissão de Valores Mobiliários sujeitam-se ao regime informacional estabelecido por essa autarquia e devem divulgar as informações previstas neste artigo na forma fixada em suas normas. § 4º Os documentos resultantes do cumprimento dos requisitos de transparência constantes dos incisos I a IX do *caput* deverão ser publicamente divulgados na internet de forma permanente e cumulativa".

BRASIL. *Lei nº 13.303*, de 30 de junho de 2016. "Art. 27: A empresa pública e a sociedade de economia mista terão a função social de realização do interesse coletivo ou de atendimento a imperativo da segurança nacional expressa no instrumento de autorização legal para a sua criação. § 1º A realização do interesse coletivo de que trata este artigo deverá ser orientada para o alcance do bem-estar econômico e para a alocação socialmente eficiente dos recursos geridos pela empresa pública e pela sociedade de economia mista, bem como para o seguinte: I - ampliação economicamente sustentada do acesso de consumidores aos produtos e serviços da empresa pública ou da sociedade de economia mista; II - desenvolvimento ou emprego de tecnologia brasileira para produção e oferta de produtos e serviços da empresa pública ou da sociedade de economia mista, sempre de maneira economicamente justificada. § 2º A empresa pública e a sociedade de economia mista deverão, nos termos da lei, adotar práticas de sustentabilidade ambiental e de responsabilidade social corporativa compatíveis com o mercado em que atuam. § 3º A empresa pública e a sociedade de economia mista poderão celebrar convênio ou contrato de patrocínio com pessoa física ou com pessoa jurídica para promoção de atividades culturais, sociais, esportivas, educacionais e de inovação tecnológica, desde que comprovadamente vinculadas ao fortalecimento de sua marca, observando-se, no que couber, as normas de licitação e contratos desta Lei".

empresas estatais consistia em um conceito impreciso, e um tanto quanto intangível, que acabava por dificultar a administração daquelas empresas e o atingimento de suas finalidades, abrindo caminho para uma condução mais calcada ao sabor da discricionariedade e das percepções pessoais de seu administrador.

Nas palavras da mencionada autora:

> [a] importante inovação da Lei nº 13.303/2016 foi a delimitação do que pode ser considerado a função social da empresa estatal, dando maior concretude a princípio que ser muito amplo e fugidio e, exatamente por isso, como algo que pode aumentar indevidamente a discricionariedade da gestão, tornando-a insuscetível de qualquer controle.[135]

A ideia de um objeto social objetivamente delineado e retratado no respectivo estatuto da estatal indica que ao administrador não cabe um cheque em branco para que adote as ações de gestão eminentemente consubstanciado em suas diretrizes pessoais e particulares, é necessário que seja guiado pelos interesses públicos que justificam a existência de uma empresa estatal, de forma que é o "interesse coletivo ou imperativo de segurança nacional que motiva a execução do objeto social da empresa pelo Estado e, portanto, motiva a existência e continuidade da empresa como estatal".[136]

No que toca à discricionariedade nas empresas estatais, é essencial a compreensão dos artigos 8º e 27 da Lei nº 13.303/16, pois neles repousa o cerne não só da existência e condução daquelas sociedades empresariais, mas o que delas se espera em matéria de interesse público.

---

[135] FRAZÃO, Ana. *A função social das empresas estatais*. Publicado no portal JOTA em 19 abr. 2017. Disponível em: https://www.jota.info/opiniao-e-analise/colunas/constituicao-empresa-e-mercado/a-funcao-social-das-empresas-estatais-19042017. Acesso em: 6 ago. 2019.

[136] BRASIL. Ministério da Economia. *Carta Anual de Políticas Públicas e Governança Corporativa*. Disponível em: http://www.planejamento.gov.br/assuntos/empresas-estatais/arquivos/carta-anual-de-politicas-publicas-e-governanca-corporativa.pdf/view. Acesso em: 2019.

Os mencionados dispositivos certamente pretendem evitar que a empresa estatal deixe de cumprir os seus desígnios e desvie-se de seus propósitos como instrumento de políticas públicas, porquanto mais do que prever a vinculação à lei autorizativa e ao estatuto – tal qual a Lei nº 6.404/76 já o fizera –, o novo estatuto jurídico fixa entre outras diretrizes "a explicitação dos compromissos de consecução de objetivos de políticas públicas" da empresa estatal, com "[a] definição clara dos recursos a serem empregados para esse fim, bem como dos impactos econômico-financeiros da consecução desses objetivos, mensuráveis por meio de indicadores objetivos" (artigo 8º, inciso I, Lei nº 13.303/16).

O intento do legislador em potencializar o interesse público subjacente às empresas estatais, além de reafirmar a ideia de vinculá-lo às atuações do administrador da empresa, representa a retomada da concepção original dessa forma de intervenção do Estado na ordem econômica,[137] pois procura-se afastar a noção de empresa estatal como instrumento de barganha política, sujeita a diversos casos de corrupção, para redefinir sua importância como sociedade empresarial autônoma, criada para gerar resultados lucrativos e de interesse público, sem interferências governamentais.

Bem por isso, o legislador enalteceu a autonomia das empresas estatais, sem desconsiderar que essa autonomia deve ser praticada em respeito à função social almejada, de maneira que "atender à função social da estatal é cumprir com os protocolos previstos na Lei nº 13.303/2016, especialmente os relativos à governança. A Lei ressignifica a ideia de função social das estatais. Como se percebe, a afirmação da

---

[137] José Sérgio da Silva Cristóvam e José Carlos Loitey Bergamini sustentam, em igual sentido, que "o diploma legal preocupa-se em resgatar o ponto político-normativo central de justificação – o próprio coração da motivação existencial e de continuidade das empresas estatais –, obrigando-as a explicitar qual o interesse coletivo ou imperativo de segurança nacional que fundamenta a realização do respectivo objeto social, na dimensão legal desenhada pelo art. 27 da Lei das Estatais" (CRISTÓVAM, José Sérgio da; BERGAMINI, José Carlos Loitey. "Governança Corporativa na Lei das Estatais: aspectos destacados sobre transparência, gestão de riscos e compliance". *Revista de Direito Administrativo*, Rio de Janeiro, Fundação Getulio Vargas, vol. 278, n. 2, maio/ago. 2019, pp. 179-210).

função social nos termos deste artigo é o ponto da chegada natural da governança".[138]

O interesse público a ser buscado pela empresa estatal,[139] diversamente do interesse público confiado à Administração Direta e a alguns órgãos da Indireta, não se materializa, portanto, a partir das regras de Direito Público, mas a partir dos instrumentos de gestão estabelecidos na carta anual subscrita pelo Conselho de Administração e no próprio estatuto social, o que significa dizer que, uma vez predefinido, o interesse público buscado pela empresa estatal não está sujeito às flutuações do anseio popular e à variação de um interesse público precípuo da função administrativa da Administração Direta – o chamado interesse público primário, que tem por característica ser volátil e suscetível à influência de diversos interesses políticos.

Não se está a afirmar que a distinção entre interesse público heterogêneo, como os chamados primários e majoritariamente buscados pela Administração Direta, e o interesse público individualizado, conjugado ao objetivo perseguido pelas empresas estatais, isentem este último de se sujeitar ao controle da Administração Pública e de observar os princípios insculpidos no artigo 37 da Constituição Federal. Apenas se está a reconhecer que são mais estáticos e estabelecidos não a partir de sentimentos sociais ou vontade política, mas por critérios técnicos previamente definidos tanto na lei autorizativa como no próprio estatuto social, que oferece os mecanismos empresariais para que sejam atingidos.

---

[138] GUIMARÃES, Bernardo Strobel; *et al. Comentários à Lei das Estatais* (Lei nº 13.303/2016). Belo Horizonte: Fórum, 2019, p. 163.

[139] Acerca das expressões "interesse público" e "interesse coletivo", Emerson Gabardo entende que há uma diferenciação entre elas em matéria de intervenção do Estado na ordem econômica com fulcro no art. 173 da Constituição, porquanto a "Constituição, no seu artigo 173, escolheu a expressão "coletivo" no lugar de "público", relevou corresponder tanto à promoção de um interesse individualizado, quanto não individualizado. Veja-se que no exercício de outras formas de atuação estatal na economia é possível que o Estado promova uma intervenção em prol de um interesse público manifestado de forma individualizada. Como, obviamente, não seria crível imaginar que na exploração direta de atividade econômica o Estado pudesse proteger um interesse público individualizável, então se alocou a expressão "interesse coletivo" (GABARDO, Emerson. *Interesse Público e Subsidiariedade*. Belo Horizonte: Fórum, 2009, p. 227).

Mário Engler Pinto Júnior sintetiza esse raciocínio da seguinte maneira:

> O conceito de interesse público aplicado às empresas estatais deve priorizar a dimensão institucional, sem se confundir com o interesse do Estado definido em função de linha política adotada por determinado governo, ainda que eleito de forma democrática. O interesse público empresarial exige maior estabilidade, não podendo ficar ao sabor de conveniências político-partidárias de caráter sectário e transitório. Em princípio, cabe ao Estado, por intermédio de seus representantes, zelar pela preservação do interesse público primário.[140]

Ao se vincular a um interesse público mais concreto, delineado em virtude de lei e fruto da carta anual e do estatuto social que norteiam a empresa estatal, o administrador não atua no exercício de uma função administrativa – aqui compreendida como aquela pela qual o administrador público assume o *dever-poder* de praticar os atos administrativos voltados ao atendimento do interesse público primário, dotados de prerrogativas e privilégios[141] –, mas sim como agente empresarial suscetível ao controle do Judiciário e dos Tribunais de Contas, e ainda dos acionistas e investidores, o que o coloca além da condição de adminis-

---

[140] PINTO JÚNIOR, Mário Engler. *Empresa Estatal*: função econômica e dilemas societários. 2. ed. São Paulo: Atlas, 2013, p. 232.

[141] Essa ressalva se faz necessária, pois dentre as definições mais comuns dedicadas à *função administrativa*, a difundida por Celso Antônio Bandeira de Mello registra que "existe função [administrativa] quando alguém está investido no *dever* de satisfazer dadas finalidades em prol do *interesse de outrem,* necessitando, para tanto, manejar os poderes requeridos para supri-las. Logo, tais poderes são *instrumentais* ao alcance das sobreditas finalidades. Sem eles, o sujeito investido na função não teria como desincumbir-se do *dever* posto a seu cargo", de maneira que aquele que "exerce função administrativa está adstrito a satisfazer interesses públicos, ou seja, interesses de outrem: a coletividade. Por isso, o uso das prerrogativas é legítimo se, quando e na medida indispensável ao atendimento dos interesses públicos" (BANDEIRA DE MELLO, Celso Antônio. *Curso de Direito Administrativo*. 32. ed. São Paulo: Malheiros, 2015, p. 72). Embora reconheça-se que o administrador da empresa estatal exerça uma certa função administrativa, não é dessa definição que se trata a função administrativa exercida por ele.

trador público[142] para ser considerado a figura sobre quem recai a obrigação de exercer uma atividade lucrativa e simultaneamente observar os princípios da Administração Pública.

Nessa perspectiva diversa de se buscar o interesse público, os vínculos a que se submete o administrador da empresa estatal são aqueles que retratam a finalidade conferida à sociedade empresarial estabelecida no respectivo estatuto social, de maneira que a eficiência da empresa estatal se medirá pelos critérios do regime de Direito Público – que será, em verdade, diminuto e relegado mais ao controle –, e fundamentalmente pelos atos constitutivos e de gestão decorrentes da vontade do Conselho de Administração.

O alcance da empresa estatal e as atividades que deverá executar para tal consubstanciam:

> [...] o norte da atividade empresarial, que deve obrigatoriamente constar do estatuto da companhia (Decreto, art. 5º), e servirá como arrimo da carta a ser elaborada anualmente (LE, art. 8º, inc. I), por meio da qual o Conselho de Administração assume o compromisso de atingir aqueles objetivos, indicando os meios que serão empregados, quais os impactos daí decorrentes e quais serão os marcadores disponíveis para mensurar a eficiência da atuação empresarial.
>
> Ou por outra, a carta anual se presta a dar concreção àqueles objetivos genericamente delineados na lei autorizadora, definindo metas e ajustando os rumos a serem seguidos pela companhia.[143]

---

[142] Em posição contrária ao quanto se defende, valem os argumentos de Romeu Felipe Bacellar Filho, que entende que "a empresa pública está concebida para exercer atividade econômica *enquanto* função estatal [e] o faz na categoria de atividade administrativa, pois o que justifica a sua existência é um interesse público primário subjacente que ora toma a forma de imperativo de segurança nacional, ora de relevante interesse coletivo" (BACELLAR FILHO, Romeu Felipe. *Direito Administrativo*. 4. ed. São Paulo: Saraiva, 2008, p. 198).

[143] RIBEIRO, Márcia Carla Pereira; DALLEDONE, Rodrigo Fernandes Lima. "A Lei nº 13.303/16 e as sociedades de economia mista". *Revista de Direito Administrativo*, Rio de Janeiro, vol. 278, n. 2, maio/ago. 2019, pp. 148-177.

Constata-se que o conteúdo da carta anual prevista no artigo 8º e o estatuto acabam por ter relevância equiparável e complementar à própria lei autorizadora, à medida que esta segunda apenas indica a existência de um interesse coletivo a ser atingido, enquanto os primeiros detalham e traçam todos os objetivos e critérios para que o interesse público identificado seja atingido.

Justamente nessa nova atribuição da função social e na inserção da carta anual, introduzidas nos artigos 8º e 27 da Lei das Estatais, é que repousa o debate sobre a discricionariedade administrativa naquelas sociedades empresariais. Anteriormente ao advento da Lei das Estatais, dizia-se que tais empresas possuíam uma gestão extremamente larga, sem critérios definidos, permitindo aos seus administradores que as gerissem com poucos ou nenhum critério objetivado, culminando em um indesejável excesso de discricionariedade atribuído a seus administradores.

Sustentando esse ponto de vista, Ana Frazão aponta:

> Dessa maneira, é fácil observar que, ao contrário do contexto anterior à Lei nº 13.303/16, em que, na prática, as estatais eram geridas de forma mais "frouxa" do que as companhias privadas, após a nova lei, as primeiras passaram a ser submetidas a regime mais rígido do que o das segundas, na medida em que o regime das estatais restringe consideravelmente a discricionariedade da gestão, especialmente em se tratando de liberdades e de outras atividades não vinculadas ao objeto social.[144]

Nessa linha, passaremos a examinar se os artigos 8º e 27 aumentaram ou reduziram a discricionariedade administrativa dos gestores das empresas estatais na adoção das medidas de gestão e governança implementadas para se atender aos interesses públicos definidos para determinada empresa estatal.

[144] FRAZÃO, Ana. *A função social das empresas estatais*. Publicado no portal JOTA em 19 abr. 2017. Disponível em: https://www.jota.info/opiniao-e-analise/colunas/constituicao-empresa-e-mercado/a-funcao-social-das-empresas-estatais-19042017. Acesso em: 6 ago. 2019.

À luz dos mencionados dispositivos e a partir do reconhecimento de que o administrador de uma empresa estatal se encontra vinculado a um interesse público específico previamente identificado e estabelecido, ao estatuto social e à carta anual,[145] analisaremos se há uma discricionariedade mais acentuada para o atingimento desses objetivos.

---

[145] Enalteça-se que a necessidade de um objeto social precisamente definido é algo reconhecido e defendido também pela literatura espanhola, aqui retratada nas palavras de Ercanacion Montoya Martin: "Por otra parte, hay que señalar que este princípio hace referencia a la capacidad de las personas jurídicas. Com respecto a este principio es necessario resolver de uma vez por todas la confusion existente, dado que no hace referencia a la determinacíon o indermenacíon del objeto social. Esta cuestíon se resulve satisfactoriamente por el Derecho Mercantil que ordena la determinacíon precisa y sumária de las actividades que integran dicho objeto social. (MONTOYA MARTIN, Ercanacion. Discricionalidad en la Eleccion de la forma de las Empresas Públicas. *Discricionalidad Administrativa y Control Judicial:* I Jornada de Estudios del Gabinete Jurídico De La Junta de Andalucia. Madrid: Civitas, 1996, p. 513).

Capítulo III

A DISCRICIONARIEDADE ADMINISTRATIVA, SUAS CONCEITUAÇÕES E VARIAÇÕES

3.1 Aspectos gerais da discricionariedade administrativa

Antes do advento do Estado de Direito e do princípio da legalidade que lhe é intrínseco, a noção de atividade do Estado não implicava limites à atuação do agente, nem a distinção de funções que poderiam ou não ser exercidas por quem detinha o poder. Via de regra, o Estado soberano ou absolutista "não estava [vinculado] a qualquer tipo de norma que limitasse sua atividade, senão àquela que proviesse do monarca",[146] de maneira que a regra da atuação estatal era o arbítrio, não por uma questão de excesso de poder ou imposição de força injusta, mas porque simplesmente não se vislumbrava uma forma de limitação legal do poder.

Com o estabelecimento do Estado de Direito, a ideia de poder absoluto e irrestrito foi sendo aos poucos mitigada com a concepção de que também o poder central deveria subordinar-se à lei, agora oriunda

---

[146] DI PIETRO, Maria Sylvia Zanella. *Discricionariedade Administrativa na Constituição de 1988*. 3. ed. São Paulo: Atlas, 2012, p. 7.

de um parlamento independente em vez do monarca absolutista. A partir daí, passou a ser difundido o princípio da legalidade, de modo que ao exercente do poder não se permitiria mais atuar ao seu próprio talante, mas adstrito ao que o parlamento normatizasse. O monarca passou a vincular-se a preceitos e regras que dele não haviam partido.

As primeiras reflexões acerca da consistência dessa limitação normativa do exercício do poder residiam na conclusão de que o Estado, embora adstrito à lei, estaria isento do controle de suas ações, o que asseguraria ao detentor do poder uma *livre apreciação* da lei que não o vincularia a interpretá-la da mesma forma que os outros poderes, a delinear as primeiras ideias de discricionariedade "como um tipo de atividade administrativa que não admitia o controle judicial, de livre apreciação, na qual a Administração Pública atuava isenta de vinculação e, portanto de controle judicial".[147]

Entendia-se, portanto, que a subsunção do Estado à lei se dava a partir de livre interpretação e aplicação não vinculada às interpretações e intenções do legislador ou do Poder Judiciário, o que rotulava a discricionariedade como um poder político e não jurídico.

A limitação do poder pela lei se resumia ao caráter proibitivo da norma. Na hipótese de a lei não tipificar uma proibição expressa à conduta do Estado, a este seria admitido aplicar suas políticas a partir da pretensa livre interpretação a ele conferida, sem maiores objeções e restrições de outros intérpretes, ao que se convencionou chamar *ato discricionário*.

Esse período de transição de um Estado de polícia para um chamado Estado Moderno, em que se começam a desenhar os primórdios do que hoje entendemos por princípio da legalidade e submissão do poder político à lei, é muito bem retratado por Luis Manuel Fonseca Pires:

---

[147] DI PIETRO, Maria Sylvia Zanella. *Discricionariedade Administrativa na Constituição de 1988*. 3. ed. São Paulo: Atlas, 2012, p. 14.

> Este campo de liberdade à Administração caracterizou, inclusive, a formulação do *princípio da legalidade*, àquela época, de modo distinto do que hodiernamente se concebe, pois era possível à Administração, sem afetar a liberdade e a propriedade dos administrados, fazer ou deixar de fazer diante da ausência de expressa disposição legal; era a *vinculação negativa* da Administração à lei.
>
> Naqueles idos, desenvolveram-se as teorias dos "atos de governo" ou "atos políticos" que, em sucessão à distinção mencionada no parágrafo precedente, encontravam conclusão similar: os "atos de governo" eram isentos do controle pelo Conselho de Estado e denominavam-se "atos discricionários.[148]

Mesmo representando a mudança de um modelo de Estado, a introdução do Estado Moderno, e posteriormente do Estado Liberal, Social, não desvinculou a discricionariedade de um conceito de *poder*, e não de competência, como hoje se concebe sob a égide da Constituição de 1988.

Com a consolidação do Estado Social e de Direito, o princípio da legalidade foi igualmente potencializado, tornando-se a força motriz da atuação administrativa, que passava a pautar sua atuação somente a partir do que fosse previamente permitido em lei. O conceito de discricionariedade deixou de ser amplo, limitando a atuação administrativa àquilo que a lei expressamente autorizava, ampliando de certa maneira o escopo da limitação e da vinculação da Administração Pública, que anteriormente ficava relegado à norma expressamente proibitiva.

A partir da solidificação da ideia de que a atuação da Administração estaria indissociavelmente atrelada à lei, inclusive sujeita ao controle não só do Judiciário como de outros órgãos igualmente competentes, a interpretação do que seria discricionariedade administrativa ganhou novo fôlego, tendo em vista que se a regra geral seria de plena vinculação da atividade administrativa à lei e ao controle, a necessidade de dar ao ad-

148 PIRES, Luis Manuel Fonseca. *Controle judicial da discricionariedade administrativa*: dos conceitos jurídicos indeterminados às políticas públicas. 3. ed. Belo Horizonte: Fórum, 2017, p. 142.

ministrador público o mínimo de liberdade e flexibilidade para exercer suas atividades e funções tampouco deveria ser desconsiderada, porquanto não se pode resumir o papel do administrador público à condição de mero executor do texto legal, ignorando-se o fato de que é humano, dotado de senso crítico, capacidade interpretativa e, sobretudo, discernimento para agir dentro de certas convicções e percepções, ou na crítica de Márcio Cammarosano: "se tudo pudesse ser reduzido à objetividade absoluta para fins da administração pública, bastaria alimentar um programa de computador de última geração com sistemas adequados e não precisaria haver eleição".[149]

Muito a propósito da tentativa de se adequar a ideia de vinculação administrativa à lei e ao controle com a necessária discricionariedade de atuação garantida ao administrador público, foram sendo apresentados e cotejados inúmeros conceitos destinados a definir em que consistiria essa chamada discricionariedade e em que intensidade ela seria necessária para o exercício da função administrativa.

A primeira constatação relevante nesse ambiente eminentemente teórico, e que se mostra fundamental para a compreensão das mencionadas vinculações e autonomias na interpretação e aplicação dos artigos 8º e 27 da Lei das Estatais, diz respeito à constatação de que o excesso de vinculação ou uma vinculação injustificada à lei chega até ser nociva ao interesse público, porquanto tolhe o administrador de tomar qualquer medida mais abrangente ou elástica em virtude do excesso de restrição e inibição imposto pelo ordenamento.

O interesse público a que se dedica uma empresa estatal, conquanto não seja suscetível à instabilidade e volatilidade do interesse público dito primário, buscado eminentemente pela Administração Direta, é deveras complexo de se atingir e se manter, de forma que impor ao administrador um padrão de conduta praticamente imutável, sem que

[149] CAMMAROSANO, Márcio. "Palestra conferida no V Congresso Catarinense de Direito Administrativo". Disponível em: http://www.tce.sc.gov.br/noticia/8938/cammarosano-encerra-v-congresso-catarinense-com-defesa-ao-poder-discricion%C3%A1rio-dos. Acesso em: 18 dez. 2019.

ele tenha alternativas para agir diante de circunstâncias não previstas, por exemplo, impacta negativamente o desempenho da empresa estatal, sua eficiência e, em última escala, a busca pelo interesse público que motivou sua existência.

Retomando a questão quanto ao aspecto teórico da discricionariedade administrativa, o primeiro ponto relativo à sua existência e aplicação é reconhecer que não se concebe, nem em um regime jurídico quase integralmente calcado no princípio da legalidade, que a Administração Pública seja tolhida de funcionar por um excesso de vinculação, pois "o máximo vinculativo pode até ser inimigo da Administração",[150] de maneira que a "lei não precisa preordenar exaustivamente toda a ação administrativa, bastando fixar os parâmetros básicos que a Administração Pública deve observar ao exercer os poderes por ela conferidos".[151]

Como corolário da legalidade,[152] o instituto da vinculação não se destina a cercear ou impor dificuldades ao exercício da função adminis-

---

[150] FREITAS, Juarez. *Direito fundamental à boa administração pública*. 3. ed. São Paulo: Malheiros, 2014, p. 26.

[151] ARAGÃO, Alexandre Santos de. *Curso de Direito Administrativo*. 2. ed. Rio de Janeiro: Forense, 2013, p. 62.

[152] Veja-se que a definição do princípio da legalidade, aqui retratada nos conceitos de Juan Carlos Cassagne e Celso Antônio Bandeira de Mello, não permite extrair que o intento daquele princípio seja cercear a atividade administrativa ou impedi-la de adotar as medidas que julgar necessárias para atender o interesse público, mas sim de que a atividade administrativa deverá se pautar pela lei respeitando os limites e permissões dela extraído, sem que isso represente, repita-se, uma forma de constrição ou cerceamento da atividade administrativa. Os mencionados autores assim definem o princípio da legalidade: "apesar de a Administração ter de exercer sua potestade com base em uma habilitação outorgada previamente pela lei, a lei positiva deixou de ser o centro do sistema jurídico, já que o clássico bloco da legalidade sobre o qual falava Hauriou também se integra principalmente com os princípios gerais do Direito [...]. O processo descrito, caracterizado pela decadência do legicentrismo e a necessidade de uma vinculação com a justiça material, se completa com o fenômeno da chamada constitucionalização da legalidade" (CASSAGNE, Juan Carlos. *Os grandes princípios de direito público:* constitucional e administrativo. Trad. Marly Peres. São Paulo: Contracorrente, 2017, p. 212). "É o fruto da submissão do Estado à lei. É em suma: a consagração da ideia de que a Administração só pode ser exercida na conformidade da lei e que, de conseguinte, a atividade administrativa é atividade sublegal" (BANDEIRA DE MELLO, Celso Antônio. *Curso de Direito Administrativo*. 32. ed. São Paulo: Malheiros,

trativa, pretende apenas estabelecer critérios e requisitos para que esta seja exercida a partir de certos padrões previamente determinados.

Segundo Paulo Otero, "a vinculação diz-nos que a Administração Pública, em vez de gozar de uma liberdade genérica de ação, encontra-se subordinada a pautas ou parâmetros normativos de conduta, entendidos como o conjunto de regras e princípios a que deve obedecer".[153]

Chama a atenção na definição do autor português o fato de não se negar à Administração uma discricionariedade de ação, evidenciando que a vinculação à lei não é uma forma de se retirar da Administração qualquer autonomia para executar suas atividades, mas reconhecer que a liberdade existe e é condicionada a padrões e normas previamente estabelecidos, o que, diga-se, não difere muito das relações privadas, porquanto nestas relações igualmente não existe uma liberdade indiscriminada.

A vinculação deve estar atrelada a um caráter de finalidade, exigindo do administrador público que se atenha às diretrizes de interesses públicos intrínsecos às suas competências, permitindo que as escolhas e posições adotadas pela Administração Pública devem ser consentâneas com o objetivo buscado.

O emprego e o reconhecimento da discricionariedade conferida ao administrador público é "indispensável para permitir o poder de iniciativa da Administração, necessário para atender às infinitas, complexas e sempre crescentes necessidades coletivas. A dinâmica do interesse público exige flexibilidade de atuação".[154]

2015, p. 103). Com efeito, essa submissão do Estado à lei não se diferencia muito da necessidade de a lei ser observada em relações privadas, de forma que tal definição não pode servir de suporte para a afirmação de que a lei restringe e diminui a liberdade de atuação e interpretação do administrador público.

[153] OTERO, Paulo. *Manual de Direito Administrativo*. vol. 1. Coimbra: Almedina, 2013, p. 73.

[154] DI PIETRO, Maria Sylvia Zanella. *Discricionariedade Administrativa na Constituição de 1988*. 3. ed. São Paulo: Atlas, 2012, p. 62.

Na percepção de Andreas J. Krell, "a discricionariedade passou a ser aceita como verdadeira necessidade para habilitar a Administração Pública a agir com mais eficiência", de forma que "não tem cabimento a ideia de uma moderna Administração Pública que estivesse imobilizada, de um lado, entre os parlamentos cujas decisões ela meramente executa e, de outro, os tribunais que a controlassem nessa missão a todo passo".[155]

Disso decorre que a discricionariedade está longe de ser uma exceção no exercício da função administrativa; é de fato algo pertencente a ela, e justamente dessa concomitância entre discricionariedade e vinculação surgiram inúmeros estudos e reflexões vocacionados a compreender em que medida e circunstâncias a discricionariedade administrativa incidiria e operaria, oportunidade em que diversos conceitos e conteúdos foram apresentados e defendidos.

Foi recorrente no estudo da matéria, em um primeiro momento, a constatação de que a discricionariedade seria um *poder* garantido à Administração Pública, que dele se valeria para exercer suas prerrogativas e funções, poder este que seria limitado pelo ordenamento para se evitar o arbítrio e o excesso de interpretação por parte do gestor público.

Destacou-se, nesse período, a definição de Hely Lopes Meirelles, para quem o chamado *poder* discricionário[156] se materializava por

---

[155] KRELL, Andreas J. *Discricionariedade administrativa e conceitos legais indeterminados*: limites do controle judicial no âmbito dos interesses públicos. 2. ed. Porto Alegre: Livraria do Advogado, 2013, pp. 14-15.

[156] Almiro do Couto e Silva também era partidário do conceito de discricionariedade como poder atribuído à Administração, embora limitado à lei como meio de evitar arbitrariedade: "Esse poder de escolha que, dentro dos limites legalmente estabelecidos, tem o agente do Estado entre duas ou mais alternativas, na realização da ação estatal, é que se chama poder discricionário. Poder discricionário é poder, mas poder sob a lei e que só será válida e legitimamente exercido dentro da área cujas fronteiras a lei demarca. O poder ilimitado é arbítrio, noção que briga com a do Estado de Direito e com o princípio da legalidade que é dela decorrente" (COUTO E SILVA, Almiro do. "Poder discricionário no Direito Administrativo Brasileiro". *Revista de Direito Administrativo*, Rio de Janeiro, Fundação Getulio Vargas, n. 179, pp. 51-67, jan./jun. 1990). Cf. também: QUEIRÓ, Afonso Rodrigues. "Os limites do poder discricionário das autoridades Administrativas". *Revista de Direito Administrativo*, Rio de Janeiro, Fundação Getulio

intermédio dos atos igualmente discricionários, caracterizando "o [poder] que o Direito concede à Administração, de modo explícito ou implícito, para a prática de atos administrativos com liberdade na escolha de sua conveniência, oportunidade e conteúdo", sem que se confundisse com poder *arbitrário*, pois, segundo Meirelles, "discricionariedade é liberdade de ação administrativa, dentro dos limites permitidos em lei; arbítrio é ação contrária ou excedente da lei".[157]

Na medida em que se passava a entender que a Administração Pública exercia uma função a ela confiada, destinada a buscar e proteger interesses de terceiros e que, portanto, não possuía *poderes*, mas *deveres* – ou seja, o administrador público agia não em razão de seus interesses, mas por interesses alheios –, passou-se a difundir que os atos praticados no exercício daquela função decorriam de um dever de se atender aos interesses públicos definidos.[158]

A partir disso, outros autores passaram a sustentar que a discricionariedade não decorria de um *poder* como outrora se defendia, mas de um *dever*, e buscavam conceituá-la a partir dessa nova distinção, sem se afastarem de seu conteúdo central: a reconhecida autonomia de agir da Administração Pública em certas ocasiões, limitada pela lei e vinculada pelo interesse público a ser atingido.

Vargas, n. 97, jul./set. 1969, pp. 1-8 e CAVALCANTI, Themístocles Brandão. "Do poder Discricionário". *Revista de Direito Administrativo*, Rio de Janeiro, Fundação Getulio Vargas, n. 101, jul./set. 1970, pp. 1-23.

[157] MEIRELLES, Hely Lopes. *Direito Administrativo Brasileiro*. 37. ed. São Paulo: Malheiros, 2011, pp. 122-123.

[158] Essa é a conclusão de Celso Antônio Bandeira de Mello, que atrelou a discricionariedade a um conceito de *dever* afirmando que "uma vez que a atividade é desempenho de *função* e dado que função é o cumprimento obrigatório do *dever* de atingir uma *finalidade antecipadamente estabelecida* [e] como é natural o dever de buscar-se à medida que atenda de modo preciso sua finalidade [a discricionariedade] significa o dever jurídico funcional (questão de legitimidade e não de mérito) de acertar, ante a configuração do caso concreto, a providência – isto é, o ato – ideal, capaz de atingir com exatidão a finalidade da lei, dando, assim, satisfação ao interesse de terceiros – interesse coletivo e não do agente" (BANDEIRA DE MELLO, Celso Antônio. *Discricionariedade e Controle Jurisdicional*. 2. ed. São Paulo: Malheiros, 2017, p. 47).

São expoentes dessa pretensa distinção entre *poder* e *dever* Celso Antônio Bandeira de Mello e Lúcia Valle Figueiredo, que, respectivamente, assim entendem a discricionariedade:

> É a margem de "liberdade" que remanesça ao administrador para eleger, segundo critérios consistentes de razoabilidade, um, dentre pelo menos dois comportamentos, cabíveis perante cada caso concreto, a fim de cumprir o dever de adotar a solução mais adequada à satisfação da finalidade legal, quando, por força da fluidez das expressões da lei ou da liberdade conferida no mandamento, dela não se possa extrair objetivamente uma solução unívoca para a situação vertente.[159]
>
> Doutra parte, afirmam-se discricionários os atos em que o administrador tem opções indiferentes, pois se qualquer delas for escolhida, haverá cumprimento da norma legal.
>
> Verifica-se que ato discricionário não pode existir diante de conceitos teoréticos ou unissignificativos, porque a Administração, nestes casos, estará diante de, apenas, possibilidade isolada. Colocar-se-ia, pois, a discricionariedade somente diante de conceitos plurissignificativos, porque, nestes, em princípio, a Administração estaria diante de mais uma possibilidade.[160]

Buscando desassociar a ideia de *poder discricionário*, dentro de sua definição de *dever*, Celso Antônio Bandeira de Mello passou a difundir a tese do "ato praticado no exercício de apreciação discricionária", afirmando que "o que é discricionária é a competência do agente"[161] e que o ato seria apenas fruto dessa competência, no que foi seguido por Juarez Freitas, que assentou que " a discricionariedade é vista como a *competência administrativa (não mera faculdade) de avaliar e escolher, no plano*

---

[159] BANDEIRA DE MELLO, Celso Antônio. *Curso de Direito Administrativo*. 32. ed. São Paulo: Malheiros, 2015, pp. 1000-1001.

[160] FIGUEIREDO, Lúcia Valle. *Curso de Direito Administrativo*. 8. ed. São Paulo: Malheiros, 2006, p. 215.

[161] BANDEIRA DE MELLO, Celso Antônio. *Discricionariedade e Controle Jurisdicional*. 2. ed. São Paulo: Malheiros, 2017, p. 18.

concreto, as melhores consequências diretas e indiretas dos programas públicos"[162] e Luis Manuel Fonseca Pires, que, por sua vez, afirmou que "o eixo da discricionariedade não se associa mais a uma vaga noção de 'poder', muito menos se encerra na simples declaração jurídica do Estado, no 'ato', mas se deve entreter com a noção de *competência*. O *poder*, então, deve ser entendido como um feixe de competência que é posto pela ordem jurídica".[163]

Independentemente de se atribuir à discricionariedade um rótulo de *poder, dever* ou *competência*, todas as definições e conceituações até aqui identificadas[164] e examinadas giram em torno de um ponto comum, que não se altera com a conceituação eleita e defendida. Referimo-nos à ideia central que envolve a discricionariedade administrativa, tendente em reconhecê-la como afeta ao princípio da legalidade, sem que isso represente um fator de tolhimento do exercício da função administrativa ou um esvaziamento de sua autonomia.

Todas as conceituações retratadas, apesar de se distinguirem no rótulo, na essência, reconhecem que a discricionariedade é vital para o exercício da função administrativa e que a limitação pela lei, identificada por todos os autores, além de impedir a arbitrariedade dentro do

---

[162] FREITAS, Juarez. *Direito fundamental à boa administração pública*. 3. ed. São Paulo: Malheiros, 2014, p. 35.

[163] PIRES, Luis Manuel Fonseca. *Controle judicial da discricionariedade administrativa*: dos conceitos jurídicos indeterminados às políticas públicas. 3. ed. Belo Horizonte: Fórum, 2017, p. 147.

[164] Diante das inúmeras rotulações destinadas à discricionariedade – se poder, competência, dever ou atividade –, Odete Medauar procura estabelecer uma distinção para cada uma dessas expressões para o fim de tornar a explicação do tema mais didática, sem deixar de reconhecer a similitude entre todas essas tentativas de definição e expressões. Em suas palavras: "Na atualidade, diferentes expressões são utilizadas para designar a matéria: *poder discricionário, atividade discricionária, discricionariedade*. Se considerado, de modo rigoroso, o sentido desses vocábulos, *o poder discricionário* seria a atribuição legal de decidir com possibilidade de escolha; *atividade discricionária* refere-se ao exercício de funções com utilização do poder discricionário, enquanto *discricionariedade* é a própria possibilidade de escolha. No entanto, o uso indistinto das expressões não implica erro, facilitando a exposição do tema, que, em essência, é o mesmo nas citadas denominações" (MEDAUAR, Odete. *Direito Administrativo Moderno*. 21. ed. Belo Horizonte: Fórum, 2018, p. 104).

Estado Democrático de Direito, é em verdade um balizador vinculativo da finalidade no desempenho das funções estatais.

Do cotejo das definições examinadas, tem-se que se a discricionariedade opera em quatro campos distintos,[165] os quais podem ser resumidos da seguinte forma: (i) na existência de lei expressamente permitindo à Administração Pública que adote determinada conduta; (ii) na lei dotada de dicção aberta e inconclusiva, incapaz de prever todas as condutas e consequências; (iii) no estabelecimento de competência para a prática de determinado ato, sem que haja definição do momento, nem da forma de sua prática; (iv) no emprego dos chamados conceitos jurídicos indeterminados, a partir do uso de expressões genéricas.[166]

Mais especificamente, podemos enquadrar a discricionariedade como a existência, na própria lei, de "uma *liberdade decisória,* que envolve exame de conveniência, de oportunidade, *ao invés de um dever de praticar um ato específico*", sendo ainda que "nos casos em que o pressuposto não *seja enunciado pela lei ou havendo sido, sua descrição recubra conceito vago ou impreciso,* a caracterização do motivo autorizador do ato *dependerá de seu ajustamento à finalidade legal*".[167]

Para Rui Cirne Lima, a discricionariedade é um dever que recai sobre a Administração: "não é uma faculdade, senão um dever da Administração; e porque é um dever, irrenunciável e ilimitável ao arbítrio desta – dever prescrito, de resto no interesse da finalidade, a que toda a atividade administrativa se vincula".[168]

---

[165] Alguns autores, como Sérgio Guerra, trazem ainda os conceitos de discricionariedade política, de gestão, técnica, tática e regulamentar. Nesse sentido: GUERRA, Sérgio. *Discricionariedade, Regulação e Reflexividade*: uma nova teoria sobre as escolhas administrativas. 4. ed. Belo Horizonte: Fórum, 2017, pp. 99-103.

[166] Cf. DI PIETRO, Maria Sylvia Zanella. *Discricionariedade Administrativa na Constituição de 1988*. 3. ed. São Paulo: Atlas, 2012, p. 70.

[167] BANDEIRA DE MELLO, Celso Antônio. *Curso de Direito Administrativo*. 32. ed. São Paulo: Malheiros, 2015, pp. 442-443.

[168] LIMA, Rui Cirne. "Direito administrativo e direito privado". *Revista de Direito Administrativo*, Rio de Janeiro, Fundação Getulio Vargas, pp. 19-33, vol. 26, 1951.

A discricionariedade prevista nos artigos 8º e 27 da Lei nº 13.303/16 conjuga-se a partir da ideia de que a lei confere o mínimo necessário para que o administrador opere todos aqueles instrumentos, bem como pelo emprego de conceitos jurídicos indeterminados que, conforme veremos adiante, ensejam a discricionariedade do agente, desde que a medida adotada em sua decorrência respeite a finalidade desejada.

3.1.1 Discricionariedade e liberdade: uma dicotomia acertada?

Antes de ingressarmos no exame das competências discricionárias que são absorvidas pelos artigos 8º, 23 e 27 da Lei nº 13.303/16 e na essência dos conceitos jurídicos indeterminados, convém enfrentar o conflito entre liberdade e discricionariedade administrativa, sobretudo por estarmos refletindo sobre discricionariedade administrativa nas empresas estatais que, em função do regime privado a que se submetem, acabam potencializando as dúvidas entre liberdade e discricionariedade, eis que ora agem com certas liberdades intrínsecas ao Direito Privado, ora agem com discricionariedade administrativa.

Histórica e constitucionalmente, o ideário de liberdade no Direito está calcado e abrigado nos direitos fundamentais, previstos em grande parte no artigo 5º da Constituição Federal, como a liberdade de expressão, de culto, de manifestação e de contratar, de maneira que o conceito jurídico de liberdade é muito mais associado à figura dos particulares, cabendo ao Estado atuar no sentido de preservar a integridade e existência dessas mesmas liberdades,[169] a fim de

---

[169] Maria Garcia, em igual sentido discorre sobre o tema afirmando: "como dito, a Constituição consagra o direito à liberdade em vários de seus dispositivos, a partir do *caput* do artigo 5º, entre os cinco direitos fundamentais básicos, como direito à vida, liberdade, igualdade, segurança e propriedade, 'garantindo-se sua inviolabilidade', ou seja o Estado, a sociedade, todos e cada um são investidos dessa imperatividade constitucional, [de forma que] a Administração Pública – o Estado em ação – deve assumir essa incumbência de concretização das liberdades. (GARCIA, Maria. Discricionariedade administrativa e o direito fundamental à liberdade. In: ALMEIDA, Fernando Dias Menezes de; MARQUES NETO, Floriano de Azevedo; MIGUEL, Luiz Felipe Hadlich; SCHIRATO, Vitor Rhein. (Coord.). *Direito Público em evolução:* estudos em

que não sejam suprimidas. Vale dizer, as próprias liberdades constitucionais consistem em um freio à atuação estatal.[170]

Ricardo Marcondes Martins entende a liberdade sob o ponto de vista jurídico como a "pressuposição do *livre-arbítrio*" e a "possibilidade de escolha entre duas alternativas tendo em vista apenas e tão somente a liberdade, a vontade de quem escolhe".[171]

Da concepção de liberdade relacionada ao livre-arbítrio e da autonomia da vontade decorre a constatação de que a atuação administrativa não se dá com liberdade, própria das atuações privadas, não sendo replicadas no exercício da função administrativa.

Aprofundando este raciocínio, ao agir fundamentalmente na tutela de interesses públicos, a Administração Pública não possui o livre-arbítrio e a vontade própria de adotar medidas e iniciativas calcadas na percepção e interesses pessoais do agente competente, o que esvaziaria qualquer prevalência dos interesses e convicções deste em detrimento das finalidades precípuas do Estado.

Diversamente dos particulares, que possuem a prerrogativa de assumir a postura que melhor lhes aprouver desde que não haja ilicitude na escolha, no âmbito da Administração Pública, o que prevalece são as finalidades previstas em lei, de maneira que a opinião e a convicção do agente nesse caso se resumem à avaliação do que seria melhor para o interesse público, ainda assim quando diante de atividade decorrente de discricionariedade.

---

homenagem à Professora Odete Medauar. Belo Horizonte: Fórum, 2013, p. 726).

[170] Esta também é a posição de Eduardo García de Enterría e Tomás-Ramón Fernández: "é preciso destacar que as liberdades básicas estão primariamente voltadas à imposição de limites materiais à ação administrativa" (ENTERRÍA, Eduardo García de; FERNÁNDEZ, Tomás-Ramón. *Curso de Direito Administrativo*. vol. 1. Revisor Técnico Carlos Ari Sundfeld. Trad. José Alberto Froes. São Paulo: Revista dos Tribunais, 2014, p. 90).

[171] MARTINS, Ricardo Marcondes. *Teoria Jurídica da Liberdade*. São Paulo: Contracorrente, 2015, p. 38.

Afirma-se, portanto, que a liberdade pressupõe livre disposição do agente para agir exclusivamente calcado em suas percepções e interesses pessoais, enquanto discricionariedade é a possiblidade de o agente público atuar a partir de certos critérios optativos e interpretativos, mas sempre mirando o interesse público como norte de sua atuação.

Daí decorre a distinção essencial entre discricionariedade e liberdade, eis que a segunda se dá em consequência do ânimo pessoal de quem adota determinada medida, podendo fazê-lo até em prejuízo próprio, ao passo que a primeira impõe que a autonomia de atuação se dê sempre em benefício do interesse público.

No exercício da competência discricionária, portanto, é defeso ao agente público eleger a ação reconhecidamente prejudicial ao interesse público, tendo em vista que discricionariedade não significa atuação irrestrita e desmedida fundada no livre-arbítrio, mas apenas a capacidade de cotejar a melhor medida entre várias (implícitas ou explícitas) para atender às finalidades públicas e de interesse geral previamente estabelecidas e definidas.

Ricardo Marcondes Martins exemplifica essa dicotomia da seguinte maneira:

> O particular pode optar pela medida pior; pode optar por uma medida inútil, pode optar por realizar um interesse que lhe seja prejudicial – e pode justamente porque tem liberdade. O agente público, no exercício de função administrativa, está sempre adstrito à melhor realização do interesse público e deve empreender uma realização razoável, proporcional, justa.[172]

Embora possa parecer sem propósito o cuidado em distinguir liberdade e discricionariedade, dado que é recorrente o emprego das duas palavras como sinônimas quando se trata do exercício da competência discricionária da Administração Pública, não pode passar incólume o fato

---

172 MARTINS, Ricardo Marcondes. *Teoria Jurídica da Liberdade*. São Paulo: Contracorrente, 2015, p. 119.

de que, em verdade, reconhecer à Administração Pública uma liberdade, representaria um retrocesso no contexto do próprio Estado Democrático de Direito, porquanto a ideia de *liberdade* nos moldes do que aqui já assinalamos remeteria ao tempo em que o Estado não tinha nenhuma limitação para o exercício do poder, sendo ele, ao mesmo tempo, legislador, executor e julgador de suas próprias normas.

Também por essa razão, seria impróprio o emprego do termo *liberdade* como sinônimo da discricionariedade administrativa, pois o manejo dessa competência é adstrito às finalidades de interesse público, e não ao livre-arbítrio de quem a exerce.

Para Carlos Ari Sundfeld, "não há se falar em liberdade administrativa", pois "esta expressão é totalmente inconveniente para explicar discricionariedade, isto é, para designar o poder que a Administração pode ter de, no caso concreto, apreciar subjetivamente se estão presentes os pressupostos fixados pela lei".[173]

A bem de estabelecer os limites entre discricionariedade e liberdade, e procurando fixar as diferenças entre ambas, Odete Medauar entende a primeira como uma *liberdade-vínculo*, decorrente de uma natureza peculiar calcada na vinculação legal a que se submete.

Para Odete Medauar, "[a] discricionariedade significa uma condição de liberdade, mas não liberdade ilimitada: trata-se de liberdade onerosa, sujeita a vínculo de natureza peculiar. É uma liberdade-vínculo. Só vai exercer-se com base na atribuição legal, explícita ou implícita, desse poder específico a determinados órgãos ou autoridades".[174]

É a partir da distinção entre liberdade e discricionariedade na Administração Pública que passaremos a enfrentar o tema nas empresas estatais, considerando as particularidades e especificidades dessas empre-

[173] SUNDFELD, Carlos Ari. "Discricionariedade e Revogação do Ato Administrativo". *Revista de Direito Administrativo e Infraestrutura,* São Paulo, Revista dos Tribunais, vol. 6, pp. 379-390, jul./set. 2018, p. 21.

[174] MEDAUAR, Odete. *Direito Administrativo Moderno*. 21. ed. Belo Horizonte: Fórum, 2018, p. 105.

sas conforme exposto anteriormente, a fim de concluirmos se desfrutam de liberdade, consoante a definição que expusemos, ou realmente discricionariedade administrativa.

1.1.2 Os conceitos jurídicos indeterminados e o instituto da discricionariedade administrativa

Estabelecidas as definições e os pilares da discricionariedade administrativa e a distinção entre esta e liberdade, passemos agora a enfrentar os chamados conceitos jurídicos indeterminados e a correspondência destes com a discricionariedade administrativa como a definimos nos tópicos precedentes.

Em breve definição, os conceitos jurídicos indeterminados caracterizam-se pelo emprego de expressões vagas e inconclusivas no texto normativo, que permitem a adoção de múltiplas medidas a partir do sentido que se pretenda atribuir àquele conceito,[175] fazendo com que um mesmo termo dê azo à aplicação de medidas distintas e até mesmo conflitantes entre si.

A origem dos conflitos relativos à aplicação e interpretação dos conceitos jurídicos indeterminados decorre da dificuldade de todo e qualquer legislador esgotar em um texto normativo todas as circunstâncias e possiblidades em que a Administração Pública poderá atuar e, ante

---

[175] Dinorá Adelaide Musetti Grotti os define da seguinte maneira: "A expressão "conceito jurídico indeterminado", embora criticável, ficou consagrada na doutrina de vários países, como Alemanha, Itália, Portugal, Espanha e, mais recentemente, no Brasil, sendo empregada para designar vocábulos ou expressões que não têm um sentido determinado, preciso, objetivo, conceitos vagos, imprecisos, elásticos, de contornos indeterminados, mas que abundam nas normas jurídicas dos vários ramos do Direito" (GROTTI, Dinorá Adelaide Musetti. "Conceitos jurídicos indeterminados e discricionariedade administrativa". *Revista de Direito Constitucional e Internacional*, São Paulo, vol. 12/1995, jul./set. 1995, pp. 84-115. Disponível em: https://www.revistadostribunais.com.br/maf/app/resultList/document?&src=rl&srguid=i0ad6adc50000016e8b53667b8831efd4&docguid=I13e9a1d0f25311dfab6f010000000000&hitguid=I13e9a1d0f25311dfab6f010000000000&spos=1&epos=1&td=814&context=5&crumb-action=append&crumb-label=Documento&isDocFG=true&isFromMultiSumm=true&startChunk=1&endChunk=1. Acesso em: 12 set. 2019).

a impossibilidade de esgotar em detalhes todas as formas de atuação da Administração Pública, o legislador acaba se socorrendo de expressões genéricas e inconclusivas para pautar a atuação do agente.

Esse fenômeno é muito bem retratado por António Francisco de Souza, que o interpreta como a impossibilidade ou até mesmo o desinteresse do legislador em "regulamentar através de normas gerais e abstractas a actividade pública até o mais ínfimo pormenor", o que o leva, em face da "técnica legislativa de previsão das situações a regulamentar, a conceitos de interpretação difícil e aplicação ainda mais complexa".[176]

Ainda de acordo com Francisco de Sousa, "a incerteza do conceito aliada à incerteza da intenção com que ele foi empregue, por um lado, acrescida da especificidade da função de administrar face ao jurisdicional da actividade administrativa, por outro, estão na origem de uma forte celeuma antiga".[177]

O exercício de se compreender o quão discricionários são os conceitos jurídicos indeterminados em um texto normativo passa pela impossibilidade de se chegar às intenções do legislador em inseri-los em determinado diploma. Diante de um conceito indeterminado, caberia ao intérprete compreender as razões pelas quais aquele termo genérico foi incluído na norma: se intencionalmente pelo legislador para justamente permitir maior discricionariedade de ação ao administrador, ou como uma técnica legislativa que, se devidamente interpretada, faz com que o conceito inserido tenha seu conteúdo, único e esperado, extraído pelo intérprete.

Esse exercício de depuração dos conceitos jurídicos indeterminados a bem deles extrair ou uma discricionariedade proposital a partir do emprego da expressão imprecisa ou um conteúdo único e objetivo a partir da exclusão de tudo aquilo que ele reconhecidamente não poderia representar é resumido por Luis Manuel Fonseca Pires como uma

---

[176] SOUSA, António Francisco de. *Conceitos jurídicos indeterminados no Direito Administrativo*. Coimbra: Almedina, 1994, p. 17.

[177] SOUSA, António Francisco de. *Conceitos jurídicos indeterminados no Direito Administrativo*. Coimbra: Almedina, 1994, p. 19.

interpretação pura e simples, pois em seu entender "todo e qualquer conceito jurídico – determinado ou indeterminado – cuida-se, em última análise, de mera interpretação jurídica".[178]

Na tentativa de implementar uma técnica interpretativa para os conceitos jurídicos indeterminados, foi recorrente no estudo da matéria a proposta formulada por Eduardo García Enterría e Tomas-Ramón Fernández, que sustentaram, na visão de Maria Sylvia Zanella Di Pietro, a seguinte sistemática de interpretação:

> A decisão sobre a única solução possível nem sempre é fácil. Na estrutura do conceito indeterminado, há uma "zona de certeza positiva", uma zona intermediária ou de incerteza, mais ou menos imprecisa e, finalmente, uma "zona de certeza negativa", também segura quanto à exclusão do conceito.
>
> Todavia, mesmo nessa intermediária, inexiste discricionariedade, porque o juiz reduz a zona de incerteza e reconduz o caso concreto a uma das zonas de certeza.[179]

A característica central da amplamente difundida metodologia interpretativa de Enterría e Fernández, aqui retratada[180] na acepção de

---

[178] PIRES, Luis Manuel Fonseca. *Controle judicial da discricionariedade administrativa*: dos conceitos jurídicos indeterminados às políticas públicas. 3. ed. Belo Horizonte: Fórum, 2017, p. 108.

[179] DI PIETRO, Maria Sylvia Zanella. *Discricionariedade Administrativa na Constituição de 1988*. 3. ed. São Paulo: Atlas, 2012, p. 105.

[180] Juan Carlos Cassagne também procurou dar sua contribuição ao exame da teoria desenvolvida por Enterría e Fernández e a sistematizou da seguinte maneira, destacando a tripartição das três zonas interpretativas: "Esa estructura compleja del concepto jurídico indeterminado que debe tener em cuenta el órgano que ejercita la potestad discrecional es básicamente tripartita y se compone de: a) un núcleo fijo o zona de certeza positiva, integrado por elementos precisos; b) un "halo conceptual" o zona de incertidumbre, de menor precisión, es decir, donde reina cierta ambigüedad; y, por último, c) una zona de certeza negativa, que excluye totalmente la posibilidad de una solución justa. El ejemplo del justiprecio que se ha utilizado para aplicar a la realidad la técnica de los conceptos jurídicos indeterminados es bien elocuente" (CASSAGNE, Juan Carlos. *La Discricionalidad Administrativa*. Disponível em: www.cassagne.com.ar. Acesso em: 8 ago. 2019).

Zanella di Pietro, destaca-se pela tentativa de afastar também a discricionariedade administrativa da chamada zona de incerteza, porquanto caberia ao Judiciário, em última análise, extrair o conteúdo residual e não identificado também daquela área de incerteza.

Ao não reconhecerem a discricionariedade na chamada zona de incerteza, fica evidente que também não a reconheceram nas zonas de certeza positiva e negativa, o que leva à conclusão de que para Enterría e Fernandéz inexiste discricionariedade administrativa na figura dos conceitos jurídicos indeterminados.

Aprofundando um pouco mais o raciocínio dos autores espanhóis, para quem a inexistência de discricionariedade nos conceitos jurídicos indeterminados se dá porque discricionariedade seria meramente a possiblidade de escolher entre duas ou mais alternativas previamente autorizadas pela lei, ao passo que a aplicação dos conceitos jurídicos indeterminados seria um caso típico de aplicação vinculada de lei, porquanto em vez de optar entre múltiplas opções possíveis, o administrador deveria extrair, dentro da realidade em que está inserido, o real sentido daquele conceito dito indeterminado, que seria único e aplicável àquele contexto específico.

Esse processo de esvaziar o conceito indeterminado, eliminando-se as incertezas e chegando-se ao sentido racional e único idealizado pelo legislador, não conferiria nenhuma margem de opção ou escolha ao intérprete, pois não só o processo de aferição de um conceito único e aplicável ao caso concreto seria todo vinculado, como uma vez atingido e identificado o conteúdo único e racional aplicável ao caso concreto, essa descoberta impediria o intérprete de utilizar o conceito de qualquer outra forma ou sentido que não aquele identificado.

Existindo apenas um conceito racional e possível de ser empregado em um dado caso, o administrador não poderia aplicar nenhuma outra definição ou interpretação que não aquela extraída, o que lhe retiraria o exercício da vontade de escolha e opção, próprio da discricionariedade.

Maria Sylvia Zanella Di Pietro muito bem aclara esse aspecto do pensamento de Enterría e Fernández:

> [A] aplicação dos conceitos jurídicos indeterminados é um caso de aplicação da lei em que se cuida de subsumir em uma categoria legal determinadas situações reais; justamente por isso, é um processo vinculado, que se esgota no processo intelectivo de compreensão de uma realidade, processo no qual não interfere nenhuma decisão de vontade do aplicador, como é próprio de quem exercita um poder discricionário.[181]

Muito embora seja possível conceber, sob o ponto de vista teórico, a possibilidade de se exercer a interpretação até o conteúdo racional do conceito indeterminado contido na norma, a ponto de se constatar a intenção do legislador em inseri-lo no ordenamento, bem como encaixá-lo no caso concreto enfrentado, sob o ponto de vista prático, a racionabilidade em eleger um único conceito como correto e aplicável, que em tese retiraria a discricionariedade do agente, esbarra na constatação de que não se pode impor a todos os intérpretes a mesma conclusão interpretativa, o que por si só compromete a conclusão da teoria aqui estudada.

Não é inverossímil, tampouco impensável que dois ou mais intérpretes tenham conclusões distintas quanto ao conteúdo de um mesmo conceito indeterminado, e ambas as conclusões podem ser legítimas.

Pelo fato de não ser possível deslegitimar uma ou outra interpretação divergente sobre um mesmo conteúdo jurídico indeterminado, não é possível, primeiro, afirmar peremptoriamente que só há uma interpretação a ser dada e, segundo, que uma ou outra interpretação divergente, desde que procedida com razoabilidade, de pronto não possa ser reputada ilegítima.

---

[181] DI PIETRO, Maria Sylvia Zanella. *Discricionariedade Administrativa na Constituição de 1988*. 3. ed. São Paulo: Atlas, 2012, p. 105.

Sob essa perspectiva, parece-nos que não é possível desassociar a discricionariedade administrativa dos conceitos indeterminados, uma vez que não é possível eliminar a possibilidade de se interpretar um mesmo conceito sob dois ou mais ângulos distintos.

Se o administrador, a despeito de ter interpretado o conceito jurídico indeterminado de uma ou outra forma, buscou atingir as finalidades previstas pela norma e de fato as atingiu, não nos parece que essa abertura em se enxergar dois ou mais caminhos, aliada à pertinência dessas diversas interpretações ao caso, seja algo distinto da discricionariedade administrativa, porquanto a própria norma admite que a seu conteúdo se atribuam conceitos diversos, desde que de maneira razoável.

Exige-se, contudo, que as interpretações, embora distintas, sejam razoáveis e minimamente adequadas ao caso e à finalidade da norma, mas uma vez cumprido esse requisito mínimo, não se reputa ilegítimo uma interpretação colidente com outra.

No entender de Celso Antônio Bandeira de Mello:

> [...] se em determinada situação real o administrador reputar, em entendimento razoável (isto é, comportado pela situação, ainda que outra opinião divergente fosse igualmente sustentável), que se lhe aplica o conceito normativo vago e agir nesta conformidade, *não se poderá dizer que violou a lei,* que transgrediu o Direito. E se não violou a lei, se não lhe traiu a finalidade, é claro que terá procedido na conformidade do Direito.[182]

O que não se concebe é que ao conceito jurídico indeterminado seja atribuída uma verdade absoluta e imutável a ponto de retirar do agente ou intérprete qualquer oportunidade de enxergá-lo por uma outra ótica e, a partir dessa ideia – que a nosso ver não se sustenta –, infirmar a existência de discricionariedade em normas com conceitos jurídicos indeterminados.

---

[182] BANDEIRA DE MELLO, Celso Antônio. *Discricionariedade e Controle Jurisdicional.* 2. ed. São Paulo: Malheiros, 2017, p. 23.

Comungando desse entendimento, Regina Helena Costa reconhece que existem "situações em que a indeterminação do conceito jurídico, por não poder ser totalmente eliminada pelo uso de interpretação, remanesça conferindo breve margem de liberdade à Administração para preencher a significação daquele", de modo que nessas circunstâncias "poderá optar entre mais de uma significação possível, sempre tendo como guia o princípio da razoabilidade".[183]

Parece-nos admissível a discricionariedade diante de normas dotadas de conceitos jurídicos indeterminados, dado que é inerente ao Direito a existência de interpretações distintas para uma mesma expressão, e não se pode concluir, diante dessa constatação, que só há um conteúdo a se extrair de determinada norma.

A norma, ao admitir diversas conclusões para um mesmo conceito, atribui discricionariedade ao administrador para que interprete e aplique o conteúdo que julgar mais adequado ao interesse público.

Nesse ponto, Ricardo Marcondes Martins entende que uma vez realizada toda a ponderação possível e, ainda assim, remanescendo a razoável hipótese de outras interpretações serem igualmente justas e aplicáveis, é o caso de se dar ao administrador a discricionariedade de aplicar o conceito jurídico que reputar mais adequado ao interesse público:

> Quando, porém, a ponderação indicar duas ou mais soluções que, num primeiro momento, são igualmente admitidas, o Direito imputa a escolha ao agente competente. Não a imputa para que ele efetue a escolha a partir de seu livre-arbítrio, e sim para que ele escolha a alternativa que, no seu íntimo, configure a melhor forma de realizar o interesse público. A discricionariedade surge quando termina a interpretação, quando o Direito não define qual

---

183 COSTA, Regina Helena. Conceitos jurídicos indeterminados e discricionariedade administrativa. In: WALD, Arnoldo; JUSTEN FILHO, Marçal; PEREIRA, Cesar Augusto Guimarães (Coord.). *O Direito Administrativo na Atualidade:* estudo em homenagem ao centenário de Hely Lopes Meirelles (1917-2017). São Paulo: Malheiros, 2017, pp. 993-1014.

> é a única resposta correta, mas admite duas ou mais respostas. Nesse caso, o Direito imputa a escolha ao agente competente e elege a escolha dele como a resposta jurídica correta.[184]

Nesse particular, é necessária a distinção entre discricionariedade administrativa e interpretação, a fim de que se tenha claro que embora a discricionariedade tenha como componente certa atividade de interpretação, o que a caracteriza efetivamente não é a interpretação em si, mas o fato de que, uma vez ocorrida a interpretação e havendo dois ou mais resultados razoáveis, tenha o administrador a possibilidade de optar e eleger um dos conteúdos possíveis.

A discricionariedade administrativa nos conceitos indeterminados não se resume ou não se caracteriza pela interpretação, mas pelo que dela se extrai e pelas possibilidades e opções que se abrem a partir dela.

Discricionariedade é possibilidade de escolha e, nos conceitos jurídicos indeterminados, essa escolha existirá sempre que a interpretação culminar em duas ou mais possibilidades ao intérprete. Se desse processo de interpretação não resultar uma solução única, "mas várias soluções igualmente válidas perante o Direito [a escolha deverá] ser feita segundo critérios puramente administrativos [e] estar-se-á no campo da discricionariedade".[185]

O exercício da competência discricionária, portanto, é anterior à tomada da decisão administrativa dela decorrente, pois "neste [momento] anterior [à decisão] é possível que existam vários entendimentos defensáveis sobre o caso, entre os quais o aplicador jurídico deve eleger um".[186]

---

[184] MARTINS, Ricardo Marcondes. *Contributo para a Angelização da Discricionarieadade.* Publicado no portal Direito do Estado. Disponível em: http://www.direitodoestado.com.br/colunistas/ricardo-marcondes-martins/contributo-para-a-angelizacao-da-discricionariedade-. Acesso em: 9 nov. 2019.

[185] DI PIETRO, Maria Sylvia Zanella. *Discricionariedade Administrativa na Constituição de 1988.* 3. ed. São Paulo: Atlas, 2012, p. 127.

[186] KRELL, Andreas J. *Discricionariedade administrativa e conceitos legais indeterminados:* limites do controle judicial no âmbito dos interesses públicos. 2. ed. Porto Alegre: Livraria do Advogado, 2013, p. 47.

Em matéria de empresa estatal, a discricionariedade extraída dos conceitos jurídicos indeterminados é, como veremos, acentuada e recorrente, pois a legislação parte de oferecer diretrizes mínimas para o exercício da governança, justamente a partir de expressões não detalhadas e fechadas, permitindo ao administrador que implemente as medidas empresariais que julgar necessárias, com base em escolhas possíveis e legítimas.

3.1.2.1 Breves notas sobre a discricionariedade técnica e sua relação com os conceitos jurídicos indeterminados

Tema recorrente no estudo da discricionariedade administrativa é o exame da chamada discricionariedade técnica e sua existência como uma forma autônoma da discricionariedade administrativa ou se meramente uma variação dos conceitos jurídicos indeterminados, na medida em que seu desenvolvimento e aplicação consistiria basicamente na interpretação e aplicação de conceitos técnicos como meio de se suprir a imprecisão da norma.

Na distinção de Maria Sylvia Zanella Di Pietro, "os conceitos jurídicos indeterminados são objeto de análise a partir da distinção entre *discricionariedade administrativa*, que seria a verdadeira discricionariedade, e *discricionariedade técnica,* que é uma discricionariedade imprópria".[187]

A celeuma está em se constatar se o administrador, diante da possiblidade de superar os conceitos jurídicos indeterminados mediante o emprego de critérios técnicos, está exercendo discricionariedade ou simplesmente aplicando a vinculação que aquelas mesmas diretrizes técnicas lhe impõem.

Quando o administrador está diante da possibilidade de se valer de juízos técnicos como meio eficaz para sanar as imprecisões dos conceitos jurídicos indeterminados, é recorrente a assertiva de que essa metodologia não

---

[187] DI PIETRO, Maria Sylvia Zanella. *Discricionariedade Administrativa na Constituição de 1988.* 3. ed. São Paulo: Atlas, 2012, p. 106.

seria o exercício de uma competência discricionária, porquanto a atividade técnica retiraria do agente a possiblidade de optar pelas alternativas existentes e o vincularia a eleger a técnica que se adequasse ao caso concreto.

Em função da alta complexidade técnica de alguns temas levados à Administração Pública, as decisões tomadas em tais critérios seriam relegadas a um conceito de *discricionariedade imprópria*, uma vez que, diversamente do que ocorre com a discricionariedade administrativa, não há "decisão segundo critérios de oportunidade e conveniência", pois a decisão na discricionariedade técnica "baseia-se em critérios técnicos definidos por especialistas".[188]

Parte-se de um pressuposto de que a conclusão técnica só permite uma única escolha possível, o que esvaziaria a possibilidade de opção característica da discricionariedade administrativa, relegando à discricionariedade técnica um papel não de eleição da melhor alternativa identificada, mas de simples aplicação do conceito técnico cabível dentro dos conceitos jurídicos indeterminados.

Por essa lógica, de acordo com Flávio José Roman:

> [...] a discricionariedade técnica é um tipo de atividade que não deixa qualquer liberdade para a decisão. Os termos discricionariedade e técnica são inconciliáveis, pois ainda que seja complexa a tarefa de elencar os critérios, o que poderá eventualmente dar margens a opiniões diferentes, não se cuidará de escolha, de vontade; não se cuidará, portanto, de verdadeira discricionariedade.[189]

Para além dessas considerações tendentes em cingir a discricionariedade técnica da administrativa propriamente dita, tendo em vista que a primeira supostamente tiraria do administrador a possibilidade de escolha e oportunidade, é preciso fazer um exame desse instituto a partir

---

[188] DI PIETRO, Maria Sylvia Zanella. *Discricionariedade Administrativa na Constituição de 1988*. 3. ed. São Paulo: Atlas, 2012, p. 119.

[189] ROMAN, Flávio José. *Discricionariedade Técnica na Regulação Econômica*. São Paulo: Saraiva, 2013, p. 80.

da constatação de que também nas análises técnicas identifica-se uma possiblidade de um ou dois critérios serem razoavelmente aceitáveis, de maneira que a assertiva de que a discricionariedade técnica não é discricionariedade em razão de impor um único critério técnico pode não ser tão absoluta como comumente se entende.

Por mais que a Administração esteja vinculada a critérios técnicos na solução de certos conceitos jurídicos indeterminados, é possível que existam dois ou mais pontos científicos aptos a permitir a existência de uma margem de opção e eleição da metodologia técnica mais adequada e identificada pela Administração Pública, o que evidentemente reflete uma discricionariedade de atuação.

Quando se explora o tema da discricionariedade técnica e suas particularidades, é comum a utilização da qualificação feita por Eva Desdentado Daroca, que concebe a denominada discricionariedade técnica em pelo menos quatro circunstâncias: (i) quando a lei concede discricionariedade técnico-administrativa; (ii) quando a lei confere à Administração a prerrogativa de eleger as vias técnicas de atuação; (iii) quando a lei atribui à Administração o encargo de levar a cabo bases científicas necessárias à expedição do ato, pois o estado da ciência empregada ainda não evoluiu o suficiente para apresentar a decisão final, ou ainda quando são necessárias atividades de prognose; (iv) quando a lei remete a critérios técnicos, dos quais a Administração necessariamente deve se socorrer.[190]

Veja-se que a amplamente difundida qualificação das características e formas da discricionariedade técnica não é suficiente para afastar que, em todos aqueles quesitos, a Administração Pública poderá eleger, dentro de seus padrões, a alternativa técnica que julgar mais adequada.

A bem da verdade, ao examinarmos o instituto da discricionariedade administrativa nos conceitos jurídicos indeterminados como um todo, ver-se-á que além do que se denomina como "técnica", a depura-

[190] Cf. Eva Desdentado Daroca *apud* ROMAN, Flávio José. *Discricionariedade Técnica na Regulação Econômica*. São Paulo: Saraiva, 2013, p. 82.

ção daqueles conceitos também é técnica, pois são diversas as formas de interpretação e segregação que permitem encontrar um ou mais conceitos jurídicos aplicáveis, como a ponderação de princípios e de interesses públicos envolvidos.

Tanto a chamada discricionariedade técnica quanto o exame jurídico dos conceitos jurídicos indeterminados não são apenas igualmente técnicos, cada um com sua metodologia e critérios, mas também científicos.

Em uma análise mais profunda, portanto, é de se considerar que em todos os critérios para a superação dos conceitos jurídicos indeterminados, aqueles reputados como técnicos, interpretativos ou de ponderação, em verdade todos eles se congregam em elementos científicos e técnicos,[191] não havendo distinção entre discricionariedade técnica e administrativa em matéria de conceitos jurídicos indeterminados, sendo útil, apenas para fins didáticos, a separação entre discricionariedade administrativa a partir de elementos jurídicos e discricionariedade administrativa a partir de elementos não jurídicos.

Portanto, a denominada discricionariedade técnica nem sequer representa uma forma distinta de discricionariedade administrativa dentro do campo dos conceitos jurídicos indeterminados, pois sejam jurídicos ou não jurídicos, sempre que houver a possibilidade de a Administração optar por ao menos duas possiblidades, estará diante de medida discricionária.

A exemplo do que ocorre na superação dos conceitos jurídicos indeterminados, também em questões geológicas, financeiras e até mesmo em outras ciências exatas, é perfeitamente admissível que existam pontos de vista distintos a respeito de uma mesma situação, o que não se diferencia de interpretações e ponderações jurídicas diversas entre si.

---

191 Sobre isso, Andreas J. Krell muito bem assinala que "a própria discricionariedade tem a natureza de uma técnica ordinária, uma solução normal em face da impossibilidade de tudo se prever na letra da norma" (KRELL, Andreas J. *Discricionariedade administrativa e conceitos legais indeterminados:* limites do controle judicial no âmbito dos interesses públicos. 2. ed. Porto Alegre: Livraria do Advogado, 2013, p. 49).

Como "nem sempre a técnica e a ciência implicam a certeza absoluta [...], podem existir conhecimentos técnicos aceitos amplamente pela comunidade científica; há juízos prováveis oscilantes, há alternativas técnicas e científicas igualmente válidas para o Direito, que justificam a escolha".[192]

É comum deixar de haver uniformidade integral em outras áreas técnicas que não a jurídica e haverá, nessas circunstâncias, a possibilidade de opção tal qual ocorreria na ponderação ou interpretação, de forma a inexistir distinção entre discricionariedade técnica e comum, quando houver "margem de escolha, o poder discricionário aí incide sem que o uso de conhecimentos técnicos enseje modalidade diferente desse poder. Se houver apenas uma solução possível, como resultado da aplicação de pauta científica ou técnica universal, trata-se de poder vinculado".[193]

Por identificarmos ser possível uma pluralidade de conceitos técnicos não jurídicos como forma de se extrair um conceito de um conteúdo indeterminado e que, no limite, tudo envolve técnica, ocorrendo apenas a separação entre os âmbitos jurídico e não jurídico, entendemos que a chamada discricionariedade técnica se confunde e é intrínseca aos próprios conceitos jurídicos indeterminados, de maneira que haverá discricionariedade somente quando for possível aplicar dois ou mais critérios técnicos, sejam eles jurídicos ou não jurídicos.

---

[192] MEDAUAR, Odete. *Direito Administrativo Moderno*. 21. ed. Belo Horizonte: Fórum, 2018, p. 107.

[193] MEDAUAR, Odete. *Direito Administrativo Moderno*. 21. ed. Belo Horizonte: Fórum, 2018, p. 107.

Capítulo IV

EMPRESAS ESTATAIS E DISCRICIONARIEDADE ADMINISTRATIVA

4.1 A DISTINIÇÃO ENTRE LIBERDADE E DISCRICIONARIEDADE NAS EMPRESAS ESTATAIS

É muito comum, a propósito do regime de Direito Privado destinado às empresas estatais, a referência à autonomia e à flexibilidade características daquelas empresas como liberdade a elas assegurada para atingirem suas finalidades de interesses públicos, desconsiderando o fato de que, embora possuam margem de regime de Direito Privado, estão vinculadas indiretamente à Administração Indireta e, conquanto essa vinculação seja mínima, não é inexistente.

O fato de serem criadas para uma finalidade de interesse público previamente identificado e definido distingue as empresas estatais das empresas privadas, independentemente de atuarem em um regime concorrencial e lucrativo, pois não há como o administrador de uma estatal agir calcado exclusivamente em seus interesses e convicções pessoais, posto que a lei autorizativa e o objeto social definem os rumos a serem seguidos por aquelas empresas.

A criação por lei, que autoriza a existência de uma empresa estatal a partir da identificação de um interesse público, é característica marcante a diferenciar este tipo de sociedade empresarial das sociedades integralmente privadas, que embora em sua maioria – sobretudo na modalidade de sociedade anônima – contem com Conselhos Fiscais e de Administração que tutelam a atuação dos administradores, não estão vinculadas a uma lei autorizativa que impede que certas medidas sejam tomadas, ainda que aprovadas pelo Conselho.

Por mais que admitamos que as empresas estatais devem, evidentemente, assumir maior maleabilidade de gestão, permitindo que atuem no mercado concorrencial em condição de igualdade, essa flexibilidade limita-se a um vínculo legislativo e até mesmo constitucional inexistente para as empresas originárias exclusivamente do Direito Privado, o que enseja a reflexão se essa maior autonomia e flexibilidade decorrem da discricionariedade administrativa ou da liberdade intrínseca à iniciativa privada.

Ao estabelecer o regime de Direito Privado para as empresas estatais, a Constituição o fez com vistas a impedir distorções que o regime de Direito Público poderia causar na atuação empresarial em regime concorrencial, aí inseridos não só as imunidades tributárias e execução por precatórios, mas também os chamados poderes exorbitantes de alterar unilateralmente os contratos (artigo 68, Lei nº 13.303/16) e outras medidas precípuas do regime jurídico de Direito Público, como a autoexecutoriedade de seus atos e a autotutela, tudo a bem de se preservar a igualdade de competição e a finalidade lucrativa[194] da iniciativa empresarial.

Outras disposições de Direito Público que são mais adstritas à finalidade, como os princípios do artigo 37 da Constituição Federal e os controles interno e externo, não tiveram sua aplicação afastada, primei-

---

[194] Sobre a finalidade lucrativa das empresas estatais, cf. ARRUDA CÂMARA, Jacintho. "O lucro nas empresas estatais". *Revista Eletrônica de Direito Administrativo Econômico*, Salvador, Instituto Brasileiro de Direito Público, n. 30, maio/jun./jul. 2012. Disponível em: http://www.direitodoestado.com.br/artigo/jacintho-arruda-camara/o-lucro-nas-empresas-estatais. Acesso em: 23. jul. 2019.

ro porque são elementos finalísticos e, segundo, porque controle e princípios gerais de Direito incidem tanto na Administração Pública quanto na iniciativa privada.

Especificamente quanto aos princípios, eles incidem em toda a gama de atuação da Administração Pública, independentemente de ser uma atuação à luz do regime de Direito Público ou Privado. O que é inafastável é que a Administração deverá ter o interesse público como fim e não destoar dos princípios previstos no artigo 37 da Constituição Federal, ou, como bem adverte Alexandre Santos de Aragão, os princípios "penetram em diferentes regimes jurídicos distintos sem dificuldades [...]. Independentemente de a Administração Pública estar utilizando o Direito Administrativo ou o Direito Civil [...], não importa, sua atuação deverá sempre respeitar os princípios do *caput* do artigo 37 da Constituição Federal".[195]

A controvérsia envolvendo a distinção entre liberdade e discricionariedade nas empresas estatais atinge diretamente a incidência do princípio da legalidade sobre tais sociedades empresariais, em razão de sua vinculação ao objeto social previsto e à lei autorizativa. Nessa limitação, há uma discricionariedade de atuação vinculada àqueles dispositivos, mas não há como admitir que o princípio da legalidade incidirá sobre as empresas estatais da mesma forma que incidiria na Administração Direta e em alguns órgãos da Indireta e que tornasse obrigatória lei específica para legitimar cada medida pensada pela Administração ou Conselho de Administração.

Não seria lógico, dentro de uma realidade de mercado, lucrativa e concorrencial, que a empresa estatal passasse pela necessidade de se ver autorizada legislativamente por todo e qualquer negócio, a cada parceria que buscasse ou a cada operação mercantil idealizada, ou se submetesse a um controle não previsto. Por essa razão, o princípio da legalidade nas empresas estatais é mitigado a ponto de permitir que seus administradores ajam fundados nos preceitos fixados na lei autorizadora, no estatuto

---

[195] ARAGÃO, Alexandre Santos de. *Empresas Estatais:* regime jurídico das Empresas Públicas e Sociedades de Economia Mista. 2. ed. Rio de Janeiro: Forense, 2018, p. 185.

social, sem que deva haver, portanto, a existência de outras leis destinadas a permitir expressamente o que se pretende fazer na gestão empresarial.

É adequada à realidade das empresas estatais a definição de Lúcia Valle Figueiredo sobre o princípio da legalidade, para quem tal princípio "não pode ser compreendido de maneira acanhada, de maneira pobre. E assim seria se o administrador, para prover, para praticar determinado ato administrativo, tivesse sempre que encontrar arrimo expresso em norma específica que dispusesse exatamente para aquele caso concreto".[196]

Tratando especificamente das empresas estatais e de sua relação peculiar com o princípio da legalidade, Mário Engler Pinto Júnior muito bem define que "[n]o âmbito societário, o princípio da legalidade da Administração Pública significa atuar dentro do objeto social previsto no estatuto, e não realizar apenas as operações expressas previstas na lei que autorizou a constituição da companhia".[197]

Em função dessa existência otimizada do princípio da legalidade, é recorrente no estudo da matéria afirmar que as empresas estatais possuem *liberdade* para gerir os seus negócios, liberdade esta que seria limitada pela lei autorizativa e pelo objeto social, representativos das finalidades de interesse público estabelecidas.

Ao discorrer sobre o tema, Alexandre Santos de Aragão aduz que as empresas estatais, ao perseguirem seu objeto social, "pode[m] atuar livremente" e, "dentro dessa relativa liberdade, só estar[ão] limitada[s] pelo que for expressamente imposto ou vedado pelo Direito".[198]

Em comentários ao acórdão nº.1170/2019, proferido pelo Tribunal de Contas da União, acerca da formação de uma *joint venture* entre Telebrás e Viasat, Lucas Sant'anna e Fabrício Nakad também apontaram

---

[196] FIGUEIREDO, Lúcia Valle. *Curso de Direito Administrativo*. 8. ed. São Paulo: Malheiros, 2006, p. 42.

[197] PINTO JÚNIOR, Mário Engler. *Empresa Estatal:* função econômica e dilemas societários. 2. ed. São Paulo: Atlas, 2013, p. 455.

[198] ARAGÃO, Alexandre Santos de. *Empresas Estatais:* regime jurídico das Empresas Públicas e Sociedades de Economia Mista. 2. ed. Rio de Janeiro: Forense, 2018, p. 188.

que a aprovação da matéria pelo TCU seria decorrente da *liberdade* negocial das empresas estatais, afirmando que "o ineditismo dessa decisão está em prestigiar justamente a liberdade de negociação das empresas estatais e empresas privadas relativamente às condições econômicas dos acordos de parceria".[199]

Conquanto concordemos com as explanações de que as empresas estatais gozem de um regime jurídico que lhes garanta maior flexibilidade de atuação, sem a necessidade de legislação específica para cada medida que venham a tomar além daquela que autorizou a sua existência, temos que esse regime não confere propriamente liberdade às estatais, mas discricionariedade administrativa decorrente de lei, porquanto não se concebe que um gestor de estatal aja somente fundado em seu livre-arbítrio, destoado das finalidades da empresa estatal que administra.

Embora as estatais estejam vinculadas às disposições da lei autorizadora, ao objeto social e à Constituição – o que confere maior amplitude de ação, pois potencializa a vinculação somente sob o prisma da finalidade, retirando as vinculações procedimentais e de meio –, o fato de serem criadas por lei explicita que a dita liberdade que possuem é, em verdade, discricionariedade conferida por aquela lei e pelos critérios definidos no estatuto social. Ainda que seja uma discricionariedade mais acentuada, coadunada com a realidade mercantil e lucrativa daquelas empresas, ainda assim é uma discricionariedade decorrente da lei, e não liberdade.

Discricionariedade decorre diretamente do princípio da legalidade e, por isso, não só advém como é igualmente limitada pela lei, de maneira que mesmo que a vinculação ou limitação sejam mínimas, a atuação da empresa estatal é fruto de discricionariedade consagrada pela lei.

---

[199] SANT'ANNA, Lucas; NAKAD, Fábio. *O TCU e a liberdade negocial das empresas estatais*. Publicado no portal JOTA em 21 jun. 2019. Disponível em: https://www.jota.info/opiniao-e-analise/colunas/coluna-do-machado-meyer/o-tcu-e-a-liberdade-negocial-das-empresas-estatais-21062019. Acesso em: 28. jul. 2019.

Não há que se confundir, portanto, a maior discricionariedade existente nas empresas estatais com a liberdade característica do setor privado, eis que essa segunda encontra limite somente naquilo que o Direito proíbe, ao passo que a primeira se limita ao que o Direito previamente estabeleceu, de forma que está sujeita a um maior ou menor nível de vinculação, mas sempre vinculada a alguma predeterminação legal.

Sendo as empresas estatais criadas por lei, ainda que essa lei e o posterior estatuto social permitam ampla flexibilidade de atuação, não há que se falar em vinculação negativa, no sentido de só não fazer aquilo que o Direito proíbe, pois a lei de criação, que permitiu a existência de uma determinada estatal, sempre balizará as atuações desta.

Logo, a vinculação positiva[200] sempre existirá em matéria de empresas estatais e, ainda que seja uma vinculação mínima, sua existência esvazia a ideia de liberdade, limitada àquilo que o Direito proíbe, na gestão das empresas estatais.

Essa é a nossa divergência com a lição de Marçal Justen Filho, que sustenta que em matéria de empresa estatal, não há que se falar em discricionariedade, mas sim liberdade.

Segundo Justen Filho:

---

[200] Na literatura administrativista chilena, Pablo Carrasco Fuentes muito bem sintetiza a vinculação positiva: "conforme al principio de vinculación positiva, a un bloque de juridicidad, el cual la habilita, limita y valida en sus acciones. Luego, para cumplir sus cometidos en las diversas áreas sociales que debe cubrir, deberá poseer y ejercer potestades administrativas, las que se encuentran previstas en la Constitución o en la leyes. Esto es de toda lógica, ya que dentro de un Estado de Derecho, el poder, en términos generales, nace de la norma jurídica y es ésta la que lo limita, por tanto el ejercicio de las potestades estatales debe estar previamente determinado en una disposición legal" (FUENTES, Pablo Carrasco. "Estructura Normativa de la Discricionalidad Administrativa". *Revista de Derecho Público*, Santiago, Universidad de Chile, n. 77, jun./dez. 2012, pp. 67-78. Disponível em: https://revistaderechopublico.uchile.cl/index.php/RDPU/article/view/30917. Acesso em: 2 out. 2019).

> Somente as próprias empresas estatais, na gestão contínua e permanente de suas atividades, podem avaliar a extensão de tais problemas e de tais oportunidades.
>
> Nem cabe enquadrar essa margem de autonomia no conceito de competência discricionária. A decisão exercitada nos quadros de uma gestão empresarial subordina-se muito mais à própria noção de eficiência econômica em sentido estrito. Ou seja, trata-se de organizar os meios de produção e os recursos geridos do modo mais eficiente possível para assegurar o desempenho mais satisfatório do objeto das atividades.
>
> O desenho específico da operação pretendida pela empresa estatal cabe a ela própria, no exercício da autonomia que detém para a melhor condução de seus negócios. Ao dar autonomia funcional aos administradores das empresas públicas e das sociedades de economia mista, o legislador lhes confere ampla competência para organizar as suas atividades. Dá-lhe, assim, a liberdade para traçar os meios pelos quais atenderiam ao seu objeto social.[201]

Entre nós, não cabe a assertiva de que há liberdade nas empresas estatais em detrimento de uma competência discricionária aqui já identificada, pois uma vez que a empresa estatal deve observar uma finalidade de interesse público previamente identificada, ela encontra uma vinculação positiva, não existente na iniciativa privada.

A evidenciar a existência dessa distinção entre liberdade e discricionariedade nas empresas estatais, reconhecendo a incidência da segunda, rememore-se que o Supremo Tribunal Federal, nos autos da ADI 5624, em que admitiu a constitucionalidade do artigo 29, inciso XVIII da Lei nº 13.303/16, ressalvou que a alienação do controle das subsidiárias das empresas estatais, conquanto prescindisse de licitação e autorização legislativa específica, deveria observar os princípios da Administração Pública positivados no artigo 37 da Constituição Federal, enalte-

[201] JUSTEN FILHO, Marçal. *Comentários à Lei de Licitações e Contratos Administrativos*. 17. ed. São Paulo: Revista dos Tribunais, 2016, p. 52.

cendo que, ao fim, há uma vinculação àqueles preceitos previamente estabelecidos como balizadores da atividade da empresa estatal.[202]

4.2 A discricionariedade administrativa contida nos artigos 8º e 27 da lei nº 13.303/16 (a governança corporativa e a função social)

A partir das premissas fixadas anteriormente, podemos concluir que a discricionariedade administrativa nas empresas estatais, notadamente no que diz respeito aos artigos 8º e 27 da Lei nº 13.303/16, advém não só dos conceitos jurídicos indeterminados, mas também da permissão da própria lei ao assegurar maior margem de atuação por parte do administrador, à medida que estabelece o mínimo de vinculação para adoção das medidas empresariais que julgar necessárias. Também fundamenta a discricionariedade naqueles dispositivos o fato de a lei prever certas competências e obrigações, mas não estipular o momento de fazê-lo, como as determinações para política de distribuição de dividendos, elaboração e divulgação de políticas de divulgação de informações, divulgação em nota explicativa, elaboração e divulgação das políticas de transação e ampla divulgação, ao público em geral, da carta anual de governança, conforme disposto no artigo 8º.

---

[202] Rememore-se que o Supremo Tribunal Federal entendeu que a alienação do controle acionário das subsidiárias prescindia de licitação e autorização legislativa, mas deveria observar os princípios do artigo 37 da Constituição Federal: "O Tribunal referendou, em parte, a medida cautelar anteriormente parcialmente concedida pelo Ministro Ricardo Lewandowski (Relator), para conferir ao artigo 29, *caput,* inc. XVIII, da Lei nº 13.303/2016 interpretação conforme à Constituição Federal, nos seguintes termos: i) a alienação do controle acionário de empresas públicas e sociedades de economia mista exige autorização legislativa e licitação; ii) a exigência de autorização legislativa, todavia, não se aplica à alienação do controle de suas subsidiárias e controladas. Nesse caso, a operação pode ser realizada sem a necessidade de licitação, desde que siga procedimentos que observem os princípios da Administração Pública inscritos no artigo 37 da Constituição, respeitada, sempre, a exigência de necessária competitividade" (Disponível em: http://portal.stf.jus.br/processos/detalhe.asp?incidente=5093069. Acesso em: 23 ago. 2019).

Quanto aos conceitos jurídicos indeterminados nos dois artigos examinados, reconhece-se que se apresentam com mais clareza no artigo 27. Como exposto anteriormente, expressões como "bem-estar econômico" e "alocação socialmente eficiente de recursos" são típicas de uma norma dotada de conceitos vagos e genéricos. O artigo 8°, por sua vez, traz consigo esse mesmo componente ao estabelecer que o "interesse público" da empresa estatal "manifesta-se por meio do alinhamento entre seus objetivos e aqueles de políticas públicas, na forma explicitada na carta anual a que se refere o inciso I do *caput*".

Especificamente no que se refere às empresas estatais, os conceitos jurídicos indeterminados são o retrato da intenção da lei em conceder ao administrador da empresa estatal a autonomia e a flexibilidade que lhes são intrínsecas e necessárias para o atingimento de suas finalidades. Ao trazer expressões como "bem-estar econômico" e "alocação socialmente eficiente de recursos" como as identificadas no artigo 27, o legislador o fez justamente para que a Diretoria e o Conselho Administrativo tenham a discricionariedade necessária para, dentro da vinculação ao interesse público precípuo à atividade exercida, definir o que entendem por bem-estar social e alocação eficiente de recursos e, a partir dessa definição, desde que fundada em razoabilidade, cumprir essa disposição.

A existência dos conceitos jurídicos indeterminados é sentida até mesmo no Decreto n° 8.945/17. Ao buscar o detalhamento do conceito da função social das empresas estatais, o texto se vale das mesmas expressões contidas na Lei, como "bem-estar econômico", "responsabilidade social corporativa" e "alocação socialmente eficiente de recursos",[203]

[203] BRASIL. *Decreto n° 8.945,* de 27 de dezembro de 2017. "Artigo 44: A empresa estatal terá a função social de realização do interesse coletivo ou de atendimento a imperativo da segurança nacional expressa no instrumento de autorização legal para a sua criação. § 1° A realização do interesse coletivo de que trata este artigo deverá ser orientada para o alcance do bem-estar econômico e para a alocação socialmente eficiente dos recursos geridos pela empresa estatal, e também para: I - a ampliação economicamente sustentada do acesso de consumidores aos produtos e serviços da empresa estatal; ou II - o desenvolvimento ou o emprego de tecnologia brasileira para produção e oferta de produtos e serviços da empresa estatal, sempre de maneira economicamente justificada. § 2° A empresa estatal deverá, nos termos da lei, adotar práticas de sustentabilidade ambiental e de responsabilidade social corporativa compatíveis com o mercado em que atua".

em uma repetição ao que já havia sido dito no texto legislativo, sem contribuir, portanto, para uma definição dos conceitos, que continuaram indeterminados e sujeitos à interpretação razoável do administrador, no exercício da discricionariedade que a estrutura da norma lhe confere.

A Lei e o Decreto não se apegam em definir ou impor o que entendem por bem-estar social e alocação socialmente eficiente, apenas exigem que esses preceitos sejam observados a partir dos critérios e definições fixados pelo destinatário da norma. Isso potencializa o sentido de discricionariedade conferido ao administrador da estatal e lhe permite efetivar suas atribuições calcadas muito mais na percepção do Direito e na sua forma de interpretá-lo do que nas limitações e critérios que ele impõe.

O mesmo raciocínio vale para as expressões "ampliação economicamente sustentada", "maneira economicamente sustentada", "responsabilidade social corporativa" e "sustentabilidade". O administrador não está obrigado a utilizar critérios e padrões previamente estabelecidos pelo legislador no que concerne às expressões indeterminadas contidas na lei, mas deve, dentro de sua percepção, observar e adimplir aquelas diretrizes com a margem de discricionariedade que o próprio texto lhe atribui.

Os conceitos jurídicos indeterminados na Lei das Estatais – sobretudo em função do regime de Direito Privado destinado às empresas estatais – não são fator de inibição à atuação do administrador da empresa estatal, pois justamente destinam-se a permitir que este exerça a autonomia empresarial prevista na lei autorizativa.

O artigo 8º, embora dotado de uma carga de conceitos jurídicos indeterminados em função de estabelecer que a atuação da empresa estatal deve ser pautada pelo interesse público que motivou a sua criação, caracteriza-se muito mais por fixar as competências e obrigações da Diretoria com critérios mínimos de vinculação, a fim de que os objetivos sejam cumpridos sem apego a certas formalidades de meio.

Ao indicar que a sociedade empresarial estatal deverá cumprir as disposições previstas nos incisos I a IX e §§ 1º a 4º, embora previamente estabeleça obrigações que vincularão toda a atuação de seus administradores e gestores, não detalha criteriosamente como aquelas mesmas obrigações deverão ser cumpridas, estabelece padrões mínimos de vinculação, deixando ao administrador certa margem para cumpri-las de acordo com as circunstâncias empresariais, desde que observados o relevante interesse coletivo e o imperativo de segurança nacional.

A existência de uma obrigação previamente determinada distingue-se do conceito jurídico indeterminado, pois naquele caso a lei é precisa em dizer qual obrigação deverá ser cumprida ou a competência de determinado agente, ainda que não estabeleça critérios nem requisitos para seu cumprimento ou exercício.

Ao determinar a elaboração e divulgação de diversos documentos, como a carta anual, a política de distribuição de dividendos, as demonstrações financeiras, entre outros relativos à transparência, o artigo 8º e incisos estabelecem obrigações e requisitos a serem cumpridos pelas empresas estatais com uma margem de discricionariedade para que o administrador e a Diretoria cumpram essas disposições, notadamente quanto ao conteúdo e o momento de elaborar e divulgar tais informações.

Apesar da especificação contida em cada um dos incisos e parágrafos do artigo 8º acerca do que se espera do administrador da empresa estatal quanto àquelas disposições, é igualmente razoável admitir que o legislador estabeleceu diretrizes mínimas, mais voltadas às finalidades, deixando que o administrador as execute com as informações e elementos que julgar necessários, respeitando o objetivo da empresa estatal.

Isso se dá porque a Lei das Estatais privilegia um conceito de discricionariedade voltado a atribuir o mínimo necessário de vinculação, porquanto suas disposições "prescrevem a perseguição de determinados objetivos, fins e metas, o que necessariamente confere maior liberdade de decisão para governos e órgãos administrativos".[204]

---

[204] KRELL, Andreas J. *Discricionariedade administrativa e conceitos legais indeterminados:* limites do controle judicial no âmbito dos interesses públicos. 2. ed. Porto Alegre: Livraria do Advogado, 2013, p. 16.

Textos "com pouca densidade regulativa (*sic*) concedem amplos espaços de decisão para a escolha dos meios adequados à solução dos casos concretos [e] diminuem a vinculação de atuação da Administração Pública".[205] É justamente isso o que ocorre na Lei das Estatais, os artigos 8º e 27. Esses dispositivos privilegiam muito mais as finalidades a serem atendidas, em vez de restringir a atuação da Administração àquilo que seu texto previamente determinou.

O texto normativo a regular a atuação das empresas estatais (no caso do Direito brasileiro, a Lei nº 13.303/16 e o Decreto nº 8.945/17) não deve tolher a capacidade de atuação de seus gestores, devendo privilegiar sempre a finalidade em detrimento de rigorismos legais, exigindo sempre que qualquer conduta do administrador seja previamente autorizada e explicitada em lei.

Cabe à legislação positivar instrumentos que permitam a atuação dos Conselhos e da própria Diretoria, calcados preponderantemente no estatuto social, no plano de negócios e demais instrumentos de gestão, eis que refletem os objetivos previstos na lei autorizativa. Não deve a lei geral fixar normatização que exija lei específica para cada medida a ser tomada pela empresa estatal, tal qual ocorreria na Administração Direta ou em alguns órgãos da Indireta, porquanto essa ideia de legalidade simplesmente inviabilizaria o êxito de uma empresa pública ou sociedade de economia mista.

No entender de Floriano de Azevedo Marques Neto e Juliana Bonacorsi de Palma:

> No campo das empresas públicas e das sociedades de economia mista, a adstrição à *legalidade* estará presente. Porém, não será exigível a legalidade estrita ou o princípio da reserva legal. Os dirigentes da companhia haverão de – observados os contornos de finalidade e de objetivos previstos na lei que cria a estatal –

---

[205] KRELL, Andreas J. *Discricionariedade administrativa e conceitos legais indeterminados:* limites do controle judicial no âmbito dos interesses públicos. 2. ed. Porto Alegre: Livraria do Advogado, 2013, p. 17.

> atuar em conformidade com os estatutos da companhia, com as deliberações das assembleias e dos demais órgãos de direção, em conformidade com a legislação societária. Certo é que não poderão descumprir lei alguma. Porém, não que neste ambiente se possa dizer que o dirigente só poderá agir quando a lei assim expressamente o determinar.[206]

A Lei das Estatais objetiva permitir que a atuação dos administradores seja mais vinculada ao estatuto e ao objeto social, de maneira que as novas regras previstas nos artigos 8º e 27 corroboram a existência de maior discricionariedade conferida aos administradores das empresas estatais. A partir desses dois dispositivos, irradia toda a condução das empresas estatais, razão pela qual são fundamentais para se compreender a matéria sob o prisma da discricionariedade.

Nesse aspecto, cabe um contraponto à posição adotada por Mário Engler Pinto Júnior e Ana Frazão, que veem na existência de regras específicas para o cumprimento do objeto social e do estatuto de uma empresa estatal uma redução da discricionariedade do administrador.

Pinto Júnior registrou que o "objeto social consiste em limitar a discricionariedade dos administradores e do acionista controlador na gestão dos negócios sociais, de modo a proteger os interesses do acionista minoritário"[207] ou do próprio interesse público que motiva a existência de uma estatal, no que foi seguido por Ana Frazão, que assentou que a "Lei nº 13.303/16 quis realmente reduzir a discricionariedade da gestão das estatais"[208] ao estabelecer as novas regras de função social e vinculação ao objeto social.

---

206 MARQUES NETO, Floriano de Azevedo; PALMA, Juliana Bonacorsi de. "Empresas Estatais e parcerias institucionais". *Revista de Direito Administrativo,* Rio de Janeiro, Fundação Getulio Vargas, vol. 272, maio/ago. 2016, pp. 59-92.

207 PINTO JÚNIOR, Mário Engler. *Empresa Estatal:* função econômica e dilemas societários. 2. ed. São Paulo: Atlas, 2013, p. 276.

208 FRAZÃO, Ana. *A função social das empresas estatais.* Publicado no portal JOTA em 19 abr. 2017. Disponível em: https://www.jota.info/opiniao-e-analise/colunas/constituicao-empresa-e-mercado/a-funcao-social-das-empresas-estatais-19042017. Acesso em: 6 ago. 2019.

Por mais que admitamos que a inexistência de padrões definidos e específicos acerca das finalidades da empresa estatal e um estatuto social elaborado sem maiores requisitos possam ensejar uma gestão menos rígida e sujeita ao emprego de decisões não perfilhadas com a natureza da companhia, esse tipo de gestão menos criteriosa, influenciada por decisões mais pessoais e não coadunadas essencialmente com o objeto social,[209] não se caracteriza como discricionária, tipificam o desvio de finalidade e a ofensa à legalidade, o que não se confunde com discricionariedade.

Discricionariedade não se assemelha com falta de critérios para a atuação do administrador. Nas palavras de Odete Medauar:

> [s]e a Administração tem suas atividades informadas pelo princípio da legalidade, o poder discricionário não há de ser equivalente ao poder arbitrário ou abusivo. O poder discricionário, caracterizado essencialmente como escolha de uma entre várias soluções, é conferido por normas legais e deve atender a parâmetros no seu exercício.[210]

Não há como equiparar uma gestão distorcida dos objetos sociais e das finalidades públicas porventura existentes antes da Lei nº 13.303/16 com uma gestão dotada de discricionariedade, eis que esta segunda decorre da lei e dos demais instrumentos jurídicos postos à

---

[209] Anteriormente à Lei das Estatais, Ana Frazão externou que a inexistência da legislação a regulamentar o artigo 173, § 1º da Constituição Federal permitia uma gestão mais *frouxa*, o que no seu entender seria correspondente a maior discricionariedade, que foi justamente reduzida a partir da Lei nº 13.303/16. Em suas palavras: "[...] ao contrário do contexto anterior à Lei nº 13.303/2016, em que, na prática, as estatais eram geridas de forma mais 'frouxa' do que as companhias privadas, após a nova lei, as primeiras passaram a ser submetidas a regime mais rígido do que das segundas, na medida em que o regime das estatais restringe consideravelmente a discricionariedade da gestão" (FRAZÃO, Ana. *A função social das empresas estatais*. Publicado no portal JOTA em 19 abr. 2017. Disponível em: https://www.jota.info/opiniao-e-analise/colunas/constituicao-empresa-e-mercado/a-funcao-social-das-empresas-estatais-19042017. Acesso em: 6 ago. 2019).

[210] MEDAUAR, Odete. *Direito Administrativo Moderno*. 21. ed. Belo Horizonte: Fórum, 2018, p. 104.

disposição do administrador, ao passo que a primeira é fruto de um desvio de finalidade.

Por mais que a administração das empresas estatais anteriormente ao advento da Lei nº 13.303/16 possa ter sido marcada por inobservância ao estatuto e ao objeto social, permitindo, ante a ausência de critérios e parâmetros de controle, a possibilidade de a sociedade empresarial enveredar para os mais diversos tipos de negócio não coadunados com a lei autorizativa, tal prática não se reflete em discricionariedade administrativa e não serve de parâmetro para definir este instituto jurídico após a vigência da Lei das Estatais.

Pelo fato de não se tratar de discricionariedade o que se experimentava nas empresas estatais antes da entrada em vigor da lei a regulamentá-las é que não concluímos que a vigência da Lei nº 13.303/16 restringe essa figura jurídica, porquanto é a partir dela – e somente porque a lei assim passa a permitir – que se extraem os conceitos e os ideários de discricionariedade aptos a se entender sua extensão em matéria de empresas estatais.

A partir das constatações registradas anteriormente, de que discricionariedade administrativa não se confunde com liberdade irrestrita – nem mesmo na iniciativa privada se admite essa hipótese –, eis que é decorrente e limitada pelo princípio da legalidade, não se pode conceber o cenário até certo ponto caótico que permeava as empresas estatais até 2016, como consentâneo da discricionariedade. Esta surge, ou ao menos é claramente identificada no que se refere à matéria em apreço a partir das disposições da Lei nº 13.303/16, que traz em seus dispositivos, como nos artigos 8º e 27, diversos preceitos e conteúdos que permitem reputar sua presença nesse regramento.

A Lei nº 13.303/16 aprimorou a discricionariedade administrativa nas empresas estatais e contribuiu para que as finalidades de interesse público fossem atingidas dentro de critérios mais objetivos e claros, autorizando o emprego de medidas que, embora discricionárias, são mais coadunadas ao objeto social e aos interesses públicos que permeiam a companhia.

Ao estabelecer as diretrizes de planejamento e gestão corporativas descritas ao longo do artigo 8º e definir a função social vinculada ao estatuto e ao objeto social tal qual fez no artigo 27, a Lei nº 13.303/16 oferece elementos de efetiva discricionariedade para que o administrador da empresa estatal possa executar sua gestão empresarial com a devida flexibilidade e autonomia que caracterizam essas entidades da Administração Indireta.

O fato de a Lei ter positivado balizas e vínculos mais precisos quanto às finalidades buscadas por uma empresa estatal não afasta a discricionariedade conferida por essas mesmas regras ao administrador para que atinja referidos objetivos.

As novas regras destinadas ao aprimoramento da gestão e governança das empresas estatais não restringem nenhuma discricionariedade, aprimoram e potencializam seu exercício dentro dos limites necessários, eis que uma gestão sem nenhum critério ou parâmetro, como se verificava antes da Lei das Estatais, não é, em verdade, discricionária, mas conflitante com a finalidade e com a própria legalidade.

Das previsões estatuídas nos artigos 8º e 27 irradiam todas as diretrizes para a gestão da empresa estatal, inclusive no que tange ao plano de negócios previsto no artigo 23, § 1º, inciso I, [211] de maneira que a partir do que for consignado nas cartas a serem divulgadas e uma vez definido o objeto social, as Diretorias e respectivos Conselhos se autovinculam àquelas diretrizes.

4.2.1 – A elaboração das cartas anuais das empresas estatais e a discricionariedade administrativa

[211] BRASIL. *Lei nº 13.303,* de 30 de junho de 2016: "Artigo 23. É condição para investidura em cargo de Diretoria da empresa pública e da sociedade de economia mista a assunção de compromisso com metas e resultados específicos a serem alcançados, que deverá ser aprovado pelo Conselho de Administração, a quem incumbe fiscalizar seu cumprimento. § 1º Sem prejuízo do disposto no *caput*, a Diretoria deverá apresentar, até a última reunião ordinária do Conselho de Administração do ano anterior, a quem compete sua aprovação: I - plano de negócios para o exercício anual seguinte [...]".

Descritos ao longo do artigo 8º da Lei nº 13.303/16, os requisitos de transparência representam o âmago das empresas estatais, pois neles repousam todas as diretrizes que deverão ser seguidas para o atingimento dos objetivos definidos, além da retratação do próprio interesse público buscado quando da elaboração e divulgação da carta anual.[212]

Seguindo o perfil mundial voltado a melhor tracejar e estruturar a organização interna das grandes companhias, estabelecendo diretrizes anticorrupção e de controle interno, associados "ao conjunto de mecanismos que buscam aperfeiçoar o desempenho das sociedades empresariais na proteção das partes interessadas",[213] a Lei das Estatais buscou retratar e implementar em seu texto o padrão esperado de governança para as sociedades de economia mista e empresas públicas.[214]

Dentre os requisitos de governança e transparência previstos em lei, destacam-se as cartas anuais que darão publicidade ao planejamento elaborado, demonstrarão os objetivos almejados e nortearão as iniciativas empresariais. De competência do Conselho de Administração, a quem recairá também aprovar o plano anual e a estratégia de longo prazo, a

---

[212] Segundo Ana Frazão, a Carta Anual "tem a importante função de assegurar a transparência e *accountabillity* da realização do objeto social e da persecução do interesse público específico que justificou a criação da estatal de forma compatível com o seu propósito lucrativo" (FRAZÃO, Ana. *De novo a questão do ajuste de preços da Petrobras?* Publicado no portal JOTA em 17 abr. 2019. Disponível em: https://www.jota.info/opiniao-e-analise/colunas/constituicao-empresa-e-mercado/de-novo-a-questao-do-ajuste-de-precos-da-petrobras-17042019. Acesso em: 18 abr. 2019).

[213] BRASIL. Comissão de Valores Mobiliários. *Recomendações da CVM sobre governança corporativa*. Disponível em: http://www.cvm.gov.br/export/sites/cvm/decisoes/anexos/0001/3935.pdf. Acesso em: 12 dez. 2019.

[214] Destaque-se que por ser justamente um padrão mundial que passa se a consolidar, também a União estatuiu regras de governança e transparência, conforme se depreende do Decreto nº 9203/2017: "Art. 1º Este Decreto dispõe sobre a política de governança da administração pública federal direta, autárquica e fundacional. Art. 3º São princípios da governança pública: I - capacidade de resposta; II - integridade; III - confiabilidade; IV - melhoria regulatória; V - prestação de contas e responsabilidade; e VI - transparência" (BRASIL. Decreto nº 9203, de 22 novembro de 2017. Disponível em: http://www.planalto.gov.br/ccivil_03/_ato2015-2018/2017/decreto/D9203.htm. Acesso em: 27 dez. 2019.

carta anual[215] é fruto do exercício da competência discricionária assegurada àquele órgão colegiado para conformar a atividade empresarial aos desígnios de interesse público, dentro das especificações contidas na lei autorizativa.

O exame dessa competência e de seus respectivos limites mostra-se relevante, pois ao mesmo tempo que há discricionariedade para definir os rumos da companhia através da elaboração e consolidação da carta anual, após a consolidação dos objetivos e a aprovação do plano de negócios há uma conformação ao que será executado que não poderá ser simplesmente desconsiderada.

Acerca desse papel do Conselho de Administração e da competência discricionária existente na elaboração e consolidação da carta anual, Bernardo Strobel Guimarães *et al.* explicam que "pode-se falar em uma esfera de discricionariedade exercida pelos conselheiros, cuja avaliação se faz levando em conta os mecanismos de governança da própria sociedade. Nesta perspectiva, a referida carta é a corporificação objetiva da avaliação que incumbe ao Conselho".[216]

Embora haja discricionariedade para que o Conselho de Administração aprove ou rejeite o plano de negócios, bem como elabore e consolide a carta anual dentro dos elementos técnicos que cotejar, aquela mesma discricionariedade cessa no momento da implementação prática do que fora tracejado, pois a atuação do Conselho, consistente em deliberar sobre o plano de negócios e subscrever a carta anual, "baliza a atuação da empresa e deve ser observada [...], os objetivos servem

---

[215] Acerca do conteúdo da carta anual, André Guskov Cardoso pondera que "[o] grau de informações exigido é igualmente relevante. As previsões da Lei 13.303/16 não são compatíveis com o fornecimento de informações genéricas ou imprecisas. Deve haver definição *precisa* e *objetiva* dos compromissos assumidos pela empresa estatal, de sua compatibilidade com os objetivos de interesse coletivo" (CARDOSO, André Guskov. Governança Corporativa, Transparência e *Compliance* nas Empresas Estatais: o regime instituído pela Lei 13.303/16. In: JUSTEN FILHO, Marçal (Coord.). *Estatuto Jurídico das Empresas Estatais:* Lei 13.303/16 – "Lei das Estatais". São Paulo: Revista dos Tribunais, 2016, p. 102).

[216] GUIMARÃES, Bernardo Strobel; *et al. Comentários à Lei das Estatais* (Lei nº 13.303/2016). Belo Horizonte: Fórum, 2019, p. 87.

de balizamento para que os atos da sociedade sejam analisados do ponto de vista da sua adequação aos interesses da sociedade".[217]

Isso endossa e reafirma que não se admite o descumprimento deliberado do plano de negócios e consequentemente da carta anual, pois "conduzir a companhia de modo alheio ao plano de ação institucionalizado é algo que deve ser objeto de justificativa por parte dos administradores"[218] e nova deliberação por parte das Diretorias e Conselhos.

A competência discricionária assegurada ao Conselho de Administração reflete a prerrogativa que o Estado possui de melhor conformar as suas empresas aos anseios de interesse público, ou nas palavras de Paulo Otero:

> traduz um corolário da exigência constitucional de eficiência do sector público, enquanto incumbência prioritária do Estado e, por isso mesmo, fonte atribuidora de uma faculdade tendencialmente discricionária de instrumentalização da forma organizativa das empresas do Estado às concretas exigências da realidade de um modelo eficiente de prossecução do interesse público.[219]

Por outro lado, essa mesma competência discricionária, uma vez exercida, "destina-se a conformar o vínculo formal e a responsabilidade dos membros do Conselho de Administração com os compromissos e as definições contidos no referido documento",[220] daí afirmar-se que há

---

[217] GUIMARÃES, Bernardo Strobel; *et al. Comentários à Lei das Estatais* (Lei nº 13.303/2016). Belo Horizonte: Fórum, 2019, p. 87.

[218] GUIMARÃES, Bernardo Strobel; *et al. Comentários à Lei das Estatais* (Lei nº 13.303/2016). Belo Horizonte: Fórum, 2019, p. 87.

[219] OTERO, Paulo. *Vinculação e liberdade de conformação jurídica do sector empresarial do Estado*. Coimbra: Coimbra, 1998, p. 236.

[220] CARDOSO, André Guskov. Governança Corporativa, Transparência e *Compliance* nas Empresas Estatais: o regime instituído pela Lei 13.303/16. In: JUSTEN FILHO, Marçal (Coord.). *Estatuto Jurídico das Empresas Estatais:* Lei 13.303/16 – "Lei das Estatais". São Paulo: Revista dos Tribunais, 2016, p. 102.

discricionariedade na construção da carta anual, mas não no seu cumprimento e obediência.

4.2.2 A elaboração do estatuto social, os demais requisitos de transparência e a competência discricionária

Também presentes ao longo do artigo 8º, nos incisos II a IX, os requisitos de transparência igualmente suscitam uma discussão sobre a competência discricionária identificada naquele artigo, pois se por um lado se reconhece que os administradores devem cumpri-los e divulgá-los sob pena de ofensa à Lei das Estatais, também não se pode depreender do texto da lei que há uma forma única e admissível para que sejam elaborados e divulgados.

Antecipamos que não há discricionariedade em divulgar ou não aquelas informações, o que não encerra a discussão sobre a existência daquela competência também nessas disposições.

Observando as disposições dos incisos II a IX do artigo 8º, vê-se que não há uma imposição acerca da forma como aquelas informações serão prestadas.

Assim, por mais que haja uma vinculação em adequar o estatuto à lei autorizadora – o que em verdade é até uma relação óbvia que não precisaria constar em lei – há uma ampla gama de discricionariedade assegurada ao Conselho de Administração.

Dentro das possibilidades de escolha do administrador da empresa estatal, é perfeitamente razoável que ele redija o estatuto social de maneira discricionária, inserindo as disposições que reputar adequadas ao objeto social e à lei autorizadora, sem que isso represente um arbítrio ou uma deturpação das funções outorgadas.

A competência discricionária aqui exposta passa também por permitir que a elaboração do estatuto social se dê a partir das percepções técnicas do gestor competente, de maneira que ainda que haja a vinculação de sua adequação à lei autorizativa, há discricionariedade para que seja elaborado dentro das características do mercado operado e de acordo com a atividade a ser realizada.

Raciocínio semelhante aplica-se em relação aos demais requisitos de transparência, pois existe uma vinculação finalística, tendente em determinar a necessidade de certas informações serem divulgadas em tempo correto, mas inexiste um detalhamento acerca da forma de elaboração desses mesmos documentos, bem como a respeito de quais informações precisamente deverão constar em cada um deles, dando também margem de discricionariedade ao Conselho de Administração para elaborá-los a partir dos critérios mínimos estabelecidos.

Iniciando a análise pelo inciso III, nota-se que não só se trata da divulgação como também a lei determina que seja tempestiva e atualizada a bem de cumprir sua finalidade de informação oportuna.

À parte dessa particularidade que impõe à empresa estatal a divulgação de determinadas informações não apenas em momento que julgar oportuno ou estratégico, o que restringe a flexibilidade de atuação do gestor, todo o restante do inciso se apega a conceitos um tanto quanto abstratos, impondo que sejam prestadas informações relativas a "atividades desenvolvidas", "estrutura de controle", "risco", "desempenho" e "descrição da remuneração", o que concede à Diretoria e ao Conselho a possibilidade de indicarem da maneira que julgar mais apropriada o que seriam as atividades desenvolvidas, a forma de estruturação do controle, os riscos assumidos, o desempenho e os critérios de remuneração.

Não se está a sustentar que a estatal possa omitir informações ou escolher aquilo que será divulgado a bem de apresentar um cenário irreal ou camuflar uma realidade, mas não se afasta que dentro dos requisitos prescritos o administrador tem a possibilidade de esgotar toda atividade exercida, elencar as principais atividades, dar um padrão mais geral do controle estruturado e do desempenho.

O que se exige é que as informações a serem divulgadas sejam satisfatórias e deem uma real dimensão do desenvolvimento da empresa estatal, cabendo à Administração organizar a maneira que julgar mais eficiente e apresentável, de forma que não há necessidade de esgotar e rigorosamente detalhar a gestão, mas expor de forma acessível o cenário completo de como está a companhia.

Situa-se também no campo da discricionariedade dos administradores o modo como as informações serão elaboradas e como serão organizadas e dispostas no documento a ser divulgado. Assim, compete à Administração dar mais ênfase a um ou outro julgamento, destacar um ou outro dado, sem que isso implique ofensa ao inciso III em questão, quando satisfatórias as informações prestadas.

O mesmo vale quanto à metodologia e redação das informações aqui analisadas, as quais poderão ser descritas e apresentadas da forma que a administração entender mais clara e afeita às disposições do inciso III.

A despeito de haver uma vinculação de tempo e de que certas informações sejam disponibilizadas, há competência discricionária quanto ao conteúdo a ser elaborado e prestado, que deverá ser apenas suficiente para a compreensão do cenário existente na estatal.

A previsão do inciso IV do artigo 8º da Lei nº 13.303/16 igualmente atribui competência discricionária ao administrador, pois a política de divulgação de acordo com a lei não é apenas algo previsto e necessário. Ao impor que "seja de acordo com a lei e nas melhores práticas", o legislador faz remissão justamente às obrigações já descritas anteriormente, não contribuindo para melhor explicitar como deveria ser a política de divulgação de informações, tampouco clarifica acerca de sua formulação.

No que tange à elaboração da política de divulgação, além de ser, na prática, mera repetição das informações a serem prestadas no inciso III, mencionado dispositivo corrobora que cabe à administração da estatal formular e organizar a política de divulgação da companhia, respeitando a necessidade de publicar as informações minimamente essenciais.

Da leitura do inciso V, depreende-se que a obrigação é de elaborar a política de distribuição de dividendos compativelmente com o interesse público, de forma que estará abrigada também na competência discricionária a forma pela qual o Conselho e a Diretoria melhor considerarem atender aos desígnios da companhia. O silêncio da lei em impor critérios e requisitos acerca da forma como a política de distribuição de dividendos se dará permite constatar que esta caberá ao Conselho de Administração, que estará vinculado apenas a elaborá-la em observância ao interesse público previamente identificado e estabelecido, consoante visto anteriormente.

A divulgação das demonstrações financeiras, embora incorporada da Lei das Sociedades Anônimas e, portanto, com uma forma estabelecida anteriormente à Lei das Estatais, do mesmo modo não se afasta da competência discricionária quanto à forma e metodologia de elaboração.

Conquanto pareça óbvio que as empresas estatais devam apresentar suas demonstrações financeiras, sobretudo porque as empresas públicas passaram a adotar o regime jurídico das sociedades anônimas, o intento aqui é justamente apontar que mesmo após a edição da Lei das Estatais não houve alteração ou uma vinculação maior na forma de se elaborar as demonstrações financeiras, mantendo-se a obrigação já identificada de sua divulgação em tempo e espaço corretos.

Por fim, o mesmo raciocínio se aplica à divulgação da política de transações e o relatório de sustentabilidade previstos nos incisos VII e IX. Ambos devem ser divulgados. Todavia, de igual forma, não há nenhuma imposição acerca da forma como deverão ser produzidos, ou da disposição de seu conteúdo, denotando que o manejo das informações, desde que não haja omissão e sejam suficientes para retratar a real dimensão de um ente estatal, é competência discricionária de seus administradores.

Em resumo, a Lei das Estatais busca assegurar a necessária transparência das empresas estatais, bem como reafirmar que estas se vinculam ao princípio da publicidade previsto no artigo 37 da Constituição Federal.

4.2.3 A competência discricionária na assunção de riscos e a governança corporativa

Tema central e sensível em qualquer discussão envolvendo a atividade empresarial, o tema da assunção e alocação de riscos também se faz presente em matéria de empresas estatais, e de igual forma suscita algumas discussões quanto à discricionariedade.

Conceitualmente, risco na atividade empresarial pode ser entendido como as "ameaças aos valores de uma organização, sejam estes econômicos, mercadológicos, operacionais, legais, regulatórios, ou à imagem da empresa".[221]

Em matéria de governança, o mapeamento mais seguro possível dos riscos e a mitigação dos impactos destes é fator essencial para o sucesso de uma sociedade empresarial, ou, nas palavras de José Sérgio de Cristóvam e José Carlos Loitey Bergamini, "o mapeamento de riscos é reconhecido como passo fundamental – e complexo – no desenvolvimento de um efetivo programa de governança".[222]

O que se coloca em discussão, em um primeiro momento, é se cabe ao administrador, ainda que de empresa estatal, assumir riscos em nome do interesse público, a ponto de colocar em jogo a rentabilidade e a existência da própria companhia.

A celeuma teria sentido a partir da clássica expressão "indisponibilidade dos interesses públicos", segundo a qual os patrimônios e bens públicos não estariam sujeitos a serem colocados em risco por iniciativa do administrador.[223]

---

[221] CRISTÓVAM, José Sérgio da; BERGAMINI, José Carlos Loitey. "Governança Corporativa na Lei das Estatais: aspectos destacados sobre transparência, gestão de riscos e *compliance*". *Revista de Direito Administrativo,* Rio de Janeiro, Fundação Getulio Vargas, vol. 278, n. 2, maio/ago. 2019, pp. 179-210.

[222] CRISTÓVAM, José Sérgio da; BERGAMINI, José Carlos Loitey. "Governança Corporativa na Lei das Estatais: aspectos destacados sobre transparência, gestão de riscos e *compliance*". *Revista de Direito Administrativo,* Rio de Janeiro, Fundação Getulio Vargas, vol. 278, n. 2, maio/ago. 2019, pp. 179-210.

[223] Ou na precisa definição de Celso Antônio Bandeira de Mello: "é encarecer que na administração os bens e os interesses *não se acham entregues à livre disposição da vontade do administrador.* Antes, para este, coloca-se a obrigação, o dever de curá-los nos termos

À luz desse raciocínio, poderia se imaginar que em um ambiente da Administração Pública, onde impera a função administrativa e a busca pelo interesse público, não caberia ao administrador assumir riscos no desempenho de suas funções e, por mais que as empresas estatais sejam autônomas e comportem atuação com discricionariedade, por serem vinculadas a um interesse público, não deveria haver risco em sua atuação.

Todavia, no ambiente empresarial da Administração Pública, potencializado pela Lei das Estatais que lhe assegurou um regime de Direito Privado tal qual previsto na Constituição Federal, não cabe falar em *indisponibilidade*, pois ao participar da ordem econômica, o Estado abre mão de seus possíveis privilégios e atua em condições de igualdade de concorrência com os demais operadores, inclusive quanto à penhorabilidade de bens de suas empresas consoante visto no capítulo II.

Soma-se a isso o fato de que o próprio Governo Federal em sua esfera de atuação hoje reconhece que a gestão da Administração Direta, autárquica e fundacional envolve riscos e, em função desse reconhecimento, estatuiu o Decreto nº 9203/17, que, ao tratar da governança no âmbito da União, previu no artigo 2º, inciso IV e em diversos outros dispositivos a figura da gestão de riscos.[224]

Uma vez reconhecido que o risco é inerente à atividade empresarial estatal, e em alguma medida à própria Administração Direta, cuidaram a Lei das Estatais e seu correspondente Decreto de estruturar regras para assunção de riscos, ocasião em que fixaram que "a empresa

---

da finalidade a que estão adstritos" (BANDEIRA DE MELLO, Celso Antônio. *Curso de Direito Administrativo*. 32. ed. São Paulo: Malheiros, 2015, p. 77).

[224] BRASIL. *Decreto nº 9203*, de 22 novembro de 2017: "Artigo 2º Para os efeitos do disposto neste Decreto, considera-se: IV - gestão de riscos - processo de natureza permanente, estabelecido, direcionado e monitorado pela alta administração, que contempla as atividades de identificar, avaliar e gerenciar potenciais eventos que possam afetar a organização, destinado a fornecer segurança razoável quanto à realização de seus objetivos" (Disponível em: http://www.planalto.gov.br/ccivil_03/_ato2015-2018/2017/decreto/D9203.htm. Acesso em: 22 dez. 2019).

estatal adotará regras de estruturas e práticas de gestão de riscos e controle interno".[225]

Ao admitir a necessidade de haver regras para assunção de riscos, a lei reconheceu que a "gestão de risco representa um processo de natureza permanente, estabelecido, direcionado e monitorado pela alta administração da organização".[226]

Tanto a lei quanto o decreto, ao determinarem que as estatais deverão adotar regras de estrutura e gestão de riscos, não se dedicam a impor requisitos para que os riscos sejam assumidos, mas apenas que, uma vez assumidos, deverão ser internamente organizados e alocados a bem de serem mitigados.

Disso decorre que, dentro da atividade empresarial exercida, compete à administração da empresa estatal avaliar e considerar os riscos que deve correr a fim de potencializar os ganhos e a eficiência da iniciativa.

Assumir riscos é próprio da atividade empresarial, e na atividade empresarial estatal não é diferente, de forma que tolher essa capacidade do administrador impactaria negativamente no desenvolvimento da companhia, que ficaria adstrita a aguardar sempre uma autorização legal para cada risco que pudesse assumir.

Na linha do que caracteriza a sua essência mais evidente em matéria de governança e planejamento, a Lei não cuidou de restringir a competência discricionária dos administradores de assumirem riscos em nome da companhia, mas implementou mecanismos para que não sejam absorvidos sem nenhum critério ou sejam simplesmente incorporados sem o mínimo de controle interno[227] ou avaliação.

---

[225] BRASIL. *Decreto nº 8945,* de 27 de dezembro de 2017: "Art. 15. A empresa estatal adotará regras de estruturas e práticas de gestão de riscos e controle interno que abranjam [...]" (Disponível em: http://www.planalto.gov.br/ccivil_03/_ato2015-2018/2016/Decreto/D8945.htm. Acesso em: 17 dez. 2019).

[226] OCTAVIANI, Alessandro; NOHARA, Irene Patrícia. *Estatais.* São Paulo: Revista dos Tribunais, 2019, p. 182.

[227] Nesse particular, vejamos como se dá o controle interno nas Sociedeades Anônimas, consoante lição de Fábio Konder Comparato e Calixto Salomão Filho: "A definição do

Como já destacado, não vemos na discricionariedade administrativa que permeia as estatais algo assemelhado à ausência de critério na tomada de decisões ou desvios na finalidade precípua do funcionamento da companhia, mas uma competência estatuída para se aprimorar a gestão e a eficiência dela esperada, o que se confirmou com a positivação das regras de governança na Lei nº 13.303/16.

A assunção de riscos não é indiscriminada e a competência discricionária assegurada ao gestor não representa uma "carta branca" para que ele assuma todo e qualquer risco que identificar, somente com o pretexto de potencializar os ganhos da companhia.

Riscos, embora inerentes à atividade empresarial, devem ser, mesmo quando assumidos, mitigados, de forma que a competência discricionária do administrador para incorporá-los e assumi-los, determinadas vezes demanda análise técnica a fim de se averiguar o quão vantajoso seria ante a expectativa do respectivo retorno.

A competência discricionária relativa à assunção do risco é decorrente da discricionariedade técnica, sobretudo se constatarmos que a Lei e o Decreto não indicaram maiores critérios acerca do tema, de forma que, a partir da expertise técnica, caberá à administração avaliar, dentro de sua competência discricionária, se convém assumir certos riscos.

Em consonância com essa posição, Alessandro Octaviani e Patrícia Irene Nohara afirmaram que "existem técnicas para se averiguar o grau

---

poder de dominação ou controle, na sociedade anônima – já o dissemos – é sempre feita em função da assembleia-geral, pois é ela o órgão primário ou imediato da corporação, que investe todos os demais e constitui a última instância decisória. Embora, num caso determinado, devam participar da reunião, também, os administradores e o auditor independente, se houver (Lei nº 6.404/76, art. 134, § 1º), nas assembleias gerais só vota o acionista e, ainda assim, desde que suas ações não sejam ao portador (art. 112).

À primeira vista, o controle interno, isto é, aquele cujo titular atua no interior da própria sociedade, parece fundar-se, unicamente, na propriedade acionária. Sua legitimidade e intensidade dependeriam, em última análise, do número de ações ou votos de que se é titular, proporcionalmente à totalidade dos sufrágios possíveis" (COMPARATO, Fábio Konder; SALOMÃO FILHO, Calixto. *O Poder de Controle na Sociedade Anônima*. 6. ed. São Paulo: Atlas, 2014, p. 144).

de riscos que uma organização aceita correr, dado que existem riscos que são inevitáveis e outros que podem ser estrategicamente evitados. Na gestão de riscos a ideia não é tentar suprimi-los, mas sim estabelecer o grau de exposição da organização".[228]

Dentro desse universo, existirão companhias que primarão por assumir mais riscos, em uma administração mais arrojada, e companhias que privilegiarão medidas mais conservadoras, assumindo menos riscos, de maneira que a opção por certo perfil de atuação comportando mais ou menos riscos consubstancia o retrato claro da competência discricionária assegurada aos gestores.

O intento da lei, portanto, não é afastar ou impedir que uma empresa estatal assuma riscos e os opere no dia a dia, mas aprimorar e qualificar a gestão de riscos naquelas empresas, o que não ocorria anteriormente à promulgação da Lei nº 13.303/16.

A competência discricionária do administrador quanto à assunção de determinados riscos permanece incólume e, no geral, é incabível considerar que a Lei das Estatais veio a reduzir a discricionariedade, seja na governança como um todo, seja especificamente na assunção e mitigação de riscos.

4.3 O planejamento e a discricionariedade administrativa na lei nº 13.303/16 – a discricionariedade de planificação nas empresas estatais

O exercício da função administrativa – na Administração Direta ou Indireta – está atrelado à existência de um planejamento[229] que dê

---

[228] OCTAVIANI, Alessandro; NOHARA, Irene Patrícia. *Estatais*. São Paulo: Revista dos Tribunais, 2019, p. 182

[229] José Roberto Pimenta Oliveira estabelece uma importante distinção conceitual acerca do planejamento, separando-o em uma função política e outra administrativa: "no plano da função política, está a atividade material de formulação de política pública a nortear certa atividade estatal, na realização de fins públicos, consubstanciando-se na formulação de diretrizes de ação estatal. No plano da função administrativa, postas as mencionadas diretrizes, cumpre a movimentação do aparelho administrativo de

concretude aos intentos da Administração Pública e às suas iniciativas em atender o interesse público que lhe foi confiado. Em matéria de empresa estatal, a necessidade de um planejamento a definir os rumos da sociedade ganha contornos ainda mais relevantes, pois uma vez definidos os desígnios da companhia, toda a condução passa a ser permeada pelo que foi planejado desde a lei autorizadora.

Na definição de Hely Lopes Meirelles, planejamento "é o estudo e estabelecimento das diretrizes e metas que deverão orientar a ação governamental, através de um *plano geral de governo, de programas globais, setoriais e regionais de duração plurianual* que são seus instrumentos básicos",[230] de maneira que "conforma os fins preestabelecidos de desenvolvimento, programando, concretizando e orientando para o futuro. A atividade de planificação coloca condições-limite gerais e toma decisões prévias sobre medidas administrativas futuras".[231]

Roberto Dromi interpreta-o como "*la técnica instrumental y operativa que indica el processo idóneo que se debe seguir respecto de acciones futuras, orientadas a la concrecíon de objetivos por medios óptimos, com mayor éxito que otros. El Estado debe planificar, es decir elegir conscientemente las prioridades económicas*".[232]

A consequência, com base nesses conceitos, é a vinculação que suas conclusões impõem àqueles que deverão respeitá-lo, e essa conformação toca diretamente na discricionariedade, pois a partir do momento em que o planejamento é consolidado, a Administração Pública se-

---

organização, direção e execução e controle, mediante o competente planejamento das atuações estatais" (OLIVEIRA, José Roberto Pimenta. O Planejamento do Serviço Público de Saneamento Básico na Lei nº 11.445/207. In: OLIVEIRA, José Roberto Pimenta; DAL POZZO, Augusto Neves. (Coord). *Estudos sobre o Marco Regulatório de Saneamento Básico no Brasil.* Belo Horizonte: Fórum, 2011, p. 230).

230 MEIRELLES, Hely Lopes. *Direito Administrativo Brasileiro.* 37. ed. São Paulo: Malheiros, 2011, p. 801.

231 WOLFF, Hans J.; BACHOFF, Otto e STOBER, Rolf. *Direito Administrativo.* vol. 1. 11. ed. Trad. António F. de Sousa. Lisboa: Fundação Calouste Gulbenkian, 1999, p. 59.

232 DROMI, Roberto. *Administracion Local De La Economia.* 2. ed. Buenos Aires: Ciudad Argentina, 1997, p. 213.

guirá aquele plano para perseguir o interesse público que lhe cabe, de forma que somente mediante justificativas idôneas e real necessidade é que se admite eventual desvirtuamento do que foi previamente planejado.[233]

Denota-se a existência de uma "vinculação finalística da atuação a ser adotada" após a conclusão do planejamento e início do plano, sem desconhecer, contudo, que todo o processo é acompanhado "por maior amplitude de autonomia no tocante à definição dos *meios* e dos *momentos* mais adequados para adotar as iniciativas adequadas à consecução dos fins e objetivos propostos".[234]

Na ordem econômica, sobretudo em empresas estatais, a atividade de planejamento mostra-se ainda mais relevante,[235] pois não só há na atividade empresarial do Estado o planejamento inerente ao exercício da função administrativa, própria da Administração Pública, como todo o planejamento intrínseco à atividade empresarial, aí compreendidos não só a lei autorizativa como a consolidação do estatuto social relacionado aos interesses descritos naquela mesma lei, as cartas e demais documentos de transparência previstos no artigo 8º, a definição da função social estabelecida no artigo 27, bem como o plano de negócios contido no

---

[233] Enfrentando esse conflito entre a flexibilidade dos interesses públicos e a rigidez do planejamento estatal, Renata Porto Adri assim se posicionou: "A relação estabelecida por uma plano entre o Estado-Administração e os administrados, apesar de reconhecermos a natureza flexível e reversível deste, não deve ser modificada ao bel prazer dos administradores a pretexto da invocação do interesse público, pois, além de ser estabelecida por lei, está firmada nos princípios da boa-fé e da lealdade, além de respeito aos direitos e garantias fundamentais" (ADRI, Renata Porto. *O Planejamento da Atividade Econômica como Dever do Estado.* Belo Horizonte: Fórum, 2010, p. 119).

[234] REISDORFER, Guilherme F. Dias. Instrumentos para gestão e controle das empresas estatais: plano de negócios e estratégia de longo prazo In: JUSTEN FILHO, Marçal (Coord.). *Estatuto Jurídico das Empresas Estatais:* Lei 13.303/16 – "Lei das Estatais". São Paulo: Revista dos Tribunais, 2016, pp. 217-229.

[235] Essa também é a posição de Alessandro Octaviani e Irene Patrícia Nohara, que sustentaram que "a atividade das empresas estatais é submetida a tais ditames constitucionais sobre o planejamento, que são instrumentalizados pelo ciclo "planejamento", coordenação, descentralização, delegação de competências e controle" (OCTAVIANI, Alessandro; NOHARA, Irene Patrícia. *Estatais.* São Paulo: Revista dos Tribunais, 2019, p. 79).

artigo 23, § 1º, inciso I, que deverá retratar e ser coadunado com todos aqueles documentos que lhe antecederam.

No campo empresarial estatal, o planejamento relaciona-se diretamente com a racionalidade. A partir da constatação dos objetivos a serem buscados, "é possível estabelecer uma relação entre decisões alocativas, estratégias de mercado, metas e prioridades inerentes ao exercício de uma atividade, de um lado, e as funções de relevância pública que justificaram a criação da empresa estatal, de outro lado".[236]

Há, portanto, um verdadeiro processo na atividade de planejamento no que concerne às empresas estatais, que acaba criando um encadeamento de disposições e atos que devem ser vinculados entre si. Ou seja, a cada etapa que se vença nesse processo de planejamento que tem como início a lei autorizativa, a discricionariedade existente acaba ficando sempre atrelada ao que já fora estabelecido na etapa anterior do planejamento.

A lei autorizativa, ao apontar o relevante interesse coletivo e imperativo de segurança nacional que ensejarão a criação de uma empresa estatal, é fruto da discricionariedade para intervir na ordem econômica, como já demonstrado no primeiro capítulo. Por sua vez, o estatuto e o objeto social retratados pelo artigo 8º e 27 serão fruto da discricionariedade do administrador e dos Conselhos, mas deverão respeitar o interesse público e o relevante interesse coletivo já tipificados na lei, de maneira que nesse particular já não haverá mais discricionariedade. Por fim, o plano de negócios, embora permita certa discricionariedade aos seus redatores, deverá observar tanto as previsões da lei autorizativa como o que já se consolidou no estatuto e objeto social.

---

236 REISDORFER, Guilherme F. Dias. Instrumentos para gestão e controle das empresas estatais: plano de negócios e estratégia de longo prazo In: JUSTEN FILHO, Marçal (Coord.). *Estatuto Jurídico das Empresas Estatais:* Lei 13.303/16 – "Lei das Estatais". São Paulo: Revista dos Tribunais, 2016, pp. 217-229.

Em pesquisa dedicada ao tema, Renata Porto Adri viu nessa cadeia de decisões a principal característica do processo de planejamento, afirmando que este "congrega, pois, diversos atos jurídicos e preserva ao mesmo tempo individualidade própria", complementando que "sintetiza a reunião de esforços políticos, econômico-financeiros e jurídicos e objetiva coordenar os recursos orçamentários disponíveis, aplicando-os a metas específicas, em tempo e modo previamente prescritos, com o mínimo de custo".[237]

Da mesma maneira, José Roberto Pimenta Oliveira assentou que a essência processual administrativa do planejamento se caracteriz por compor uma "sucessão logicamente encadeada de atos jurídicos e materiais estatais visando um resultado".[238-239]

Disso decorre efetivamente o plano, que deverá "articular, em uma única declaração (ou documento), o resultado de todas as etapas anteriores do processo de planejamento".[240]

---

[237] ADRI, Renata Porto. *O Planejamento da Atividade Econômica como Dever do Estado.* Belo Horizonte: Fórum, 2010, pp. 116-117.

[238] OLIVEIRA, José Roberto Pimenta. O Planejamento do Serviço Público de Saneamento Básico na Lei nº 11.445/2007. In: OLIVEIRA, José Roberto Pimenta; DAL POZZO, Augusto Neves (Coord.). *Estudos sobre o Marco Regulatório de Saneamento Básico no Brasil.* Belo Horizonte: Fórum, 2011, p. 232.

[239] O mesmo autor, detalhando sua concepção do processo de planejamento, divide-o em: *fase de instauração,* consistente na adoção das medidas destinadas a instaurar e fixar as competências do processo de planejamento; *fase de deliberação,* dedicada ao "estudo das alternativas que podem ser observadas pela atividade administrativa, com estudo e discussão de diversos cenários passíveis de serem alcançados"; *fase de controle, avaliação e revisão periódica do plano*, em que se aperfeiçoa o resultado obtido com o processo de planejamento (OLIVEIRA, José Roberto Pimenta. O Planejamento do Serviço Público de Saneamento Básico na Lei nº 11.445/2007. In: OLIVEIRA, José Roberto Pimenta; DAL POZZO, Augusto Neves [Coord.]. *Estudos sobre o Marco Regulatório de Saneamento Básico no Brasil.* Belo Horizonte: Fórum, 2011, p. 232-238).

[240] OLIVEIRA, José Roberto Pimenta. O Planejamento do Serviço Público de Saneamento Básico na Lei nº 11.445/2007. In: OLIVEIRA, José Roberto Pimenta; DAL POZZO, Augusto Neves (Coord.). *Estudos sobre o Marco Regulatório de Saneamento Básico no Brasil.* Belo Horizonte: Fórum, 2011, p. 236.

O planejamento e seu consequente plano representam e consolidam as escolhas da Administração Pública com base em um processo discricionário tendente a assimilar as diversas possibilidades de serem efetivadas e os muitos interesses públicos que permeiam a decisão administrativa. Todos esses elementos, uma vez cotejados e considerados, estabelecem os objetivos que serão perseguidos pelo administrador a partir do plano traçado.

A necessidade de um planejamento estatal, sobretudo nas empresas estatais, é absolutamente indiscutível na atualidade, pois o que se exige em uma atuação empresarial é que haja racionalidade[241] na aplicação de recursos e otimização das iniciativas voltadas a cumprir as finalidades estabelecidas, o que é possível apenas com o efetivo exercício do planejamento.

Em um ambiente de competição empresarial, não se admite que as decisões sejam tomadas ao acaso, sem uma avaliação prévia e sem a aplicação eficiente de recursos e o dimensionamento de riscos.

A essencialidade do planejamento como fator de êxito da atividade estatal é descrita por Hartmut Maurer da seguinte maneira:

---

241 Atinente à racionalidade como um dos objetivos a serem alcançados pelo planejamento, Floriano Peixoto de Azevedo Marques Neto e João Eduardo Lopes Queiroz entendem-no como "o principal princípio do planejamento, pois, além de ser um dos seus princípios, é um dos seus objetivos. A racionalidade deve estar presente em todos os momentos do planejamento, uma vez que o planejamento que não conduza racionalmente acaba por negar sua própria lógica e seus objetivos" (MARQUES NETO, Floriano Peixoto de Azevedo; QUEIROZ, João Eduardo Lopes. Planejamento. In: CARDOZO, José Eduardo Martins; QUEIROZ, João Eduardo Lopes; SANTOS, Márcia Walquiria Batista dos. (Coord.). *Direito Administrativo Econômico*. São Paulo: Atlas, 2011, p. 717). José Roberto Pimenta Oliveira também reconhece e enaltece a importância da racionalidade para o planejamento: "planeja-se por que pretende, com racionalidade, transformar certa realidade em função dos fins assinalados [...] A forma racional de alocação e organização de fatores de produção é essencial à atividade capitalista" (OLIVEIRA, José Roberto Pimenta. O Planejamento do Serviço Público de Saneamento Básico na Lei nº 11.445/2007. In: OLIVEIRA, José Roberto Pimenta; DAL POZZO, Augusto Neves. (Coord.). *Estudos sobre o Marco Regulatório de Saneamento Básico no Brasil*. Belo Horizonte: Fórum, 2011, p. 225).

> A necessidade do planejamento estatal é hoje, em princípio, indiscutível. Ela resulta juridicamente do mandado do Estado Social, da Lei Fundamental e objetivamente da divisão do trabalho crescente também no âmbito estatal, da escassez dos meios e capacidades que estão à disposição, assim como dos interesses diferentes, muitas vezes em sentido contrário, em uma coletividade pluralista. Com o auxílio do planejamento devem não só as medidas das instâncias estatais ser conduzidas coordenamente e guiadamente pelo objetivo, mas também ser dados impulsos para o âmbito econômico e social.[242]

São duas as conclusões obtidas acerca da relevância do planejamento e do plano para o desenvolvimento da Administração Pública: a primeira é que possuem valor jurídico e normativo, e não só institucional, porque além de concretizarem a organização definida pelo Estado para atingir seus objetivos também entabulam regras e prescrições para a efetivação do plano fixado. A segunda evidencia que as direções do planejamento devem ser flexíveis, permitindo que os envolvidos em seu desenvolvimento tenham discricionariedade para materializá-lo em uma formatação que possibilite a execução das políticas públicas estatais.

De acordo com Floriano de Azevedo Marques Neto e João Eduardo Lopes Queiroz:

> Com relação a esses contornos jurídicos traçados, pode-se dizer que o planejamento tem reflexos eminentemente jurídicos – e, portanto, ao se pensar em elaborar um plano, deve-se relevar sempre os aspectos jurídicos. Também podemos afirmar que as estruturas normativas devem ser mais flexíveis, para que o planejamento possa cumprir seu objetivo, que é otimizar a atuação da Administração.[243]

---

242 MAURER, Hartmut. *Direito Administrativo Geral*. Trad. Luís Afonso Heck. 14. ed. Barueri: Manole, 2006, p. 479.

243 MARQUES NETO, Floriano Peixoto de Azevedo; QUEIROZ, João Eduardo Lopes. Planejamento. In: CARDOZO, José Eduardo Martins; QUEIROZ, João Eduardo Lopes; SANTOS, Márcia Walquiria Batista dos (Coord.). *Direito Administrativo Econômico*. São Paulo: Atlas, 2011, p. 687.

Quanto à relação entre planejamento (e plano) e discricionariedade, merece registro a observação de que o processo de planejamento obviamente se dá permeado com discricionariedade, limitada, entretanto, em função dos princípios constitucionais previstos no artigo 37 da Constituição Federal e também pelo interesse público identificado e reproduzido em lei. A extensão dessa discricionariedade mostra-se relevante e, especificamente, nas empresas estatais, retrata-se a partir da lei autorizativa, passando pelos artigos 8º e 27, chegando ao plano de negócios estabelecido no § 1°, inciso I, do artigo 23.

Faz parte da competência discricionária do administrador "eleger os programas, projetos, ações e metas a serem contemplados pela atuação estatal, [que] a partir de certo diagnóstico de uma realidade envolvem a formulação de complexo juízo de volição a ser experimentado no plano",[244] de maneira que essa mesma competência discricionária deve se ater à conformação constitucional e infralegal que lhe é imposta, a bem de se resguardar o princípio da legalidade.

A discricionariedade conferida ao agente competente para o desenvolvimento do planejamento e consolidação do plano faz-se necessária até para que possa, dentro das suas compreensões e percepções, cotejar, examinar e eleger as prioridades que devem ser executadas, considerando que o dinamismo dos interesses envolvidos faz parte do processo de gerenciamento e definição das medidas.

Essa discricionariedade em pensar o planejamento, propor o plano dentro daquilo que observou e estruturar a forma de executá-lo é chamada de "discricionariedade de planificação" por autores estrangeiros, que veem nessa forma de discricionariedade a possibilidade de os agentes administrativos preverem e estabelecerem as ações a serem adotadas no futuro a partir de suas conclusões e percepções identificadas no momento que as pensavam.

---

[244] OLIVEIRA, José Roberto Pimenta. O Planejamento do Serviço Público de Saneamento Básico na Lei nº 11.445/2007. In: OLIVEIRA, José Roberto Pimenta; DAL POZZO, Augusto Neves (Coord.). *Estudos sobre o Marco Regulatório de Saneamento Básico no Brasil*. Belo Horizonte: Fórum, 2011, p. 258.

Em função dessa definição, Miguel Sánchez Morón resume a discricionariedade de planificação como "la discricionalidad conferida al efecto [e] necessária en toda sociedad moderna, pues permite conjugar las necessidades de previsibilidad de la acíon administrativa y las modernas técnicas gerenciales de direccíon por objetivos com las de adaptacíon flexible a las circunstâncias cambientes de tempo y lugar, que no siempre la ley puede tener en cuenta".[245]

António Francisco de Souza entende que "o poder para a aprovação de planos administrativos contém, e tem de conter, um mais ou menos dilatado campo de liberdade de enformação para a Administração, porque planificação sem liberdade de enformação seria em si uma contradição".[246]

É indissociável a discricionariedade administrativa da atividade de planejamento, o que reflete na consecução das diretrizes trazidas pela Lei das Estatais por meio dos dispositivos aqui estudados, pois não há como impor à Administração Pública a obrigação de realizar aquelas atividades sem garantir-lhe a necessária discricionariedade de agir e planejar dentro de seus conceitos e percepções, aplicando, de acordo com suas interpretações e razões, os planejamentos e diretrizes que julgar mais adequados para o atingimento das finalidades de interesse público previstos para uma empresa estatal.

O caráter difuso e até mesmo impreciso de conceitos como "interesse coletivo" e "imperativo de segurança nacional", somados às diversas especificações e oscilações de uma atividade empresarial, impedem que a atividade de planejamento das empresas estatais ocorra com uma vinculação rígida. Como o planejamento é um instrumento posto à disposição da Administração Pública para vislumbrar e implementar seus

---

[245] MORÓN, Miguel Sánchez. *Discricionalidad Administrativa y Control Judicial*. Madrid: Tecnos, 1995, p. 123.

[246] SOUSA, António Francisco de. *Conceitos jurídicos indeterminados no Direito Administrativo*. Coimbra: Almedina, 1994, p. 146.

objetivos futuros,[247] não há como estabelecer que ocorra de maneira estanque e rígida para além da vinculação de finalidade intrínseca a ele.

Da mesma forma entende António Francisco de Sousa, ao consignar que a atividade de planejamento da Administração Pública é "a liberdade criadora da planificação" e justamente por ser vocacionada a organizar eventos futuros "não pode ser medida por padrões estáticos". O autor afirma ainda que "a planificação é um instrumento de satisfação de necessidades sociais da população e, como tal, compõe-se de uma multiplicidade de elementos presentes, uns, e orientados para o futuro, outros".[248]

Para que efetivamente cumpra essas diretrizes, é fundamental que a Administração Pública tenha a flexibilidade para se adequar às dinâmicas inerentes ao processo de planejamento, atingindo de fato sua competência de realização, vinculada à lei e aos princípios do artigo 37 da Constituição Federal.

Verificando as disposições dos artigos 8º, 27 e 23 no que tange ao plano de negócios, conclui-se que, em verdade, dizem respeito e reproduzem a função e a necessidade de planejamento da Administração Pública, pois traçam as diretrizes essenciais para o desenvolvimento da companhia empresarial, constando ali as obrigações de resultado, governança e transparência, que decorrem da capacidade de planejamento de seus administradores.

---

[247] Quanto ao caráter de se antecipar a eventos futuros como um dos principais componentes do planejamento, vale a explicação de Roberto Dromi, para quem "la planificacíon actúa temporalmente para *el futuro*. Es um actuar para el futuro, imediato (planes a corto o largo plazo), de lo cual surge implícita la idea de previsíon. La previsíon es um adelantar-se – com suficiente antelacíon – a los acontecimentos. Este adelantarse a los acontecimentos surge de uma actividad intelectual previa, que forma parte de uma de las etapas del processo de planificacíon: el diagnóstico" (DROMI, Roberto. *Administracion Local De La Economia*. 2. ed. Buenos Aires: Ciudad Argentina, 1997, p. 215).

[248] SOUSA, António Francisco de. *Conceitos jurídicos indeterminados no Direito Administrativo*. Coimbra: Almedina, 1994, p. 147.

Somente com uma política de planejamento e organização é que se atingem as disposições daqueles dispositivos, de maneira que o legislador, ao positivá-los, privilegiou a capacidade e a necessidade de as empresas estatais planejarem suas gestões, trazendo-lhes mais profissionalismo.

Ao enaltecer a capacidade de planejamento das empresas estatais, o legislador reservou-lhes competência para estabelecerem suas metas, preverem os seus resultados, fixarem os seus objetivos, aplicarem os seus recursos, entre outras intervenções decorrentes eminentemente de um processo de planejamento e organização de gestão. Por serem essas empresas as maiores conhecedoras de suas realidades, é evidente que, para poderem alcançar as diretrizes determinadas na Lei, devem se valer de toda a discricionariedade possível para cotejarem e considerarem as informações relevantes a constarem nos planos de gestão e que sejam suficientes para cumprir os intentos do legislador.

Nem seria coerente que uma legislação voltada a privilegiar os aspectos da gestão empresarial estatal cuidasse de prever e condicionar os pormenores dessa mesma gestão, estabelecendo o que poderia ou não ser feito em matéria de planejamento. Uma postura legislativa dessa natureza seria um retrocesso à autonomia dessas empresas, e não seria condizente com a discricionariedade que lhes é própria e com a autonomia e dinamismo consagrados pela Lei das Estatais.

Outra característica que se extrai desse processo discricionário do planejamento das estatais é que não se pode estabelecer um padrão uno e imutável incidente sobre todo o tipo de empresa estatal, de maneira que para cada particularidade empresarial identificada, reclama-se um planejamento menos ou mais intenso, atinente à peculiaridade identificada, o que pode refletir em uma planificação mais extensa e próxima ao limite da vinculação finalística,[249] ou uma in-

[249] Em igual sentido, Guilherme Dias Reisdorfer registra que "não é possível um padrão uniforme de planejamento para as empresas estatais em geral. Imperativos de governança podem recomendar, em cada caso, providências mais amplas ou peculiares atinentes ao

tervenção mais pontual, denotando que não há planejamento efetivo sem discricionariedade.

De tudo isso decorre que, para além daquelas conceituações de discricionariedade que poderiam ser aplicadas no âmbito das empresas estatais, estas absorvem um conceito muito mais específico, que as insere na ideia de discricionariedade de planejamento ou planificação.

A discricionariedade de planificação é a essência do desenvolvimento das empresas estatais. Sem prejuízo de também assimilarem outras características discricionárias, é a de planejamento que efetivamente justificará toda a conformação e flexibilidade que terão, pois a partir do exercício dessa discricionariedade é que serão estabelecidas as balizas de atuação e resultado das empresas públicas e sociedades de economia mista.

4.3.1 A discricionariedade de planificação retratada no plano de negócios e na estratégia de longo prazo das estatais

Previsto no artigo 23, § 1º, inciso I da Lei das Estatais, o plano de negócios é a representação da discricionariedade de planificação e organização das empresas estatais, porquanto fixa tudo o que o foi definido estrategicamente e que será reproduzido nas cartas anuais e demais documentos de transparência, bem como permeará a observância ao objeto social estabelecido.

A Lei das Estatais privilegiou instrumentos de competência e planejamento para que os órgãos de gestão implementassem, de acordo com a discricionariedade existente, as diretrizes para o atendimento ao interesse público a que se encontra vinculada uma empresa estatal.

planejamento, para além dos requisitos mínimos legais" (REISDORFER, Guilherme F. Dias. Instrumentos para gestão e controle das empresas estatais: plano de negócios e estratégia de longo prazo. *In*: JUSTEN FILHO, Marçal (Coord.). *Estatuto Jurídico das Empresas Estatais:* Lei 13.303/16 – "Lei das Estatais". São Paulo: Revista dos Tribunais, 2016, pp. 217-229).

Dentro dessa divisão de competências, estatui-se que à Diretoria caberia a elaboração do necessário planejamento e, ao Conselho de Administração, a sua aprovação.

Nesses termos, é a redação não só do mencionado artigo 23, § 1°, inciso I da Lei n° 13.303/16, mas também do Decreto n° 8945/16 em seu artigo 37, § 1° e inciso I:

> Art. 23. É condição para investidura em cargo de Diretoria da empresa pública e da sociedade de economia mista a assunção de compromisso com metas e resultados específicos a serem alcançados, que deverá ser aprovado pelo Conselho de Administração, a quem incumbe fiscalizar seu cumprimento.
>
> § 1° Sem prejuízo do disposto no *caput*, a Diretoria deverá apresentar, até a última reunião ordinária do Conselho de Administração do ano anterior, a quem compete sua aprovação:
>
> I - plano de negócios para o exercício anual seguinte;
>
> [...]
>
> Art. 37. É condição para a investidura em cargo de Diretoria da empresa estatal a assunção de compromisso com metas e resultados específicos a serem alcançados, que deverá ser aprovado pelo Conselho de Administração, ao qual incumbe fiscalizar o seu cumprimento.
>
> § 1° Sem prejuízo do disposto no *caput*, a Diretoria deverá apresentar, até a última reunião ordinária do Conselho de Administração do ano anterior, a quem compete sua aprovação:
>
> I - o plano de negócios para o exercício anual seguinte;
>
> [...]

O plano de negócios representa o planejamento anual da sociedade empresarial estatal e, por essa razão, "é dotado de mais concretude, na medida em que constitui o ato que orientará a atuação empresarial no curto prazo, com vigência exclusiva para cada exercício. Há uma relação mais intensa e direta entre o plano de negócios e os atos executivos da empresa".[250]

A evidenciar com mais clareza que o legislador atribuiu ao processo de planejamento a responsabilidade de pautar as estratégias empresariais, em detrimento de estatuir uma reserva legal para cada ato empresarial almejado, frise-se que seu texto confere àquele instituto a prerrogativa de executar as operações de tesouraria, adjudicação de ações e garantias e participação autorizada pelo conselho.[251]

A inaplicabilidade de reserva legal para determinadas operações inerentes à gestão corporativa representa a consagração da autonomia das empresas estatais. Essa mesma autonomia, por outro lado, deverá se dar em consonância não só com os interesses públicos estabelecidos, mas com o planejamento empresarial vigente e renovado anualmente tanto pelo plano de negócios a ser aprovado pelo Conselho de Administração quanto pelas cartas anuais e demais documentos de transparência.

Por sua vez, a estratégia de longo prazo tem caráter mais abrangente e espaçada, pois não se dedica a definir os rumos e metas de um único ano, mas de pelo menos 5 (cinco) anos. Essa peculiaridade não isenta sua subsunção ao processo de planejamento, mas apenas lhe dedica um papel de prever com maior distanciamento os objetivos gerais da empresa, o que consequentemente faz com que seu conteúdo esteja mais

---

[250] REISDORFER, Guilherme F. Dias. Instrumentos para gestão e controle das empresas estatais: plano de negócios e estratégia de longo prazo In: JUSTEN FILHO, Marçal (Coord.). *Estatuto Jurídico das Empresas Estatais:* Lei 13.303/16 – "Lei das Estatais". São Paulo: Revista dos Tribunais, 2016, pp. 217-228.

[251] BRASIL. *Lei nº 13.303*, de 30 de junho de 2016. "Art. 2º A exploração de atividade econômica pelo Estado será exercida por meio de empresa pública, de sociedade de economia mista e de suas subsidiárias. [...] § 2º Depende de autorização legislativa a criação de subsidiárias de empresa pública e de sociedade de economia mista, assim como a participação de qualquer delas em empresa privada, cujo objeto social deve estar relacionado ao da investidora, nos termos do inciso XX do art. 37 da Constituição Federal. § 3º A autorização para participação em empresa privada prevista no § 2º não se aplica a operações de tesouraria, adjudicação de ações em garantia e participações autorizadas pelo Conselho de Administração em linha com o plano de negócios da empresa pública, da sociedade de economia mista e de suas respectivas subsidiárias".

suscetível a uma maior variação e correção, pois não se mostra crível que em um período de 5 (cinco) anos a estratégia comercial e econômica de uma empesa não demande algum tipo de alteração ou retificação.

A estratégia de longo prazo, portanto, apresenta-se como um norte para a elaboração do próprio plano de negócios, pois a partir de suas disposições visando a um período mais esparso pode-se extrair o que se deve executar e tomar como prioridade ano a ano a bem de se concretizar a estratégia para o período quinquenal estabelecido, sem desconsiderar, como mencionado anteriormente, que estará sujeita a redefinições e adequações próprias do dinamismo da atuação empresarial.

Na realidade, esse dinamismo, que permite a retificação de determinados pontos da estratégia de longo prazo, também se identifica no plano de negócios. Em ambos os institutos descritos, o que se tem é a materialização da agilidade e flexibilidade idealizadas pelo legislador como meio de garantir a eficiência das empresas estatais.

Segundo Carlos Ari Sundfeld e Rodrigo Pagani de Souza, o legislador "quer que haja flexibilidade na ação da nova entidade, mas também quer que a flexibilidade seja tal que as suas adaptações institucionais realizem-se a tempo e hora, junto ao surgimento das demandas do mercado ou mesmo em antecipação a elas".[252]

Dessa possibilidade de os gestores adotarem as medidas empresariais em tempo e oportunidade que julgarem propícios decorre a discricionariedade administrativa na condução da governança corporativa nas empresas estatais, pois permite-se, com a existência de uma vinculação mais finalística do que procedimental, que o administrador execute as diretrizes sem a necessidade de lei específica para cada ato que se pretende praticar.

---

[252] SUNDFELD, Carlos Ari; SOUZA, Rodrigo Pagani de. "Licitação nas Estatais: levando a natureza empresarial a sério". *Revista de Direito Administrativo,* Rio de Janeiro, n. 245, 2007, pp. 13-30.

A ideia de consentir que o administrador da estatal atue com discricionariedade, elegendo dentro de critérios racionais a melhor forma de atuar empresarialmente a bem de se observar o interesse público e o planejamento, consiste até mesmo em uma nova realidade da Administração Pública – ainda mais perceptível na atuação empresarial – de que os atos praticados pelos administradores públicos são muito mais calcados em uma consensualidade negociada do que unilateralmente.

Com isso, a Administração Pública, ao tomar certas posições e adotar determinadas medidas, não o faz somente em função de certas prerrogativas, mas também porque as condições possibilitaram que referidas medidas fossem tomadas a partir da ponderação dos interesses de outros agentes igualmente envolvidos e interessados.

No ambiente empresarial, a discricionariedade em optar pelo momento e a forma em executar determinada estratégia passa também pela necessidade de se considerar se ao contexto do negócio e ao mercado envolvido interessam uma específica conduta. Isso retira da Administração Pública certa primazia de se reputar que cabe a ela, unilateralmente, decidir quando e como atender o interesse público almejado.

A discricionariedade em planejar e executar um plano não é irrestrita. Além da vinculação finalística, é inadmissível que os administradores de uma estatal tomem medidas destoadas da realidade do mercado em que atuam. O processo de escolha e a eleição da melhor alternativa representa o fato de que na governança corporativa das empresas estatais não só aquilo que a própria Administração Pública entendeu como relevante para o interesse público será suficiente, sendo igualmente necessário que o ambiente de negócio confirme essa percepção e seja considerado para o fim de se adotar uma certa postura.

Em matéria de gestão corporativa de empresas estatais, "a teoria da escolha pública contribui para demonstrar que inexiste esfera puramente privada, ou pública, e, principalmente, que ninguém é puramente público", o que "evidencia que as relações negociadas entre atores públicos e atores privados em uma variedade de contextos administrativos é uma realidade recorrente".[253]

Toda essa conjuntura atesta que o momento para se adotar as medidas planejadas é fator determinante para o exercício da discricionariedade administrativa de planificação, porquanto a dinâmica do mercado é elemento essencial para se definir a conveniência de se executar o que fora planejado, o que faz as principais iniciativas de gestão corporativa serem previamente identificadas e idealizadas em um prognóstico apto a identificar quais serão as demandas e as iniciativas a serem adotadas ao longo daquele período planejado.

O exercício de prognóstico é tão recorrente na atividade empresarial estatal quanto no próprio Direito Administrativo, caracterizando-se como a antecipação de eventos futuros. "[A] prognose é um elemento essencial e indispensável em certas áreas do Direito Administrativo, como a planificação administrativa".[254]

Em razão de antecipar e antever eventos vindouros, a prognose pode não se concretizar da forma como fora concebida ou até mesmo se mostrar equivocada, impedindo a execução do planejamento tal qual estruturado. Dado o aspecto de presunção, a prognose é, evidentemente, um exercício de probabilidade e, como tal, pode se revelar desacertada sem que isso represente uma antijuricidade ou invalidade do planejamento feito.

Nos dizeres de António Francisco de Sousa, "a prognose pode vir a comprovar-se errada, mas isso só por si não alterará a sua correção. Os

---

[253] SCHWANKA, Cristiane. *A sociedade de economia mista na organização administrativa do Estado contemporâneo:* conveniência, gestão e tendências disfuncionais. 2014. 246 fls. Tese (Doutorado em Direito). Pontifícia Universidade Católica do Paraná – PUC-PR, Curitiba, 2014, p. 205.

[254] SOUSA, António Francisco de. *Conceitos jurídicos indeterminados no Direito Administrativo*. Coimbra: Almedina, 1994, p. 116.

erros da prognose que se venham a comprovar no futuro não levam necessariamente à sua incorreção ou ilegalidade".[255]

A imprecisão inerente à atividade de planificação e a possibilidade de que resulte em equívocos ou distorções suscitam relevante reflexão acerca de haver ou não discricionariedade para retificar o planejamento e seu consequente plano quando o prognóstico feito não se concretiza e compromete em alguma medida a execução da atividade.

Registrou-se anteriormente que a consolidação do plano geraria uma autovinculação[256] ao administrador da empresa estatal, a fim de garantir que ele se paute e execute o que a própria sociedade planejara para atingir seus objetivos. Dessa mesma autovinculação decorre a possiblidade factível e natural de certos prognósticos não se concretizarem ou não se materializarem da forma como se pensou, o que coloca em dúvida o limite dessa autovinculação em caso de se constatar a necessidade de retificar o planejamento e o próprio plano.

---

[255] SOUSA, António Francisco de. *Conceitos jurídicos indeterminados no Direito Administrativo*. Coimbra: Almedina, 1994, p. 115.

[256] Quanto à importância da autovinculação como forma de se garantir o cumprimento do plano de negócios e se obter a eficiência da empresa estatal, registre-se que no Acórdão nº 12682/19, o Tribunal de Contas da União reprovou as contas dos administradores da Amazonas Distribuidora de Energia S.A., com aplicação de multa, por ter identificado descumprimento deliberado do plano de negócios da companhia: "Sobre o atendimento ao Acórdão 43/2011-Plenário, consta no Relatório de Gestão de 2015 (peça 1, p. 60-61) informação de que, para o período de 2015 a 2019, a Amazonas Energia fixou em seu Plano de Negócios as metas de perdas de energia elétrica de 33,50%, 30,50%, 28,50%, 25,50% e 23%, individualmente, para cada um desses cinco exercícios. Inobstante isso, o que se verificou na prática foi o absoluto descumprimento do estabelecido no plano de negócios da AmE com vistas à diminuição de perdas de energia. A meta estabelecida para 2015 foi de chegar ao final do ano com uma redução de 4,4 pontos percentuais, tendo havido, na verdade, um aumento de 2,8 pontos percentuais naquele ano em relação a 2014. Não cumprimento do plano de negócios da empresa, que previa a redução do índice de perdas não técnicas de energia em 4,4 pontos percentuais (p.p.), contribuindo para o aumento das tarifas de eletricidade, nos moldes da metodologia tarifária de perdas de energia definida pela Agência Nacional de Energia Elétrica (ANEEL)" (BRASIL. Tribunal de Contas da União. *Acórdão n. 12682/2019*. Plenário. Relator Ministro Aroldo Cedraz. Brasília. J. 26 nov. 2019).

A vinculação das empresas estatais expressa-se no atingimento do relevante interesse coletivo e imperativo de segurança nacional que ensejaram sua existência, de maneira que todos os atos praticados o serão em vista de se observar aquelas diretrizes.

Assim, por mais que haja autovinculação após a definição do plano e dos seus prognósticos fixados, o fato de a gestão corporativa mirar um objetivo previamente estatuído e vinculativo suplanta aquela autovinculação planificada, a fim de permitir que os fins precípuos da estatal sejam efetivamente buscados.

Conquanto o planejamento e o plano de negócios descritos ao longo do artigo 23 da Lei nº 13.303/16 representem um alicerce crucial para a sobrevivência de uma empresa estatal, a existência de um fim maior a ser concretizado faz com que até mesmo sua rigidez seja relativizada em caso de necessidade de correção dos rumos da companhia e de sua estratégia de negócios.

Como a atividade de planificação e sua já demonstrada discricionariedade consistem "em ordenar métodos de ação sobre a realidade, para o atendimento de determinados objetivos" e "a estratégia de longo prazo[e] a atividade de planejamento envolve[m] não apenas um esforço de diagnóstico da realidade, mas um prognóstico de cenários futuros em que a empresa atuará",[257] é perfeitamente possível e até natural que essa mesma realidade não se concretize ou tenha que ser alterada pela própria Diretoria ou Conselhos, a bem de se buscar o interesse público subjacente à criação de uma estatal.

Tendo em vista que determinadas circunstâncias ou providências podem se revelar inadequadas ou inexistentes no que tange à atividade empresarial e à sua consequente atividade de planificação, o próprio interesse público impõe que a planificação seja revista e as estratégias da companhia readequadas à realidade.

---

[257] REISDORFER, Guilherme F. Dias. Instrumentos para gestão e controle das empresas estatais: plano de negócios e estratégia de longo prazo *In:* JUSTEN FILHO, Marçal (Coord.). *Estatuto Jurídico das Empresas Estatais:* Lei 13.303/16 – "Lei das Estatais". São Paulo: Revista dos Tribunais, 2016, pp. 217-228.

Por serem diversos os fatores que podem levar ao equívoco ou à inconcretude do prognóstico, não há um padrão objetivo para se especificar um limite para a revisão ou readequação do plano original, de maneira que essa possibilidade, por ser inafastável e correlata à atividade empresarial, deve ser adstrita ao objeto social da companhia.

É necessário, por outro lado, fazer uma distinção entre readequação e correção do plano de negócios e descumprimento deste por parte dos órgãos diretivos. Admite-se uma discricionariedade em se redefinir o plano de negócios ou adequá-lo a certa realidade até então não prevista, mas inexiste discricionariedade em se descumprir o plano de negócios da forma como ele se encontra consolidado, de modo que essa distinção se mostra relevante para se apurar as condições e momentos em que se operará a discricionariedade aqui apontada.

Como o planejamento é componente essencial para se obter efetivamente a gestão corporativa nos moldes que previram os artigos 8º e 27 da Lei das Estatais, é natural que haja também discricionariedade para que seja revisto e adequado a bem se cumprir o estatuto e o objeto social.

4.3.1.1 A chamada discricionariedade técnica na atividade de planificação das empresas estatais

Retomando a questão da chamada discricionariedade técnica, atrelando-a diretamente às empresas estatais, vimos anteriormente que um dos elementos que a compõe, como integrante dos conceitos indeterminados, é a possibilidade de que o administrador detentor do domínio de determinada técnica ou ciência realize prognósticos a partir de seus conhecimentos, com o fim de melhor planejar as atividades empresariais.

A atividade representada na prognose e em todas as etapas desse processo somente ocorrerá se o administrador dispuser de discricionariedade para planejar e fazer seus prognósticos calcados nos padrões técnicos e científicos aplicáveis ao caso e percebidos em função da capacidade técnica do agente.

A atividade de planificação é o retrato da chamada discricionariedade técnica e se coloca ainda mais em evidência no âmbito da atividade empresarial, que se pauta por expertises outras que não o Direito, como questões de Engenharia e Economia, de forma que não se permite restrição excessiva para que os administradores exerçam suas capacidades técnicas de forma discricionária.

O planejamento consiste em um espaço de conformação e criação que passa ao largo de um controle exclusivamente jurídico e, exatamente por essa característica essencial, a Lei das Estatais não procurou se imiscuir nos pormenores para o desenvolvimento do plano de negócios, apenas estabelecendo que seja consentâneo com a lei autorizadora e o objeto social, a evidenciar a vinculação finalística típica da Lei nº 13.303/16.

Exatamente por isso é que se afirma que "as normas de planificação e conformação apresentam apenas uma estrutura finalista: são formulados fins e interesses que serão ponderados pela Administração".[258]

Há que prevalecer sempre a discricionariedade de atuação dos gestores das empresas estatais, e diante dos conceitos indeterminados característicos da Lei nº 13.303/16, os critérios técnicos típicos de cada administrador são essenciais para o desempenho das funções de planejamento.

Como os administradores de uma empresa estatal devem gozar de particularidades técnicas que os façam desempenhar seus papéis com mais eficiência e segurança, é nítido que dos comandos de planejamento, gestão corporativa e função social se extrai a chamada discricionariedade técnica contida nos conceitos jurídicos indeterminados, e é esse tipo de discricionariedade que em grande medida permitirá que o planejamento seja delineado e a execução das atividades ocorra dentro do que fora definido, sem prejuízo das correções e adequações que serão fruto de uma análise igualmente técnica.

---

[258] ROMAN, Flávio José. *Discricionariedade Técnica na Regulação Econômica*. São Paulo: Saraiva, 2013, p. 58.

O planejamento, a própria prognose e a execução do plano de negócios estão intimamente relacionados com a ideia de discricionariedade técnica[259] decorrente dos conceitos indeterminados. Estes, uma vez exercidos dentro de padrões de razoabilidade e mirando sempre a vinculação finalística da atividade empresarial estatal, gerarão a autovinculação e conformação que pautarão toda a gestão corporativa da companhia, inclusive no que concerne à observância da função social prevista no artigo 27 da Lei nº 13.303/16.

[259] Essa competência discricionária identificada na atividade de planejamento e governança da Lei das Estatais também se reflete em alguns momentos nas novas disposições de licitação. É o que se denota da leitura do artigo 40, que estabelece critérios mínimos para a padronização dos procedimentos de contratação, que na percepção de Pedro Ivo Peixoto "deliberadamente deixou relevante liberdade normativa para as estatais, seja pela redação do seu art. 40 seja pela sua baixa exaustividade quando comparada à lei que veio substituir (Lei 8.666/93). A junção da delegação legal expressa com o caráter não exaustivo da Lei 13.303/2016 concede ao regulamento de licitações das estatais um espaço legítimo para normatizações específicas e inovadoras" (SILVA, Pedro Ivo Peixoto da. *Caminhos para contratação de soluções inovadoras por empresas estatais*. Publicado no portal JOTA em 16 jul. 2019. Disponível em: https://www.jota.info/opiniao-e-analise/artigos/caminhos-para-contratacao-de-solucoes-inovadoras-por-empresas-estatais-16072019. Acesso em: 19 jul. 2019). Acerca do regulamento de contratações das empresas estatais, cf. SILVA, Pedro Ivo Peixoto da. *Regulamentos de Licitações Editados sob a Lei 13.303/16:* Instrumentos de Inovação ou de Repetição? 2018. 83 f. Dissertação (Mestrado em Administração Pública). Fundação Getulio Vargas do Rio de Janeiro – FGV/RJ, Rio de Janeiro, 2018. Disponível em: http://bibliotecadigital.fgv.br/dspace/handle/10438/27262. Acesso em: 21 ago. 2019.

Capítulo V

A DISCRICIONARIEDADE ADMINISTRATIVA NAS EMPRESAS ESTATAIS E A ATUAÇÃO DO TRIBUNAL DE CONTAS DA UNIÃO: UMA ANÁLISE A PARTIR DE ESTUDO DE CASOS

Vimos, até aqui, que o planejamento é elemento essencial ao desenvolvimento das empresas estatais e que sua concepção e execução só asseguram a necessária eficiência sob o exercício da devida competência discricionária, respeitando-se a vinculação finalística já apontada.

Somente com a possibilidade de o administrador implementar as escolhas e percepções que julgar adequadas é que se pode obter o mínimo de eficácia e segurança no planejamento. Caso contrário, a atividade de planejamento das empresas estatais seria relegada a uma atividade típica da Administração Direta e das autarquias, sempre viável mediante a existência de lei específica a permitir a adoção de certos prognósticos ou medidas.

Estabelecido esse ponto central da essência da discricionariedade na atividade de planejamento empresarial, dedicaremo-nos a examinar como essa competência discricionária é vista pelo Tribunal de Contas da União, notadamente se de fato aquele órgão de controle apenas examina a adstrição às vinculações finalísticas ou se de alguma forma interfere na competência discricionária de planificação, imiscuindo-se naquilo que seria da alçada dos administradores das empresas estatais, de modo a estabelecer critérios e padrões outros em matéria de planejamento e organização interna.[260]

A partir da ideia de que as empresas estatais gozam de autonomia e discricionariedade para exercer suas atividades de planejamento, sem que estejam alijadas por completo de um controle típico do Direito Público, é fundamental entendermos então como se opera esse controle dentro das particularidades já mencionadas daquelas empresas.

5.1 A discricionariedade administrativa e a alteração do planejamento das empresas estatais

O primeiro julgado que se identificou após o advento da Lei nº 13.303/16, porém sem considerá-la para fins de exame da matéria, tratou da auditoria do projeto de implementação de linhas de transmissão no Estado do Acre, confiado às Centrais Elétricas do Norte do Brasil S.A. – Eletronorte.

Registrado sob o nº 3096/2016, o Acórdão, embora tenha sido posterior à Lei das Estatais, já que foi julgado em 30 de novembro de 2016, não se fundou em seus dispositivos para efetuar a análise das contratações e do orçamento para consecução do projeto, o que por si só já o particulariza, pois conforme se verá adiante, o relator faz menção à

[260]A pesquisa a ser reproduzida neste tópico levará em conta somente os julgados feitos pelo TCU a partir de 1º de julho de 2016, data da promulgação da Lei das Estatais. Assim, a partir da busca pelos termos "vinculação, plano de negócios e empresas estatais", foram identificados 781 julgados a princípio relacionados com o tema, dos quais 697 consistem em acórdãos proferidos pelo Plenário da Corte de Contas, outro critério utilizado não só para filtrar o material, mas também como meio de concluir de maneira mais ampla e fidedigna o posicionamento da Corte sobre o tema. Desses 697, 244 se deram no período indicado e 21 efetivamente tratavam de empresas estatais e se prestavam à pesquisa intentada.

inexistência de uma lei específica às estatais como motivo da existência de maior discricionariedade aos gestores daquelas empresas, atribuindo um caráter nocivo e prejudicial àquela competência, como se não fosse intrínseco à atividade empresarial.

Já no início do exame, o Tribunal teceu a primeira consideração acerca do plano de negócios da Eletronorte, registrando que previra um orçamento de R$ 402.700.000,00 (quatrocentos e dois milhões e setecentos mil reais) com uma Taxa Interna de Retorno de 8,54%, mas em função dos gastos contratuais para o desenvolvimento do projeto, o orçamento subira para R$ 502.000.000,00 (quinhentos e dois milhões de reais), com a redução da TIR para 4,52%.

Sem maiores considerações sobre o tema, tampouco tendo reprovado a matéria, o fato de o Tribunal de Contas da União ter se imiscuído e feito observações a respeito da margem de ganho e investimentos de uma empresa estatal, questionando a lucratividade de suas atividades e seus orçamentos estipulados, indica uma forma de controle que excede o exame das finalidades públicas definidas para a estatal, passando por um exame da gestão empresarial e dos resultados financeiros obtidos, próprios do planejamento de uma pessoa jurídica destinada ao lucro.[261]

O apontamento, ainda que exemplificativo, de que houve aumento do orçamento e redução da Taxa da Interna de Retorno representa uma interferência na discricionariedade de planificação, porquanto acena aos administradores que determinadas taxas de retorno e aumento orçamentário e de gastos podem não ser toleradas, embora não representem nenhuma ilegalidade, à primeira vista, que ensejem reprovação de contas ou de aspectos contratuais.

---

[261] Embora neste caso específico só tenha sido ventilada a informação de uma redução na expectativa de ganho da estatal, no Acórdão 388/2018, o TCU expressamente determinou que as empresas do sistema Eletrobrás passassem a indicar em seus planejamentos "ações específicas que visem a verificar as causas que deram ensejo à deterioração das taxas de rentabilidade estimadas dos negócios executados por meio de SPE, examinando casos concretos a serem selecionados com base em critérios de materialidade, riscos e relevância" (BRASIL. Tribunal de Contas da União. *Acórdão n. 388/2018*. Plenário. Relator Ministro Vital do Rego. J. 28 fev. 2018).

A tênue linha entre ilegalidade e atos de gestão é que caracteriza o exercício do controle externo, e este não deve se dedicar a restringir ou ressalvar atos decorrentes da competência discricionária empresarial, como a fixação da margem de lucros, da expectativa de retorno e a previsão orçamentária, eis que são atos assegurados aos administradores e inerentes à sua competência discricionária.

Para além da questão envolvendo os lucros e os orçamentos da Eletronorte, o Acórdão nº 3096/2016 registrou que "a falta de regulamentação específica aplicável às estatais favorece a criação de uma zona de incerteza e discricionariedade sobre quais atividades podem ser executadas via contrato de terceirização",[262] implementando uma recorrente e já esclarecida confusão entre discricionariedade e ausência de limitação à atuação do administrador.

O aspecto nocivo dedicado à discricionariedade dos administradores de empresas estatais, além de esvaziar a importância de uma competência essencial e própria daqueles administradores, aproxima essas empresas à Administração Direta e autarquias, uma vez que consolida o entendimento de que para a adoção de quaisquer medidas seria necessária a existência de reserva legal específica, notadamente para a terceirização de certos serviços, que é absolutamente corriqueira no âmbito empresarial.

Por outro lado, o ministro Relator também incorre no equívoco de considerar a inexistência (até então) de uma lei específica relativa às estatais como motivo para discricionariedade, entendida então como maléfica para o desenvolvimento daquelas empresas.

Como visto anteriormente, a Lei nº 13.303/16 não veio para restringir a discricionariedade nas empresas estatais, até porque as falhas de gestão que eventualmente ensejaram sua criação, como extensão deliberada de objeto social, malversação de recursos e pessoal e outros

---

[262] BRASIL. Tribunal de Contas da União. *Acórdão n. 3096/2016*. Plenário. Relator Ministro Weder de Oliveira. J. 30 nov. 2016.

excessos, não se confundem com discricionariedade, mas com ilegalidade e desvio de finalidade.

As disposições estabelecidas no texto da Lei das Estatais vêm, em verdade, para impedir ou ao menos mitigar certas práticas impróprias de governança que foram descortinadas ao longo dos últimos anos. Essa tentativa de impedir práticas destoadas dos pilares de legalidade e boa gestão em absoluto implica coibição ao exercício da competência discricionária dos administradores das empresas estatais, sobretudo na atividade de planejamento, que exige a aplicação de critérios técnicos próprios do exercício da atividade empresarial.

Há que se ter clara a diferença entre discricionariedade e desvio de finalidade na gestão das empresas estatais para compreender que a entrada em vigor da Lei nº 13.303/16 veio combater a segunda hipótese e privilegiar o exercício da competência discricionária, propiciando mais segurança para tanto.

Apesar de a contratação de atividades terceirizadas ser própria da atividade empresarial e caracterizar a competência discricionária existente na condução das empresas estatais, o Tribunal de Contas da União reprovou a existência de contratação de serviços terceirizados no projeto de implementação das linhas de transmissão no Estado do Acre, sob a justificativa de que tal método ofenderia o princípio da obrigatoriedade de licitar.

Ao tolher a Eletronorte de terceirizar determinados serviços, o Tribunal de Contas da União interferiu na competência discricionária dos administradores em planejar as formas de execução das atividades empresariais, o que pode comprometer a eficiência daquela empresa estatal, bem como impôs regras de Direito Público além da observância aos princípios da Administração Púbica em relação à empresa preponderantemente regida pelo Direito Privado.

Já em 2017, o Tribunal de Contas da União se dedicou a examinar os investimentos e ações da Eletrobrás em Pesquisa, Desenvolvimento e Inovação – PD&I, por intermédio do Acórdão nº 1784/2017, oportunidade em que apreciou, dentre outras iniciativas voltadas ao PD&I, se os investimentos feitos estavam dentro do planejamento fixado para a estatal e coadunados com a discricionariedade de planificação e gestão garantida ao administrador.

Ao longo das razões registradas no acórdão, tanto a auditoria técnica como o próprio relator procuraram centrar a análise na adequação do PD&I ao planejamento feito e, a partir disso, concluir pela conformidade ou não dos investimentos.

Destaca-se, nesse aspecto, a manifestação da auditoria integrante do voto apresentado e referendado em plenário, de que "o escopo [da auditoria] esteve adstrito à avaliação geral da estrutura e dos instrumentos de planejamento estratégico, governança, gestão e *accountability* das ações de PD&I".[263]

Disso decorre que, em alguma medida, o Tribunal busca preservar a discricionariedade dos administradores em formular os planos de investimento e gestão, ao mesmo tempo que reconhece a autovinculação gerada por aqueles mesmos planos e fixa que toda e qualquer análise deverá cingir-se às disposições neles descritas.

Foi assim que, ao evoluir na análise dos investimentos em PD&I por parte da Eletrobrás, o Tribunal constatou que uma fração das iniciativas não se deu conforme o planejamento, porquanto teria sido implementada por intermédio de um plano de trabalho não existente no plano de negócios, o que ensejou a assertiva que "o próprio processo sistemático e formalizado de planejamento estratégico no âmbito interno do Cepel não está adequadamente estruturado, em que pese o § 1º do art. 8º do Estatuto Social dispor sobre a necessidade de se instituir um 'programa de atividades' a ser aprovado pelo Conselho Deliberativo".[264]

---

263 BRASIL. Tribunal de Contas da União. *Acórdão n. 1784/2017*. Plenário. Relator Ministro José Múcio Monteiro. J. 16 ago. 2017.

264 BRASIL. Tribunal de Contas da União. *Acórdão n. 1784/2017*. Plenário. Relator Ministro José Múcio Monteiro. J. 16 ago. 2017.

Em razão dessa impropriedade identificada, o Tribunal de Contas da União fez uma primeira repreensiva tendente em concluir que:

> [...] é possível concluir que não houve no Sistema Eletrobrás a adequada formalização e implementação das instâncias de planejamento e governança de PD&I previstas na RES-116/2012 da Diretoria Executiva. Esse quadro revela-se incompatível com as práticas recomendadas no Referencial Básico de Governança do TCU.[265]

Mesmo tendo cingindo a análise dos investimentos ao planejamento prévio feito pela própria empresa estatal, respeitando-se a discricionariedade de planificação de seus administradores, o Tribunal apontou que justamente os investimentos em PD&I não haviam sido planejados e não constavam do plano de negócios aprovado.

Neste ponto, agiu corretamente o TCU ao apontar a ausência de planejamento para os investimentos em PD&I, pois uma coisa é a competência discricionária em se planejar as ações empresariais e de investimentos e outra é inovar na execução do plano e acrescer novos investimentos e atividades não previstos e aprovados.

O debate travado nos autos da auditoria tratou, portanto, da possibilidade de os administradores possuírem a prerrogativa ou a competência discricionária de idealizarem e aprovarem novas despesas ou se a autovinculação gerada pela aprovação do planejamento seria rígida a ponto de impedir que os investimentos em PD&I fossem feitos sem a redefinição do planejamento e nova aquiescência pelo Conselho.

Em razão dessa primeira repreensiva feita pelos órgãos técnicos do Tribunal de Contas da União, a defesa dos gestores da Eletrobrás sustentou que a iniciativa de realizar tais investimentos era fruto da competência discricionária assegurada aos administradores da empresa estatal, sendo possível a complementação e criação de novos investi-

265 BRASIL. Tribunal de Contas da União. *Acórdão n. 1784/2017*. Plenário. Relator Ministro José Múcio Monteiro. J. 16 ago. 2017.

mentos sem maiores critérios ou formalidades, afirmando que "quanto às dimensões específicas citadas, de seleção e priorização de ações de P&D+I, o seu tratamento é dado na esfera da discricionariedade técnica. Neste caso, a administração, em seus vários níveis, utiliza, como elemento fundamental, para análise e deliberação, o componente técnico, consideradas, evidentemente, outras dimensões, como a política e a estratégia institucionais, a relevância do ponto de vista técnico-econômico, a disponibilidade de fontes de recursos, a consonância com ações prioritárias de P&D+I identificadas etc.".[266]

A linha argumentativa exposta pelos administradores é o reflexo do que expusemos no tópico *4.3.3.1*, evidenciando que a discricionariedade técnica, inclusive no que tange à alocação de recursos e programação de investimentos, é essencial para o desenvolvimento das estatais.

Chama a atenção na linha de defesa apresentada pelos responsáveis a argumentação quanto à existência de uma competência discricionária para a seleção e priorização dos investimentos em PD&I, a partir de análises técnicas e outros critérios de administração postos à disposição dos gestores, o que evidentemente não se nega, pois é necessário que estes de fato tenham essa opção de escolha e essa flexibilidade típica da discricionariedade para adotar as medidas que julgarem pertinentes.

A origem dessa alegada (e reconhecida) competência discricionária e a possibilidade de os administradores estabelecerem novos investimentos e desenvolverem outras áreas, ainda que tenham recursos disponíveis, é a origem da discussão travada nos autos da auditoria, porquanto por mais que o Tribunal tenha procurado ressalvar e respeitar as competências discricionárias de planejamento dos administradores da Eletrobrás, o que se colocou em xeque foi a possibilidade de, uma vez autovinculados e conformados ao plano de negócios, criar e gerar novos investimentos em áreas até então não previstas.

---

[266] BRASIL. Tribunal de Contas da União. *Acórdão n. 1784/2017*. Plenário. Relator Ministro José Múcio Monteiro. J. 16 ago. 2017.

Após a análise das defesas dos administradores, que giraram em torno da existência da competência discricionária para proceder com as ações de PD&I, o TCU manteve o posicionamento de que aquelas mesmas ações não teriam sido previamente planejadas, registrando que "não se vislumbra em que contexto, no desempenho das funções de planejamento estratégico e governança das suas ações de PD&I, teria se observado a seleção e priorização de alguma ação balizado pelos parâmetros apontados pela Eletrobrás".[267]

Na mesma conclusão, o Tribunal assentou que caberia à Eletrobrás adotar as "medidas para implementar uma norma interna instituindo uma sistemática para o planejamento estratégico e governança das ações de PD&I que contemple elementos que viabilizem o adequado desempenho dessas funções", ante "a ausência de avaliação específica e de planejamento".[268]

Mesmo tendo reconhecido que a administração da Eletrobrás se desvinculou do que planejara e criou investimentos não previstos anteriormente, a conclusão da auditoria não reprovou a matéria, tampouco aplicou qualquer sanção aos administradores, limitando a análise às recomendações descritas anteriormente.

Não só o Tribunal de Contas da União deixou de reprovar a matéria, limitando-se a tecer recomendações para que houvesse planejamento nas iniciativas relacionadas ao PD&I, como reconheceu que a inovação na criação de novos investimentos e alocação de recursos para outras áreas seria medida típica da competência discricionária dos administradores da empresa estatal.

De acordo com as conclusões tecidas pela Corte de Contas, não haveria maiores reprimendas aos administradores no fato de terem implementado o PD&I sem planejamento específico, pois trata-se de "de

[267] BRASIL Tribunal de Contas da União. *Acórdão n. 1784/2017*. Plenário. Relator Ministro José Múcio Monteiro. J. 16 ago. 2017.

[268] BRASIL Tribunal de Contas da União. *Acórdão n. 1784/2017*. Plenário. Relator Ministro José Múcio Monteiro. J. 16 ago. 2017.

norma concebida no campo da discricionariedade conferida ao gestor, definindo políticas, diretrizes e estratégias de atuação da empresa".[269]

Ao mesmo tempo que se pode extrair um aspecto positivo dessa decisão, tendente em perceber que o Tribunal buscou privilegiar ao máximo a discricionariedade administrativa na governança das empresas estatais, não é de se descartar que haja um aspecto temerário nessa mesma decisão, pois ao permitir a flexibilização da autovinuculação e conformação geradas após a aprovação do plano de negócios, possibilitando aos administradores da Eletrobrás que realizassem investimentos em PD&I, ainda que não tenham constado no planejamento, flerta o TCU com a situação indesejada pela própria Lei nº 13.303/16, de se ter uma gestão de empresa estatal sem critérios e organização, permitindo-se aos administradores que adotem medidas não coadunadas com o objeto social da companhia e com as próprias finalidades de interesse público.

Por mais que se reconheça e enalteça a necessidade de os administradores possuírem competência discricionária para que adequem e adaptem o planejamento às novas realidades identificadas, é necessário que a realização de novos investimentos se dê dentro do processo de planejamento, aí incluindo a aprovação de um novo plano de negócios. A permissão para descumprir o quanto planejado e autorizar a realização de novos investimentos – por mais nobres que sejam – sem o devido planejamento compromete a governança das empresas estatais e não é consentânea com a discricionariedade administrativa prevista em lei.

Assim, o descumprimento do plano de negócios e a mitigação da atividade de planejamento não podem ser vistos como um benefício em matéria de governança das empresas estatais. A própria lei, ao assegurar a discricionariedade administrativa, o faz justamente para que suas disposições pautem a atuação do gestor e permitam o exercício da competência discricionária ali identificada, o que não pode culminar no retrocesso de se ter uma governança sem critérios e errática, inserindo e retirando investimentos sem um processo claro de planejamento.

---

[269] BRASIL Tribunal de Contas da União. *Acórdão n. 1784/2017*. Plenário. Relator Ministro José Múcio Monteiro. J. 16 ago. 2017.

Conquanto admita-se e reconheça-se que o plano de negócios possa ser alterado e adaptado e isso seja consequência da competência discricionária prevista na Lei das Estatais, de igual forma não se concebe que novos investimentos, como o de PD&I, sejam inseridos, ainda que balizados em critérios técnicos e fidedignos, sem um novo processo de planejamento a organizar as novas iniciativas.

Destaque-se que em decorrência das impropriedades identificadas, uma nova auditoria foi iniciada a fim de se verificar se as adequações solicitadas pelo TCU no Acórdão nº 1784/2017 foram implementadas pela Eletrobrás.

Por intermédio do Acórdão nº 2566/2019, o TCU reconheceu que algumas das adequações haviam sido implementadas a bem de se cumprir a autovinculação gerada a partir da aprovação do plano de negócios e, fundamentalmente, reafirmou a competência discricionária para que os administradores da estatal realizassem investimentos em PD&I.

A propósito da competência discricionária identificada, o próprio TCU ponderou que as adequações ali examinadas seriam meras recomendações: "não resta dúvida que o comando se amolda mais a uma recomendação, visto tratar-se de norma concebida no campo da discricionariedade conferida ao gestor, definindo políticas, diretrizes e estratégias de atuação da empresa".[270]

Outro caso envolvendo a realização de novos negócios e a vinculação ao planejamento igualmente examinado pelo Tribunal de Contas da União diz respeito à ampliação do escopo de atuação da empresa Caixa Imóveis na prestação de serviços relacionados às atividades de financiamento imobiliário da Caixa Econômica Federal (Caixa).

Conforme examinado no Acórdão nº 1272/2019, a auditoria do TCU buscou verificar se a expansão do objeto social da Caixa Imóveis estaria coadunada com o plano de negócios da companhia. Já na primeira manifestação por parte dos auditores, registrou-se que as novas ativi-

---

[270] BRASIL. Tribunal de Contas da União. *Acórdão 2566/2019*. Plenário. Relator ministro Raimundo Carreiro. J. 23 out. 2019.

dades empreendidas pela Caixa Imóveis não estariam em conformidade com o objeto social: "o plano de negócios da empresa encaminhado a esta Corte não prevê a realização das atividades aqui mencionadas".[271]

Do posicionamento adotado pelo corpo de auditores depreende-se que, em matéria de vinculação ao plano de negócios, o TCU é taxativo em desconhecer qualquer discricionariedade visando ao seu descumprimento com a inclusão de novos negócios e investimentos, o que não se confunde com a existência de uma competência discricionária para se adequar ou alterar o mesmo plano.

5.1.1 A discricionariedade administrativa, o planejamento, a governança corporativa e o atendimento do interesse público: o caso das refinarias da Petrobras

Assunto amplamente difundido na imprensa por conta da denominada "Operação Lava-Jato", a construção das refinarias da Petrobras é tema que toca diretamente na competência discricionária relativa ao planejamento das empresas estatais, porquanto eventuais excessos em seu exercício podem ter levado a estatal a desviar-se de seus objetivos de interesse público, servindo a outros propósitos.

O Acórdão nº 1839/2018 examinou a conduta do Conselho de Administração da Petrobras na elaboração de projetos e execução do Complexo Petroquímico do Rio de Janeiro – COMPERJ. Segundo descrito no relatório de auditoria que integra o julgado, aquele órgão teria sido omisso em seu dever estatutário de fiscalizar a Diretoria Executiva, permitindo e aprovando projetos irreais do ponto de vista financeiro:

> [...] em relação ao seu dever estatutário e legal de fiscalizar a gestão da DE, visto que não se identificou naquele trabalho uma atuação sistemática por parte do CA no sentido de acompanhar

[271] BRASIL. Tribunal de Contas da União. *Acórdão 1272/2019*. Plenário. Relator Ministro Raimundo Carreiro. J. 05 jun. 2019.

> o andamento físico-financeiro, nem de avaliar a viabilidade dos projetos de investimento das refinarias Premium, inobstante sua relevância estratégica para o atingimento da meta de ampliação da capacidade de refino da Petrobras no Brasil.
>
> Como visto ao longo do capítulo II, a Lei das Estatais, em aprimoramento ao que já dispõe a Lei das Sociedades Anônimas, implementou novas regras de governança corporativa e gestão em relação às estatais, como as disposições já esmiuçadas dos artigos 8º e 27, o plano de negócios e estratégia de longo prazo previstos nos incisos I e II do artigo 23 e outras tipificações como a própria competência do Conselho de Administração, contida no artigo 18.Vinculados a todos esses dispositivos, tanto a Diretoria quanto o Conselho de Administração devem implementar as medidas empresariais sem se desviarem das finalidades de relevante interesse coletivo e imperativo de segurança nacional que justificam a existência de uma estatal.

Por mais que haja competência discricionária para gerir a empresa estatal de maneira empresarial e profissional, as iniciativas devem visar ao interesse público previsto e os órgãos diretivos devem se ater a essa finalidade para garantir que a atividade lucrativa cumpra o seu papel finalístico retratado no artigo 173, § 1º da Constituição Federal.

O que se espera do Conselho de Administração, portanto, a partir das disposições do artigo 18 da Lei das Estatais, é que fiscalize e oriente as iniciativas das Diretorias a bem de se manter a estatal no trilho de suas finalidades de interesse público. É o que se denota dos incisos I, II e IV daquele dispositivo, que assim definem as funções do Conselho de Administração:

> Art. 18. Sem prejuízo das competências previstas no art. 142 da Lei nº 6.404, de 15 de dezembro de 1976, e das demais atribuições previstas nesta Lei, compete ao Conselho de Administração:
>
> I - discutir, aprovar e monitorar decisões envolvendo práticas de governança corporativa, relacionamento com partes interessadas, política de gestão de pessoas e código de conduta dos agentes;

> II - implementar e supervisionar os sistemas de gestão de riscos e de controle interno estabelecidos para a prevenção e mitigação dos principais riscos a que está exposta a empresa pública ou a sociedade de economia mista, inclusive os riscos relacionados à integridade das informações contábeis e financeiras e os relacionados à ocorrência de corrupção e fraude;
>
> IV - avaliar os diretores da empresa pública ou da sociedade de economia mista, nos termos do inciso III do art. 13, podendo contar com apoio metodológico e procedimental do comitê estatutário referido no art. 10.

No caso concreto examinado pelo TCU, o que se identificava é que os Conselheiros da Petrobras teriam se afastado de suas atribuições, permitindo que algumas Diretorias exercessem suas competências discricionárias de gestão para fins não estabelecidos para aquela estatal, idealizando projetos irreais e não sustentáveis financeiramente, como a construção do COMPERJ.

Procedendo ao exame do planejamento para a ampliação da capacidade de refino da Petrobras, a auditoria constatou que o Conselho de Administração apenas endossou as informações prestadas pela Diretoria responsável, oportunidade em que assentou que "os administradores não podem se furtar de usar em seu processo decisório as informações relevantes que lhes tenham sido disponibilizadas, tampouco se eximir do dever de exigir a disponibilização das informações suficientes e necessárias para subsidiar sua tomada de decisão".[272]

Complementou a auditoria que, em relação "ao dever de vigiar, exige-se que o administrador exerça o devido acompanhamento sistêmico dos negócios da companhia com o intuito de monitorar seu andamento e verificar a execução das diretrizes estabelecidas e das decisões tomadas".[273]

---

[272] BRASIL Tribunal de Contas da União. *Acórdão nº 1839/2018*. Plenário. Relator ministro José Múcio Monteiro. J. 8 ago. 2018.

[273] BRASIL Tribunal de Contas da União. *Acórdão nº 1839/2018*. Plenário. Relator ministro José Múcio Monteiro. J. 8 ago. 2018.

Das colocações constantes do relatório de auditoria extrai-se que a competência discricionária da Diretoria em idealizar os projetos que são de sua responsabilidade não pode se efetivar de forma irreal e impraticável, da mesma forma que a competência discricionária do Conselho de Administração em examiná-los não pode se resumir a chancelar esses mesmos projetos ou deixar de verdadeiramente cotejar as informações técnicas que os compõem.

Especificamente quanto ao Conselho de Administração, este não pode se resumir, ao abrigo de uma competência discricionária, a apenas corroborar com o que é apresentado pela Diretoria responsável pelo planejamento, sem se ater aos critérios técnicos da iniciativa. A competência discricionária deve se dar a partir do exame criterioso da medida, para então se decidir por sua aprovação ou reprovação, de modo que não há competência discricionária para decidir sem embasamento técnico, mas somente para decidir, com fulcro em elementos consistentes, se será ou não aprovado o planejamento.

Não há competência discricionária na omissão, na escusa em se apoiar em exames *técnicos para se tomar a decisão colegiada. Somente admite-se que o* Conselho aprove ou reprove um plano se o fizer com o exame técnico necessário. Feito o exame técnico, a partir daí admite-se discricionariedade na opção que fizer.

Inexiste discricionariedade administrativa em atuação que prejudique a companhia, pois isso implica prejuízo ao interesse público que justifica a razão de ser da empresa estatal. Não cabe, a pretexto de uma competência discricionária assegurada, tomar ou deixar de tomar medidas resultando em contraposição ao fim precípuo da sociedade, ou que de alguma forma prejudiquem sua busca.

A ideia de governança corporativa aprimorada na Lei nº 13.303/16 destina-se a proteger os interesses da companhia. A competência discricionária extraída da referida lei deve ser exercida com esse norte, a fim de que a governança corporativa se dê "alinhando interesses com a finalidade de preservar e otimizar o valor da organização, facilitando seu acesso a recursos e contribuindo para sua longevidade".[274]

No caso das empresas estatais, a todos esses elementos deve ser acrescentado o interesse público que consubstancia sua existência, o que reforça a ideia exposta anteriormente de que a competência discricionária na administração das empresas públicas e sociedades de economia mista encontra uma limitação finalística tendente em conformar a atuação empresarial ao interesse público subjacente à existência da sociedade empresarial do Estado.

Foi a ruptura dessa conformidade e a distorção da competência discricionária de gestão empresarial que o TCU identificou no exame da construção do COMPERJ e que o fez rechaçar as contratações e os projetos, aduzindo que:

> O interesse público a ser atendido pela SEM deve constar na lei específica de sua constituição, bem como no seu Estatuto Social. Esse interesse deve limitar a discricionariedade do Estado no direcionamento estratégico das SEMs e não pode ser interpretado como um interesse genérico. Tal interesse público deve ser conciliado com outros aspectos inerentes a qualquer sociedade empresária, tais como a administração eficiente, profissional, responsável, transparente, equitativa e financeiramente sustentável.[275]

A postura omissa do Conselho de Administração reforçou esse cenário, porquanto este, em vez de exercer o poder fiscalizatório que lhe compete e refrear iniciativas que comprometeriam a busca do interesse público subjacente à Petrobras, deixou de exercer suas competências, permitindo que a discricionariedade administrativa fosse utilizada para fins não consentâneos com os objetivos da companhia e falhando nos deveres de diligência.

---

[274] BRASIL Tribunal de Contas da União. *Acórdão nº 1839/2018*. Plenário. Relator ministro José Múcio Monteiro. J. 8 ago. 2018.

[275] BRASIL Tribunal de Contas da União. *Acórdão nº 1839/2018*. Plenário. Relator ministro José Múcio Monteiro. J. 8 ago. 2018.

Em princípio, poderia se argumentar que, ao endossar um planejamento tão discrepante da realidade da companhia em termos de investimento, com a previsão da construção concomitante de quatro empreendimentos, o Conselho de Administração teria se valido da discricionariedade administrativa que também lhe é atribuída para aprovar os projetos que entenda perfilhados com os desígnios da companhia. Essa opção discricionária, no entanto, seria justificada apenas se fosse precedida de avaliação técnica, e não mero endosso à proposta da Diretoria responsável.

A desídia do órgão colegiado em confrontar a proposta da Diretoria a partir dos elementos técnicos que desaconselhavam a ideia de construir o COMPERJ de uma única vez, em duvidar da viabilidade econômica e de logística do empreendimento, afastou-se dos pilares da governança corporativa e comprometeu a rentabilidade da companhia.

Essa é a síntese da conclusão atingida pelo TCU, que se manifestou nesse quesito da seguinte maneira:

> Para suportar essa percepção, primeiramente se destaca a opção do colegiado por um planejamento agressivo, contrário às recomendações especializadas, caraterizado pela escolha da alternativa mais intensiva em capital de se processar todo o óleo pesado nacional e pelo desafiador cronograma de construção, com quatro empreendimentos praticamente ao mesmo tempo. Num primeiro juízo, essa ousadia empresarial se mostra dentro do limite de discricionariedade esperado de um administrador de S/A, justificável pela oportunidade que se apresentava (autossuficiência na produção de petróleo) e pelo retorno econômico de médio a longo prazo que se esperava (agregação de valor ao petróleo nacional). Entretanto, a reiterada falta de preocupação do colegiado com a viabilidade econômica dos empreendimentos e com o prazo para início de operação das refinarias, para consequente recebimento de receitas, perfaz evidência que vai na contramão do objetivo declarado de agregação de valor (retorno econômico).[276]

[276] BRASIL. Tribunal de Contas da União. *Acórdão nº 1839/2018*. Plenário. Relator

Portanto, a competência discricionária extraída da Lei das Estatais deve se dar em compasso com a governança corporativa e com o planejamento também trazidos pela lei, de forma que não se justifica, sobretudo em se tratando do Conselho de Administração, que aquela mesma competência ocorra para prejudicar a companhia, interferir negativamente em seu plano de negócios e comprometer a busca do interesse público com negócios irreais.

5.2 A discricionariedade administrativa e a política de desinvestimentos

O primeiro acórdão proferido pelo Tribunal de Contas da União efetivamente consubstanciado na Lei nº 13.303/16 e que tratou da relação entre a Lei e a discricionariedade administrativa refere-se à escolha de parceiros em oportunidades de negócios do sistema Eletrobrás.

O caso, registrado no Acórdão nº 1765/2018, buscou examinar a política de desinvestimentos da Eletrobrás, fundada na venda de participações acionárias em Sociedades de Propósito Específico – SPEs, tendo discutido, dentre outros pontos, a atribuição de discricionariedade aos administradores das empresas estatais para eleger, na chamada oportunidade de negócios prevista no artigo 28, § 3º, inciso II da Lei nº 13.303/16,[277] os parceiros identificados na política de desinvestimento,

---

ministro José Múcio Monteiro. J. 8 ago. 2018.

[277] BRASIL. *Lei nº 13.303,* de 30 de junho de 2016: "Art. 28. Os contratos com terceiros destinados à prestação de serviços às empresas públicas e às sociedades de economia mista, inclusive de engenharia e de publicidade, à aquisição e à locação de bens, à alienação de bens e ativos integrantes do respectivo patrimônio ou à execução de obras a serem integradas a esse patrimônio, bem como à implementação de ônus real sobre tais bens, serão precedidos de licitação nos termos desta Lei, ressalvadas as hipóteses previstas nos arts. 29 e 30. [...] § 3º São as empresas públicas e as sociedades de economia mista dispensadas da observância dos dispositivos deste Capítulo nas seguintes situações: [...] II - nos casos em que a escolha do parceiro esteja associada a suas características particulares, vinculada a oportunidades de negócio definidas e específicas, justificada a inviabilidade de procedimento competitivo. Disponível em: http://www.planalto.gov.br/ccivil_03/_ato2015-2018/2016/lei/l13303.htm.

sem necessidade de licitação e em um mecanismo de disputa próprio, igualmente fundado naquele dispositivo.

Instados a se manifestarem, os gestores da Eletrobrás sustentaram que de acordo com os princípios norteadores da Administração Pública previstos no artigo 37, *caput* da Constituição Federal, "cabe aos gestores escolher a estratégia de venda mais efetiva para a Estatal",[278] denotando que o processo de venda de ações em Sociedades de Propósito Específico, embora tivesse de cumprir certos critérios de publicidade e competitividade, não estaria vinculado aos ditames de licitação previstos na Lei nº 13.303/16, a ponto de se sujeitar a um processo formal de licitação.

Buscou-se enquadrar a operação de venda de ações na chamada inaplicabilidade de licitação identificada no § 3º do artigo 28 da Lei das Estatais, para se concluir que, por ser uma oportunidade de negócios, a transação estaria não só abrigada nos conceitos de dispensa e inexigibilidade de licitação como também na chamada inaplicabilidade,[279] uma das inovações da legislação em matéria de licitações nas estatais.

A partir desse enquadramento, tendente em afastar a venda de participação acionária de uma simples contratação direta e calcada nas regras licitatórias, o debate girou em torno de estabelecer se a identificação da oportunidade de negócios ensejaria por si só o afastamento da licitação e, consequentemente, maior discricionariedade à estatal no que

[278] BRASIL Tribunal de Contas da União. *Acórdão nº 1765/2018*. Plenário. Relator Ministro Aroldo Cedraz. J. 1º ago. 2018. Acesso em: 18 dez. 2019.

[279] Acerca da diferença entre dispensa, inexigibilidade e inaplicabilidade de licitação na Lei nº 13.303/16, valem as palavras de Luiz Eduardo Altenburg de Assis: "além da contratação precedida de licitação e das hipóteses de dispensa e inexigibilidade, o próprio artigo 28 da Lei n. 13.303/2016 estabeleceu uma terceira modalidade de contratação, normalmente nominada de licitação dispensada ou de inaplicabilidade de licitação, onde não incidiriam as disposições legais pertinentes ao procedimento licitatório e à contratação por dispensa e inexigibilidade. Em tal modalidade, a empresa estatal estaria imune não apenas do dever de licitar, como desobrigada de observar todo o Capítulo I do Título II da Lei n. 13.303/2016, que disciplina a licitação e os casos de contratação direta" (ASSIS, Luiz Eduardo Altenburg de. *Parcerias Empresariais Público-Privadas:* as parcerias e outras formas associativas em oportunidades de negócio na Lei das Estatais. 2018. 295 f. Dissertação (Mestrado em Direito). Pontifícia Universidade Católica de São Paulo – PUC-SP, São Paulo, 2018, pp. 87-88).

concerne ao processo de venda, ou se haveria a necessidade de uma justificativa a demonstrar a pretensa oportunidade identificada.

Nas palavras da auditoria do TCU, constantes do relatório do Acórdão nº 1765/2018:

> Não se trata de liberalidade concedida ao gestor, no sentido de optar ou não pelo procedimento competitivo. Tampouco há dispensa integral de promoção de competição entre eventuais interessados. Diferentemente do posicionamento do memorando aqui analisado, pela inaplicabilidade de licitação, a regra estabelecida pela Lei das Estatais abre a possibilidade de escolha de parceiros, em oportunidades de negócios, porém impõe que se justifique a inviabilidade de competição nesses casos.[280]

A posição adotada pelo TCU evidencia que a corte rechaça a discricionariedade[281] em se reputar o que é ou não a oportunidade de negócios identificada, pois condiciona a existência desta à apresentação de uma justificativa técnica a demonstrar de fato sua existência, o que, diga-se, é previsto na parte final do inciso II do § 3º do artigo 28, que estabelece que deverá ser "justificada a inviabilidade de procedimento competitivo".

Ao impor que a eleição e a indicação da oportunidade de negócios devem ser justificadas a bem de se evitar um artifício para burlar o regime licitatório, o TCU estabelece uma vinculação aos gestores, pois a definição da existência de fato de uma oportunidade de negócios deve ser previamente justificada e, obviamente, estará sujeita ao controle externo.

---

[280] BRASIL Tribunal de Contas da União. *Acórdão nº 1765/2018*. Plenário. Relator Ministro Aroldo Cedraz. J. 1º ago. 2018.

[281] A Corte de Contas emprega o vocábulo "liberdade" ao nosso ver equivocadamente, pois, como visto, as empresas estatais possuem discricionariedade de atuação, e não liberdade, regime típico de um ambiente integralmente privado. Em razão disso, utilizaremos o vocábulo "discricionariedade" fazendo menção ao trecho em que se utilizou "liberdade".

Essa vinculação não afasta a discricionariedade para operar e instrumentalizar a oportunidade de negócios devidamente justificada, que se dará dentro da realidade empresarial e distante das normas de Direito Público no que tange à licitação.

É preciso ter claro a diferença entre não se reconhecer competência discricionária na definição da oportunidade de negócios, porquanto prescindida de justificativa a atestar sua existência, e a discricionariedade em materializá-la após ter sido devidamente justificada.

É esta a dicotomia que se extrai do Acórdão nº 1765/2018, já que procura primeiro repreender os gestores da Eletrobrás por terem enquadrado a venda de participação acionária em SPE como oportunidade de negócios consubstanciada no artigo 28, § 3º, inciso II da Lei nº 13.303/16 sem a necessária justificativa, para depois esmiuçar o caráter operacional daquela mesma oportunidade de negócios.

Apesar de ter apontado que a Lei das Estatais, em seu artigo 28, concedeu "alto grau de discricionariedade às [empresas estatais] que avaliarão, com parâmetros ainda imprecisos, se as características particulares de parceiros em potencial e oportunidades de negócios definidas e específicas poderão justificar a inviabilidade de procedimento competitivo",[282-283] o Tribunal afasta e retira a mesma competência discricionária que identificara, ao apontar que a empresa estatal "somente poderá contratar empresa para prover produtos ou serviços com base nos dispositivos citados (Lei 13.303/2016, art. 28, § 3º, inciso II c/c § 4º) se for caracterizada a inviabilidade de competição".[284]

Ao condicionar que a contratação nos moldes do artigo 28 só ocorrerá se for caracterizada a inviabilidade, o Tribunal potencializa a justificativa necessária e prevista naquele mesmo dispositivo e a coloca

---

282 BRASIL Tribunal de Contas da União. *Acórdão nº 1765/2018*. Plenário. Relator Ministro Aroldo Cedraz. J. 1º ago. 2018.

283 Esse reconhecimento também se dá no Acórdão nº 442/2017, que trata da política de desinvestimentos da Petrobras que examinaremos adiante.

284 BRASIL. Tribunal de Contas da União. *Acórdão nº 1765/2018. Acórdão nº 1765/2018*. Plenário. Relator Ministro Aroldo Cedraz. J. 1º ago. 2018.

como um valor de aprovação, que evidentemente só ocorrerá mediante exercício do controle externo a chancelar ou não a justificativa apresentada para se beneficiar da inaplicabilidade de licitação. Daí afirmar-se que o próprio Tribunal esvazia a discricionariedade que apontou, pois tira do administrador a avaliação dos conceitos técnicos para identificar uma benéfica oportunidade de negócios, condicionando-a à necessidade de comprovar a inaplicabilidade do regime licitatório.

Destaque-se que o TCU adotou a mesma posição no Acórdão nº 2488/2018, que tratava de uma parceria de negócios entre a Telecomunicações Brasileiras S.A. – Telebr*ás* e a Viasat, também nos moldes do artigo 28 da Lei das Estatais.[285]

Na oportunidade, o Tribunal assentou que "é imprescindível a apresentação dos estudos que corroborem os motivos pelos quais o administrador fez a sua escolha, justificando e dando as razões concretas para, mesmo de forma discricionária, porém com fundamentos robustos e técnicos, determinar a escolha da empresa parceira", acrescentando ainda que "deve estar igualmente justificada a inviabilidade de procedimento competitivo para o negócio que se pretende viabilizar, como expresso no texto da lei, considerando-se suas peculiaridades, sob pena de que se ultrapassem os limites da discricionariedade do gestor".[286]

Uma coisa é a justificativa técnica demonstrar a existência de uma oportunidade de negócios, algo tipicamente usual na atividade empresarial e bem por isso reproduzida em lei; outra é ter de comprovar ou

---

[285] Destaque-se que através do Acórdão 1170/19, o TCU acabou aprovando a parceria entre a Viasat e a Telebrás. Tecendo comentários sobre o julgado, Lucas Sant'anna e Fabio Nakad, apontaram que "[a] decisão do TCU demonstrou, portanto, aderência à finalidade da norma de regência, reconhecendo a autonomia negocial das empresas estatais na celebração de parcerias e os limites da sua própria competência, enquanto órgão de controle externo da Administração Pública Federal" (SANT'ANNA, Lucas; NAKAD, Fábio. *O TCU e a Liberdade negocial das empresas estatais*. Publicado no portal JOTA em 21 jun. 2019. Disponível em: https://www.jota.info/opiniao-e-analise/colunas/coluna-do-machado-meyer/o-tcu-e-a-liberdade-negocial-das-empresas-estatais-21062019).

[286] BRASIL. Tribunal de Contas da União. *Acórdão n. 2488/18*. Plenário. Relator Ministro Benjamin Zymler. J 31 ago. 2018.

caracterizar que se está diante de uma inaplicabilidade de licitação. É necessário prevalecer sempre a boa-fé e a razoabilidade na conduta do administrador de modo a reconhecer-lhe o tino da gestão empresarial, censurando aquilo que fugir do razoável do padrão médio de atuação, preservando-se a discricionariedade e sua capacidade de escolha.[287]

Sendo a figura da oportunidade de negócios e sua consequente inaplicabilidade de licitação uma inovação no Direito Administrativo, tendo em vista que supera a velha dicotomia entre inexigibilidade e dispensa, admite-se até que o gestor de uma empresa estatal erre, desde que não grosseiramente, em sua percepção de uma oportunidade de negócios e, consequentemente, erre na justificativa necessária para viabilizá-la.

Em comentários ao artigo 28 da Lei nº 13.655/18,[288] Vera Monteiro asseverou que "a complexidade da inovação e as atribuições da função exercida pelo agente público precisa ser levada em consideração na hipótese de responsabilização, sendo totalmente insuficiente o nexo de causalidade entre a conduta do gestor e o resultado danoso",[289] de forma que eventuais equívocos e erros não dolosos na justificativa para se demonstrar certa oportunidade de negócios não podem servir de

---

[287] Entendimento similar é apresentado por Philippe de Oliveira Nader, que afirma: "Só é permitida a intervenção dos órgãos de controle nos casos de zona de certeza negativa, isto é, quando se tenha com alto grau de certeza que o administrador público agiu de má-fé. Na zona de certeza positiva (quando o gestor age rigorosamente dentro da lei) e na zona de penumbra (quando não é possível averiguar se o ato danoso foi praticado com má-fé), deve ser preservado o ato praticado em homenagem à boa-fé do gestor, sob pena de uma inversão da lógica de repartição das funções públicas no quadro da administração pública" (NADER, Philippe de Oliveira. *Segurança Jurídica para o Gestor de Estatal*. Publicado no portal JOTA em 11 set. 2019. Disponível em: https://www.jota.info/opiniao-e-analise/artigos/seguranca-juridica-para-o-gestor-de-estatal-11092019.).

[288] BRASIL. *Lei nº 13.655 de 25 de abril 2018*. "Art. 28 O agente público responderá pessoalmente por suas decisões ou opiniões técnicas em caso de dolo ou erro grosseiro". Disponível em: http://www.planalto.gov.br/ccivil_03/_Ato2015-2018/2018/Lei/L13655.htm.

[289] MONTEIRO, Vera. *Gestor público pode errar*. Publicado no portal JOTA em 23 jul. 2019. Disponível em: https://www.jota.info/coberturas-especiais/inova-e-acao/gestor-publico-pode-errar-23072019.

esteio para se obstar a iniciativa e determinar a necessidade de licitação, ainda que nos moldes da Lei nº 13.303/16.

Em função dessas assertivas, concordamos parcialmente com a visão do TCU acerca da matéria, pois igualmente reconhecemos que a Lei das Estatais também concedeu competência discricionária por meio do artigo 28, porquanto se valeu de parâmetros imprecisos para permitir a inaplicabilidade de licitação nas oportunidades de negócios, conferindo ampla gama de escolha e conveniência ao gestor para aplicar essa forma de contratação como meio de se atingir as finalidades de interesse público precípuas das empresas estatais.

Por outro lado, a justificativa prevista no inciso II, § 2º do artigo 28, por ser típica da atuação empresarial, não pode ser vista como algo rígido a ponto de, caso equivocada ou incompleta, inviabilizar a inaplicabilidade de licitação ou impedir o seu prosseguimento em sede de controle externo.

Prosseguindo com o exame da matéria, a despeito de o TCU ter feito ressalvas quanto à identificação da oportunidade de negócios refletida na venda de algumas participações acionárias, reconheceu que sua condução consubstancia medida tipicamente empresarial e infensa de maiores interferências externas quanto à forma de operacionalização. É o que se denota do trecho do relatório de auditoria, que consignou que "os desinvestimentos da Estatal figuram como ato de gestão negocial da empresa em busca do cumprimento de objetivos definidos em seu plano de negócios e não uma decisão do Estado".[290]

Com essa colocação, o TCU assenta que a política de desinvestimentos deve obedecer a uma lógica empresarial e não de Estado e, consequentemente, estabelece que se trata de uma competência discricionária dos administradores realizarem ou não um programa de desinvestimentos, bem como a forma em que este se dará.

[290] BRASIL. Tribunal de Contas da União. *Acórdão nº 1765/2018*. Plenário. Relator Ministro Aroldo Cedraz. J. 1º ago. 2018.

Assim, a figura da oportunidade de negócios e outras formas de parceria estão diretamente relacionadas com a atividade de planejamento e com a discricionariedade técnica que a acompanha, de maneira que a "estruturação do programa, que decorre do Plano Estratégico e do Plano Diretor de Negócio e Gestão, compreende diversas etapas, tais quais: seleção dos ativos alvos de desinvestimento, elaboração do programa e constituição de *data room*".[291]

Essa informação é relevante, pois embora o programa de desinvestimento de uma estatal seja algo eminentemente relacionado ao seu planejamento e ao caráter discricionário dessa atividade, o Decreto nº 9188/2017, editado pelo Governo Federal em 1º de novembro de 2017, em alguma medida, pode ter retirado ou ao menos mitigado o caráter discricionário desse processo.[292]

Conquanto seja de adesão facultativa,[293] uma vez que a estatal adere ao programa, passa a se vincular às regras e requisitos nele descritos como meio de dar concretude à sua política de desinvestimentos.

Por não ter aderido ao Decreto, o exame da política de desinvestimentos da Eletrobrás ficou adstrito à discricionariedade de planejamento, mas poderia sofrer interferências mais enfáticas, caso tivesse ocorrido com supedâneo nas regras do Decreto nº 9.188/17.

---

[291] BRASIL. Tribunal de Contas da União. *Acórdão nº 1765/2018*. Plenário. Relator Ministro Aroldo Cedraz. J. 1º ago. 2018.

[292] Acerca do caráter discricionário para adesão, vale o registro de Jéssica Suruagy Amaral Borges, que viu na postura do TCU em aplicar subsidiariamente as regras do Decreto nº 9188/2017, mesmo a Eletrobrás não tendo aderido ao programa, uma supressão indevida da "discricionariedade franqueada pelo decreto, que deixou livre a escolha pelas estatais" (BORGES, Jéssica Suruagy Amaral. *Estado acionista minoritário e seu controle pelo Tribunal de Contas da União*. Rio de Janeiro: Lumen Juris, 2019, p. 168).

[293] BRASIL. *Decreto nº 9.188 de 1º novembro de 2017*. "Art. 3º A Diretoria-Executiva das sociedades de economia mista poderá elaborar e propor programa de desinvestimento de ativos, o qual indicará, no mínimo: [...] § 1º A adesão da sociedade de economia mista ao regime especial de desinvestimento de ativos previsto neste Decreto será facultativa e dependerá de aprovação do Conselho de Administração ou do órgão diretivo máximo e de comunicação ao Ministério supervisor. Disponível em: http://www.planalto.gov.br/ccivil_03/_ato2015-2018/2017/decreto/D9188.htm.

Também tratando de programa de desinvestimentos, mas relativo à Petróleo Brasileiro S.A. – Petrobras, o Acórdão nº 442/2017 de igual forma trouxe aspectos relevantes acerca da competência discricionária e do processo de se transacionar participações pertencentes a uma empresa estatal.

Originado a partir de uma representação, o relatório de auditoria buscou examinar a venda de ativos que culminaria na perda de controle acionário de subsidiárias sob o prisma da "metodologia utilizada pela Estatal para a venda de ativos e empresas",[294] focando sobretudo na transparência do processo de alienação e nos critérios para seleção dos interessados em adquirir as ações negociadas.

Dentro dessa delimitação, a primeira discussão envolvendo a discricionariedade no processo de alienação de ativos versou sobre a prescindibilidade de legislação específica para a venda de ações de empresas subsidiárias ante a desnecessidade de reserva legal para a criação daquelas mesmas empresas.

Apontou a auditoria que seria desnecessária a existência de lei específica para autorizar a alienação do controle acionário de subsidiárias, porquanto se não foi exigida lei para a aquisição das ações e do consequente controle, não seria lógico que se admitisse lei para a venda das ações anteriormente adquiridas.

Nas precisas palavras do corpo de auditores que foram incorporadas ao voto do ministro relator:

> [...] posiciona-se pelo entendimento de que não haveria necessidade de autorização legislativa para a alienação desse tipo de ativo (subsidiária e participação em empresa privada). Reforça essa tese o argumento de que, se para a sociedade de economia mista foi confiada, mediante autorização legal, discricionariedade para decidir sobre a criação de subsidiária e sobre a sua participação em empresa privada, com a finalidade de dar cumprimen-

---

[294] BRASIL. Tribunal de Contas da União. *Acórdão n. 442/2017*. Plenário. Relator Ministro José Múcio Monteiro. J. 15 mar. 2017.

> to as suas atividades negociais, consectário lógico é supor que a ela também caberá decidir sobre alienação ou desconstituição de subsidiária ou de participação, com o mesmo fim.[295]

Esse argumento corrobora o que já vinha sendo afirmado até aqui: a vinculação nas empresas estatais não se destina a impor travas e requisitos para o desempenho das atividades empresariais, mas para o cumprimento da finalidade de interesse público que motivou a sua criação e deve balizar a atuação dos gestores.

A entrada e retirada de participações em subsidiárias, inclusive no que tange às suas criações, é ínsita ao exercício da atividade empresarial, de maneira que o gestor deve ter a competência discricionária assegurada para, dentro de seus critérios técnicos e a partir das conveniências e oportunidades identificadas, dispor das ações com o máximo de agilidade e flexibilidade que o mercado exige, a bem de não se perder o momento propício do negócio e da composição societária.

Determinar que as estatais e suas Diretorias devem, a cada nova participação ou retirada acionária em subsidiárias novas ou já existentes aguardar a promulgação de uma lei específica autorizando o negócio, aniquilaria a eficiência[296] e a agilidade necessárias para que possam competir no mercado e manter sua rentabilidade.

Essa também é a posição adotada por Alexandre Santos de Aragão, para quem "não se coaduna inclusive com o novo ambiente empresarial público, que a estatal esteja sujeita a procedimentos de fiscalização cus-

---

295 BRASIL. Tribunal de Contas da União. *Acórdão n. 442/2017*. Plenário. Relator Ministro José Múcio Monteiro. J. 15 mar. 2017.

296 Sobre o ideário de eficiência buscado pela Lei das Estatais, valem as palavras de Alécia Paolucci Nogueira Bicalho, para quem a lei "veio a preencher uma lacuna de 20 anos, segundo a diretriz constitucional de adoção nas estatais de um controle de eficiência mais afinado com a realidade contemporânea, pautado em melhores práticas [...]" (BICALHO, Alécia Paolucci Nogueira. A ressignificação da eficiência nas empresas estatais à luz da Lei 13.303/16. In: WALD, Arnoldo; JUSTEN FILHO, Marçal; PEREIRA, Cesar Augusto Guimarães (Coord.). *O Direito Administrativo na Atualidade:* estudos em homenagem ao centenário de Hely Lopes Meirelles (1917-2017). São Paulo: Malheiros, 2017, pp. 88-89).

tosos e demorados no que toca, inclusive, às suas atividades estratégicas enquanto suas concorrentes a nada disso se sujeitam".[297]

De igual forma, Alécia Paolucci Nogueira Bicalho registra que:

> O controle haverá de se adaptar a uma nova conotação, com uma fiscalização de visão mais ampla, considerando o aspecto empresarial dos resultados obtidos por estas empresas, na roupagem de Estado-Empresário, e na latitude de sua atuação nesse ambiente de novos paradigmas introduzidas pela Lei 13.303/16, em especial em consonância com a agilidade de seus negócios.[298]

Acertadamente, o Tribunal de Contas da União reconheceu a competência discricionária para os administradores atuarem no mercado de ações no que tange às subsidiárias sem a necessidade de lei autorizativa específica, no que foi endossado pelo Supremo Tribunal Federal que assentou, nos autos da ADI 5624 e apensadas, que a "exigência de autorização legislativa, todavia, não se aplica à alienação do controle de suas subsidiárias e controladas. Nesse caso, a operação pode ser realizada sem a necessidade de licitação, desde que siga procedimentos que observem os princípios da Administração".[299]

---

[297] ARAGÃO, Alexandre Santos de. *Empresas Estatais:* regime jurídico das Empresas Públicas e Sociedades de Economia Mista. 2. ed. Rio de Janeiro: Forense, 2018, p. 384. Em igual sentido é a posição de Caio Tácito, que já antes da Constituição de 1988 assinalava que "a personalidade jurídica de Direito Privado tem como objetivo precípuo a liberação dos processos burocráticos de gestão administrativa e financeira. É, em suma, o repúdio aos sistemas clássicos de controle da Administração Direta, de forma a propiciar maior flexibilidade operacional e permitir a abstenção dos processos formais da contabilidade pública" (TÁCITO, Caio. O controle das empresas do Estado (públicas e mistas). *Revista de Direito Administrativo,* Rio de Janeiro, Fundação Getulio Vargas, n. 111, jan./mar. 1973, pp. 1-9).

[298] BICALHO, Alécia Paolucci Nogueira. A ressignificação da eficiência nas empresas estatais à luz da Lei 13.303/16. In: WALD, Arnoldo; JUSTEN FILHO, Marçal; PEREIRA, Cesar Augusto Guimarães (Coord.). *O Direito Administrativo na Atualidade:* estudos em homenagem ao centenário de Hely Lopes Meirelles (1917-2017). São Paulo: Malheiros, 2017, p. 87.

[299] Supremo Tribunal Federal. *ADI 5624.* Plenário. Relator Ministro Ricardo Lewandowski. Brasília. J. 6 jun. 2019. Disponível em: http://portal.stf.jus.br/processos/

Ainda acerca da ADI 5624, destaca-se trecho do voto do ministro Luiz Fux, que sintetiza o raciocínio exposto até agora quanto à competência discricionária para a alienação do controle acionário de subsidiárias como fração essencial do planejamento das empresas estatais:

> [...] a imprescindibilidade de que as empresas estatais atuem de forma eficiente e economicamente racional, submetendo-se, tanto quanto possível, aos ditames do regime jurídico de Direito Privado, máxime porque as decisões gerenciais de desinvestimento não ocorrem num vazio institucional, mas devem ser realizadas, nos termos da sistemática consagrada pela própria Lei 13.303/2016, com fundamento no plano de negócios e na estratégia de longo prazo apresentados pela empresa.[300]

Para além da questão envolvendo a competência discricionária para transacionar no mercado de ações o controle acionário de subsidiárias, outros temas relativos à competência discricionária nas empresas estatais foram tratados no caso e, de igual forma, merecem análise quanto aos posicionamentos adotados pelo TCU.

A política de transparência e de escolha dos compradores das ações são as outras características de exame de competência discricionária que permearam o exame pelo Tribunal de Contas da União e foram apresentadas pelo corpo de auditores da seguinte forma:

> No que concerne à discricionariedade que era conferida aos gestores para escolha de potenciais compradores, a nova versão do normativo estabeleceu que a seleção de empresas será efetuada por meio de critérios de seleção objetivos, razoáveis, impessoais, devidamente justificados, comprovados e registrados, como evidencia o item 6.4 da Sistemática (peça 95, pp 27-30).

---

detalhe.asp?incidente=5093069. Acesso em: 27 dez. 2019.

[300] Supremo Tribunal Federal. *ADI 5624*. Plenário. Relator Ministro Ricardo Lewandowski. Brasília. J. 6 jun. 2019. Disponível em: http://portal.stf.jus.br/processos/detalhe.asp?incidente=5093069.

> Outra inconsistência apontada em relação à Sistemática, refere-se à não condução à deliberação de órgãos diretivos de parte relevante dos atos relacionados à venda de empresas e ativos, o que, em conjunto com o sigilo do processo, com a discricionariedade conferida aos gestores e com a possibilidade de alteração do objeto a qualquer momento, implica riscos à condução do desinvestimento, como debatido nas instruções pretéritas (peças 64 e 78).[301]

Quanto à transparência e publicidade, esta em função da necessidade de as empresas estatais observarem os princípios estatuídos no artigo 37 da Constituição Federal, por certo não se deve admitir que o processo de venda das ações corra em caráter sigiloso, omitindo-se informações relevantes ao interesse coletivo, de maneira que sob o prisma da transparência e publicidade se reconhece que de fato não há discricionariedade em se impor sigilo ao processo de alienação de venda de ações. Define-se, assim, a publicidade como regra, apenas comportando exceções a partir de critérios objetivos estipulados pela Diretoria.

Ainda que eventuais negociações exijam a proteção de certas informações a bem de se manter a viabilidade comercial da operação, em se tratando de empresa estatal, o sigilo não pode ser a regra, mas a exceção que deve ser previamente aprovada pela Diretoria.

A mesma restrição à competência discricionária identifica-se na escolha subjetiva dos compradores das ações, que deverão ser escolhidos a partir de critérios objetivos e pessoais, a bem de se resguardar um padrão mínimo de competitividade e isonomia, ainda que não se trate de hipótese de licitar.

5.3 A discricionariedade administrativa em firmar patrocínios

[301] BRASIL. Tribunal de Contas da União. *Acórdão n. 442/2017*. Plenário. Relator Ministro José Múcio Monteiro. J. 15 mar. 2017. Acesso em: 17 dez. 2019.

Descrito no artigo 27, § 3º da Lei nº 13.303/16, o patrocínio, embora se dê através de dispêndio de recursos por parte da estatal, não é visto como um investimento comercial, mas como uma política sociocultural da estatal, que poderá empregar recursos em determinados projetos a fim de melhorar sua marca em um dado segmento.

Se anteriormente à Lei das Estatais a política de patrocínio implementada pelas empresas estatais era um tanto quanto errática, sem a preocupação com critérios de vinculação do investimento com algum propósito da marca, após a redação trazida pelo artigo 27, § 3º, a iniciativa de patrocínio por empresas estatais passou a encontrar critérios objetivos para que se materialize, já que os patrocínios poderão ocorrer "desde que comprovadamente vinculados ao fortalecimento de sua marca", o que restringe a política de patrocínios a projetos diretamente relacionados à atividade da companhia.

Na definição de Bernardo Strobel Guimarães *et al.*, cotas de patrocínio podem ser praticadas pela empresa estatal "desde que isto não desvie estas empresas de seus objetivos institucionais. Tanto é assim que a própria lei destaca que o fortalecimento de atividades de natureza cultural deve ser feito com vistas à promoção da marca das empresas".[302]

Diversamente dos entes integralmente particulares, que podem livremente patrocinar quem quer que seja, assumindo o risco de não terem retorno da iniciativa em função de terem patrocinado propostas não relacionadas com seus objetos de atuação, as empresas estatais, a partir do advento da Lei nº 13.303/16, não podem patrocinar nenhuma inciativa, devendo investir nas iniciativas sociais, culturais e esportivas que tenham relação direta com seu objeto social.

É daí que decorre a celeuma entre a existência de discricionariedade administrativa em implementar políticas de patrocínio e a vinculação em patrocinar somente aquilo que não desvirtuar de sua função social e atividade precípua.

[302] GUIMARÃES, Bernardo Strobel; *et al.* *Comentários à Lei das Estatais* (Lei nº 13.303/2016). Belo Horizonte: Fórum, 2019, pp. 165-166.

À primeira vista, seria perceptível uma vinculação em matéria de patrocínio, porquanto especificou-se que este só poderia ocorrer em hipóteses relacionadas ao fortalecimento da marca.

No entanto, uma leitura mais apurada do texto legal mitiga essa conclusão imediata, pois além de a expressão "poderão celebrar convênio ou contrato de patrocínio" por si só demonstrar se tratar de atribuição de competência discricionária, porquanto o próprio texto concede a opção de os administradores implementarem ou não contratos de patrocínios, a própria imprecisão do que seriam os patrocínios "comprovadamente vinculados ao fortalecimento da marca" coloca o conteúdo do § 3º nos conceitos indeterminados – como todo o conteúdo do artigo 27 o é – , o que também atribui ao gestor a discricionariedade de patrocinar aquilo que reputar condizente com a redação do diploma.

Como visto no capítulo IV, o que caracteriza a discricionariedade administrativa (e técnica) no artigo 27 da Lei nº 13.303/16 é a presença de conceitos indeterminados que permitem, a partir de critérios de razoabilidade, a aplicação do conteúdo que o administrador entender adequado à finalidade pretendida, e não *é* diferente a essência de seu § 3º, que possibilita que os administradores disponham de uma ampla gama de opções para concluir o que é ou não coadunado com a marca da estatal.

Assim, por mais que se possa presumir que a lei buscou fixar um critério mais objetivo no que tange à possibilidade de as empresas estatais patrocinarem eventos culturais, esportivos, sociais e de inovação tecnológica, a realidade é que transferiu ao administrador a definição, dentro dos parâmetros razoáveis, do que seria aquela vinculação à marca, característica típica de uma competência discricionária decorrente de conceito jurídico indeterminado.

O Tribunal de Contas da União, no Acórdão nº 2770/18, analisou em conjunto contratos de patrocínio de 6 (seis) empresas estatais da União, tendo endossado a hipótese aqui sustentada e afirmado que "o patrocínio consiste em um tipo de contratação, absolutamente discricionário, carregado de subjetivismo".[303-304]

A competência discricionária para eleger os programas que são relacionados à melhoria da marca da empresa estatal não isenta essa escolha de ser justificada e demonstrada objetivamente, de forma que competência discricionária para se eleger um segmento para patrocinar não significa competência discricionária em fazer essa opção sem demonstrar sua viabilidade.

5.4 A discricionariedade administrativa nas operações de crédito firmadas pelas instituições financeiras estatais

Tema afeto em maior grau às instituições financeiras, já que corriqueiras e precípuas destas, as operações de crédito também suscitam questionamento quanto à competência discricionária para que ocorram, sobretudo quando resultam em prejuízo à estatal.

É o caso dos empréstimos realizados pelo Banco do Brasil S.A., com a liberação de garantias anteriores à construtora Encol S.A., que apesar de terem ocorrido no ano de 1999, suscitaram uma nova análise em 2018, através do Acórdão nº 2966/18, que se destinou a examinar irregularidades e ilicitudes na concessão dos empréstimos e no levantamento das garantias.

Ao longo da instrução, foram cogitados eventuais excessos dos gestores responsáveis pelos empréstimos, o que levou o exame da matéria para o campo da discricionariedade administrativa e os limites dos responsáveis deliberarem sobre ofertas de crédito aos seus correntistas.

---

[303] BRASIL. Tribunal de Contas da União. *Acórdão n. 2770/18*. Plenário. Relator ministro Vital do Rêgo. J. 28 nov. 18.

[304] Frise-se que a apesar de o TCU reconhecer a competência discricionária para as empresas estatais em firmarem contratos de patrocínio, critica justamente que a possibilidade de escolha fundada em critérios subjetivos impede que os resultados dos investimentos realizados a partir dessa política sejam examinados com mais objetividade e concretude.

A título de examinar se os administradores teriam agido dolosamente ao conceder empréstimos a uma construtora com alto grau de endividamento, o que dificultaria o retorno financeiro da iniciativa, tendo em vista não só o grau de endividamento identificado como a dispensa de uma garantia anteriormente estipulada, o TCU intimou os responsáveis para que se manifestassem quanto às operações e as razões pelas quais os empréstimos foram concedidos naquelas determinadas circunstâncias.

Após inúmeros questionamentos quanto à conduta adotada na concessão dos empréstimos e no levantamento das garantias, reconheceu-se que a operação se dera em conformidade com os riscos empresariais inerentes ao negócio, de modo "que a decisão da Diretoria do Banco do Brasil em admitir a substituição da garantia do Hotel Ramada nas operações com o grupo Encol encontrava-se dentro dos limites da discricionariedade administrativa alusiva à política então empregada pela instituição".[305]

Os administradores, ao assumirem o risco de realizarem as operações de crédito, fizeram-no calcados em sua discricionariedade técnica, de modo que não cabe na hipótese não ter havido ilícitos na operação, o controle externo em uma medida típica da rotina empresarial de uma instituição financeira.

Independentemente de a operação ter resultado em perdas ou ganhos à estatal, os critérios técnicos e de mercado utilizados não podem ser colocados em jogo, sob pena de se tolher a autonomia e a discricionariedade dos operadores quanto a ofertas de crédito. Não seria lógico, do ponto de vista empresarial, que todos os empréstimos formulados pelas instituições financeiras estatais passassem por um controle externo a fim de que fossem viabilizados, de forma que uma participação externa dessa natureza só se justifica em caso de se identificar fraude na conduta dos envolvidos.

---

[305] BRASIL. Tribunal de Contas da União. *Acórdão n. 2770/18*. Plenário. Relator ministro Vital do Rêgo. J. 12 nov. 18.

Bem por isso, o TCU, no Acórdão nº 2770/18, ao deixar de constatar dolo e fraude na operação de crédito questionada, deixou de recriminar a medida, por ser eminentemente empresarial, reconhecendo que:

> No caso em debate, para julgar a conduta dos gestores é necessária uma ampla avaliação da discricionariedade dos atos administrativos adotados, tendo em vista a complexidade das variáveis envolvidas. Em resumo, tratamos aqui de decisões empresariais inerentes a operações financeiras suscetíveis a riscos de mercado.[306]

Além de reconhecer o caráter integralmente empresarial da operação, o TCU também consubstanciou seu distanciamento na assertiva de que a "autoridade monetária agiu dentro de uma esfera de discricionariedade técnica em uma situação na qual decisões precisavam ser tomadas com rapidez".[307]

Denota-se com isso que, de fato, a discricionariedade técnica é o que permeia toda a gestão empresarial de uma empresa estatal no que concerne ao planejamento, à governança e à execução do plano de negócios.

5.5 Síntese conclusiva do capítulo V

Buscou-se, ao longo deste capítulo, examinar como o Tribunal de Contas da União enxerga, delimita e aplica a competência discricionária no planejamento e na governança corporativa das empresas estatais.

A partir dos casos em que identificamos ter havido o emprego de uma competência discricionária pelas empresas estatais controladas por aquele Tribunal, verificamos de início que há uma tendência em reconhecer que as empresas estatais e seus administradores gozam de certa

[306] BRASIL. Tribunal de Contas da União. *Acórdão n. 2770/18*. Plenário. Relator ministro Vital do Rêgo. J. 12 nov. 18.

[307] BRASIL. Tribunal de Contas da União. *Acórdão n. 2770/18*. Plenário. Relator ministro Vital do Rêgo. J. 12 nov. 18.

discricionariedade para implementar suas propostas empresariais, mas, contrariamente do que se depreende da Lei das Estatais, o TCU não concebe essa competência discricionária como algo positivo e salutar para o desenvolvimento dessas empresas. É o que se identifica do julgado em que se sustentou que a lei que regulamentasse a Emenda Constitucional nº 19/1998 viria justamente para reduzir a discricionariedade dos gestores daquelas empresas, evidenciando uma comum confusão entre discricionariedade e administração, sem nenhum tipo de balizamento ou padrão.

Em outro caso analisado neste capítulo, o TCU reconheceu que o artigo 28 da Lei das Estatais havia concedido um "alto grau de discricionariedade" aos administradores, considerando-a nociva e que deveria ser limitada por instrumentos teoricamente de vinculação contidos naquele mesmo artigo, como a justificativa em se eleger parceiros de negócios.

No intento de limitar referida discricionariedade administrativa por ele próprio admitida, o TCU passou a condicionar a existência de parcerias de negócios à comprovada justificativa de que se estaria diante daquela hipótese, a bem de que fosse demonstrada a inaplicabilidade de licitação para a consecução da parceria. Conforme retratamos ao longo da análise do caso, essa medida acaba por desnaturar o conceito das parcerias de oportunidade de negócios vinculadas ao objeto social da companhia, pois potencializa a justificativa técnica inerente e necessária em qualquer medida empresarial a uma necessidade de comprovar uma dispensa de licitação, o que não é o objetivo da disposição contida no § 3º, inciso II do artigo 28.

A postura do TCU em restringir a materialização das parcerias vinculadas às oportunidades de negócios busca tolher a competência discricionária intrínseca às parcerias empresariais para aproximá-la tanto quanto possível de uma simples dispensa de licitação em que incidirão todas as regras típicas de Direito Público para que possa efetivamente ocorrer.

Apesar de ter chancelado alguns casos que tratavam de parcerias em oportunidades de negócios, como a *joint venture* buscada pela Viasat e a Telebrás, a Corte de Contas não o fez por admitir que a escolha do parceiro era fruto de uma competência discricionária técnica, mas apenas porque aprovou e viu comprovada as razões de eleição do parceiro que afastavam a precedência de um certame licitatório para sua escolha, endossando nossa posição de que em casos como estes o TCU busca analisar a parceria não sob o prisma discricionariedade existente, mas somente para averiguar se estavam presentes ou não os requisitos que afastam a licitação.

Igualmente envolvendo a competência discricionária e a consecução de atos típicos da gestão empresarial, o TCU procedeu a análise em conjunto dos contratos de patrocínio firmados por 6 empresas estatais da União.

Naquela oportunidade, ao deixar de exercer o controle e aplicar recomendações ou ressalvas à política daquelas empresas estatais, o TCU sustentou que a política de patrocínios era algo tipicamente discricionário, o que impediria de fato o exame da legalidade e o retorno dos acordos de patrocínio firmados.

Por mais que a princípio possa se extrair algo positivo dessa postura, já que afirmou que era algo intrínseco à discricionariedade empresarial próprias das empresas estatais, o Tribunal não teceu essa consideração sem apontar justamente que a existência de uma discricionariedade administrativa impedia que se exercesse o controle, pois teria que se imiscuir nas razões de conveniência e oportunidade e nos propósitos técnicos do administrador para exercer o controle externo, o que seria de todo dificultado em função do alto grau de subjetividade em decisões tomadas com base em competência discricionária.

Essa colocação evidencia que para o TCU seria o caso de não haver discricionariedade a bem de se efetivar o controle externo, demonstrando o caráter indesejado daquele instituto também em matéria de acordos de patrocínio.

Já no exame de oferta de crédito feita pelo Banco do Brasil sem garantia prévia a correntista com alto grau de endividamento, o TCU acertadamente deixou de reprovar a conduta dos diretores, ao constatar que a operação de crédito não ocorrera com dolo ou fraude, mas calcada na discricionariedade técnica dos diretores em estimar o risco do negócio.

Nesse caso específico, por se tratar de uma operação financeira típica e corriqueira de um banco estatal, o TCU não só reconheceu a discricionariedade técnica na operação como deixou de criticá-la e de procurar elementos para que fosse de alguma forma mitigada.

Seria, de fato, uma intromissão no escopo empresarial de uma instituição financeira se o TCU avocasse competência também para controlar toda e qualquer oferta de crédito, de forma que nesse caso específico prevaleceu o bom senso em *não se estabelecer reprimendas*, uma vez que não foi constatado dolo por parte dos responsáveis, ainda que a transação não tenha resultado em lucro ao banco.

No que concerne à alienação do controle acionário de subsidiárias, notadamente no Acórdão nº 442/2018, relativo à política de desinvestimentos da Petrobras, o TCU reconheceu haver discricionariedade em se transacionar as ações sem reserva legal específica, mas rechaçou a competência discricionária na escolha dos compradores e no sigilo do processo de vendas. Concordamos com as conclusões atingidas pelo TCU nesse caso, pois a imposição de lei e a obrigatoriedade de licitar obstam a eficiência empresarial da transação e, ao mesmo tempo, por mais discricionariedade e autonomia que haja nas empresas estatais, os interesses públicos buscados e a observância aos princípios da Administração Pública previstos no artigo 37 da Constituição Federal impedem que a operação seja feita dentro dos critérios pessoais dos envolvidos, sem transparência e isonomia. Assim, mesmo que não se trate de licitação, há que se ter o mínimo de competividade e isonomia entre os interessados em adquirir as ações e o mínimo de transparência no processo.

Quanto aos processos que tratavam de vinculação ao planejamento aprovado pelas próprias empresas estatais, representados nos casos de investimento em PD&I pela Eletrobrás, e na ampliação do escopo de atuação da Caixa Imóveis, o TCU manteve coerência em suas decisões ao impedir o descumprimento deliberado do planejamento que autovincula os administradores, pois destacou a impropriedade dos investimentos com o plano aprovado anteriormente.

Apesar de ter apontado a impropriedade dos investimentos por estarem fora do planejamento anteriormente aprovado, o TCU deixou de determinar o desfazimento dos negócios, apenas recomendando que em oportunidades futuras fosse feita uma pesquisa mais abrangente a bem de se observar a adequação dos novos investimentos ao plano de negócios aprovado, preservando-se a autovinculação ao planejamento.

Ainda atinente à figura do planejamento e seu descumprimento é o caso da construção do COMPERJ e sua aprovação pelo Conselho de Administração da Petrobras, sem a devida observância dos critérios técnicos que indicavam os riscos à companhia e a inviabilidade de o projeto se realizar da forma como foi apresentado.

Entendeu o Tribunal que a competência discricionária conferida ao Conselho de Administração não pode ser usada para suplantar a busca pelo interesse público definido para a estatal ou deturpar os objetivos da companhia.

Assim, inexiste discricionariedade administrativa para endossar, sem maiores questionamentos e critérios técnicos, projetos irreais que venham a colocar em risco a rentabilidade da empresa estatal, e foi isso o que concluiu o TCU no exame da matéria, ao constatar que o Conselho de Administração fora omisso ao apenas chancelar o projeto de construção do COMPERJ, exercendo a discricionariedade de forma prejudicial aos interesses da Petrobras.

Vê-se com acerto essa posição do TCU, pois não se pode admitir que o exercício da competência discricionária ocorra em prejuízo aos desígnios da empresa estatal.

CONCLUSÕES

Promulgada com o objetivo de regulamentar a Emenda Constitucional nº 19/1998, a Lei das Estatais relaciona-se mais a uma resposta ao que se passou nas principais estatais brasileiras, que foram sistematicamente aparelhadas para finalidades políticas em detrimento de serem utilizadas efetivamente para uma atuação empresarial. Em função disso, uma das principais características da Lei nº 13.303/16 é estabelecer padrões aprimorados de governança corporativa, planejamento e função social, que não se identificavam na Lei das Sociedades Anônimas e no Decreto-Lei nº 200/67.

A busca por uma gestão mais profissional e eficaz das empresas estatais que se extrai da Lei nº 13.303/16 é o que pauta o debate sobre a discricionariedade administrativa nesse tipo de sociedade empresarial, pois, como visto, ao mesmo tempo que possuem um regime de Direito Privado, vinculam-se a finalidades públicas que não as afastam de certas regras de um controle típico da Administração Direta.

Ao longo da obra, procurou-se apresentar as principais características jurídicas das empresas estatais que promovem o questionamento acerca da existência de uma competência discricionária na sua administração e qual seria a extensão dessa discricionariedade caso identificada, oportunidade em que foram examinadas e pontuadas as principais inovações trazidas pela lei, notadamente a unificação do regime societário das empresas públicas e das sociedades de economia mista, a superação da dicotomia entre as prestadoras de serviços públicos e as exploradoras de atividade econômica, bem como as diferenças entre empresas estatais dependentes e independentes.

Do exame referente ao regime jurídico das empresas estatais e aos propósitos da Lei nº 13.303/16, constatou-se que, em matéria de discricionariedade, para aquilo que se idealizava para o presente trabalho, não haveria distinção no caso das estatais prestadoras de serviços públicos ou exploradoras de atividade econômica, tampouco entre as empresas públicas e sociedades de economia mista, mas não chegamos às mesmas conclusões acerca das dependentes, eis que não possuem autonomia financeira para executarem seu planejamento e governança de forma independente.

Estabelecidas as premissas para quais estatais admitimos a existência de competência discricionária, limitamos a matéria a ser examinada à governança corporativa, ao planejamento e à função social, porquanto identificou-se nesses elementos o âmago das empresas estatais de onde irradiam as diretrizes empresariais que refletem a competência discricionária assegurada aos administradores.

Examinando especificamente os aspectos da governança corporativa, do planejamento e da função social trazidos pela Lei das Estatais, vimos que as empresas estatais se vinculam a um interesse público finalístico, de modo que todas as ações empresariais tomadas a partir das diretrizes contidas nos artigos 8º, 23 e 27 da Lei nº 13.303/16 devem se dar em observância ao interesse público subjacente à criação da estatal.

Todas as competências discricionárias a que nos propusemos a estudar decorrem daqueles três artigos, razão pela qual procuramos examinar em que consistem a governança corporativa, o planejamento e a função social, e ainda como esses três elementos contribuem para a existência e o desenvolvimento de uma empresa estatal, oportunidade em que se identificou que as atividades de planejamento, governança e de observância à função social demandam competência discricionária para que de fato possam ser exercidas dentro do que se espera da atividade empresarial.

Embora caiba falar em obediência ao princípio da legalidade na condução das estatais, a natureza dessas empresas impede que se exija reserva legal para toda ação que se queira implementar, denotando a já mencionada vinculação finalística como norte da atuação estatal na economia como Estado empresário.

Buscamos, nesse ponto, enfrentar e superar a celeuma de que a existência de regras mais claras para a consecução do objeto social de uma empresa estatal restrinja a discricionariedade administrativa das Diretorias e do Conselho de Administração. Identificamos que o aprimoramento das regras de governança, planejamento e função social não se confunde com a supressão das competências discricionárias asseguradas aos dirigentes, pelo contrário, aperfeiçoa e confere elementos de segurança para que a competência discricionária se dê de maneira mais objetiva, voltada para o atendimento dos requisitos previstos no artigo 173 da Constituição Federal.

Como primeira resposta obtida ao longo da pesquisa, temos que a Lei das Estatais em seus artigos 8°, 23, § 1°, incisos I e II e 27 não só não reduziu a discricionariedade administrativa nas empresas estatais como a aprimorou, porquanto se valeu de conceitos e requisitos que permitem ao gestor exercer uma função administrativa mais calcada na finalidade do que em detalhismos e rigores procedimentais típicos do Direito Público.

Distanciamo-nos daqueles que entendem que a positivação de novas regras de governança, a bem de melhor assegurar o cumprimento do objeto social, suprimem a discricionariedade até aqui apontada. Primeiro, creditamos esse argumento a uma deturpação conceitual tendente em atribuir à discricionariedade uma conotação pejorativa assemelhada à falta de critério nas condutas, o que absolutamente não reflete o conceito real de discricionariedade, que decorre da lei e encontra respaldo no princípio da legalidade.

A aproximação da ideia de discricionariedade ao cenário caótico que se formara anteriormente à Lei das Estatais, o qual se buscou ao menos mitigar a partir de sua promulgação, não contribui para que a lei cumpra seus objetivos nem para que dela se extraia o que trouxe de melhor, as regras de planejamento e governança. Não há que se confundir discricionariedade com liberdade irrestrita e sem critérios.

Sustentamos esse nosso ponto de vista a partir da leitura feita sobretudo dos artigos 8º e 27, de cujo teor constam conceitos jurídicos (e técnicos) indeterminados que permitem ao administrador maior autonomia para aplicar o conteúdo legal calcado em diversos elementos postos à disposição, sem restringir sua atuação ou reduzi-lo a mero aplicador daquilo que o legislador previamente estatuiu.

O artigo 8º, especificamente, contém requisitos a serem cumpridos, dotados de critérios mínimos que os administradores devem observar, o que, em nosso entender, permite também às Diretorias e Conselhos administrarem-nos com maior abrangência, podendo optar, por exemplo, pelo conteúdo a ser descrito, como no caso das cartas anuais.

Por essas colocações iniciais é que sustentamos e concluímos que há sim discricionariedade administrativa na administração das empresas estatais, de vez que as características contidas na lei dão margem a essa constatação, sem implicar que a competência discricionária seja algo correlato com descontrole e decisões incompatíveis com a finalidade pública atribuída às estatais.

Com o propósito de distinguir liberdade e discricionariedade, a fim de explicarmos por que entendemos a possibilidade da segunda e não da primeira nas empresas estatais, expusemos a diferenciação dos dois conceitos, sobretudo para demonstrar o fundamento do nosso ponto de vista de que a dita discricionariedade identificada e criticada anteriormente ao advento da Lei nº 13.303/16 não era, em verdade, competência discricionária, mas mau emprego de uma liberdade *típica do Direito Privado.*

Conquanto as empresas estatais gozem de uma autonomia e flexibilidade que lhes garanta a adoção de medidas eminentemente empresariais como meio de obter os seus resultados, o fato de estarem vinculadas a uma finalidade de interesse público e terem de permanecer adstritas a ditames constitucionais, como os princípios do artigo 37 da Constituição Federal e o próprio artigo 173, impede de reconhecer-lhes liberdade, fenômeno típico do Direito Privado, pois há uma vinculação legal, ainda que mínima, a ser observada.

Por serem criadas por força de lei e somente autorizadas a existir se presentes os requisitos do artigo 173 da Constituição Federal, essa reserva legal, que não existe no âmbito do Direito Privado, *não permite concluir que haja liberdade nas empresas estatais, mas discricionariedade.*

A bem de melhor explicarmos o que identificamos de discricionariedade na governança, no planejamento e na função social, procuramos fixar as bases teóricas do instituto da discricionariedade administrativa, chegando à discricionariedade decorrente dos conceitos jurídicos indeterminados e à discricionariedade técnica, que a nosso ver é intimamente ligada e inserida naquela, de forma que, de um modo mais específico, a competência discricionária nas empresas estatais advém não só da própria permissão prevista em lei para que o administrador, dentro de sua conveniência e oportunidade, cumpra determinados requisitos, como no caso das disposições do artigo 8º da Lei das Estatais e dos conceitos jurídicos indeterminados identificados no artigo 27, aí compreendida também a chamada discricionariedade *técnica*, mais perceptível no artigo 23, § 1º, incisos I e II.

Buscando melhor explicitar a incidência da discricionariedade técnica nas empresas estatais, passamos a desenvolver a ideia do planejamento nessas empresas, a fim de demonstrar como essa figura recebe a influência daquela competência discricionária a ponto de culminar em uma forma autônoma de discricionariedade denominada discricionariedade de planificação.

Na discricionariedade de planificação, assegura-se ao administrador autonomia e flexibilidade para formular o planejamento dentro das concepções técnicas que julgar adequadas dentro de um padrão de razoabilidade e eficiência. Permite-se a apresentação de prognósticos e a possibilidade desses prognósticos serem revistos caso determinadas estratégias não se materializem, conferindo uma salutar maleabilidade na estruturação e operação das empresas estatais.

Permitir ao administrador de uma empresa estatal que planeje a companhia dentro das especificações técnicas dedicadas ao seu mercado, preservando-a de interferências políticas e de uma reserva legal constante que a limite em qualquer iniciativa que venha a tomar, é essencial para que cumpra seu objeto e função social.

A atividade de planificação é consentânea à discricionariedade, sobretudo técnica, pois somente dando ao administrador a flexibilidade para pautar a estatal dentro das concepções de mercado que julgar adequadas é que se tem mais possibilidades de se cumprir sua função social e suas razões de relevante interesse coletivo ou de imperativo de segurança nacional.

Somente através da competência discricionária na atividade de planejamento é que o administrador poderá eleger suas melhores opções e traçar as metas para o desenvolvimento da companhia, e essa maleabilidade em nada suprime ou prejudica o cumprimento do objeto e da função social.

Constatamos que há discricionariedade na atividade de planejar as ações da empresa estatal, mas que essa discricionariedade de planificação não se confunde com um permissivo para que o plano seja deliberadamente descumprido ou ignorado, pois retrocede às situações que se tentou ao menos mitigar com a Lei nº 13.303/16.

Como parte da atividade de planificação e do próprio planejamento, a Lei das Estatais trouxe a figura da carta anual, instrumento apto a consolidar tudo aquilo que se pretende realizar na atividade empresarial e que também representa uma competência discricionária específica do Conselho de Administração, pois este pode elaborá-la de acordo com as percepções de mercado que identificar, ainda que isso represente uma necessidade de redefinir o planejamento inicialmente traçado.

Em função da competência atribuída ao Conselho de Administração em rejeitar ou aprovar o plano de negócios, bem como elaborar e subscrever a carta anual com os compromissos assumidos pela estatal ao longo do exercício que se inicia, nota-se uma considerável competência discricionária atribuída àquele órgão colegiado para executar essas atividades que lhe cabem.

De igual forma, identificamos elementos discricionários na elaboração, formalização e organização dos documentos a serem obrigatoriamente divulgados, descritos ao longo dos incisos do artigo 8º. Frise-se que não colocamos em dúvida a vinculação existente em se divulgar aquelas informações, apenas dedicamo-nos a ponderar que, conquanto a lei tenha estabelecido as informações a serem divulgadas, não se imiscuiu na forma e no conteúdo a ser disponibilizado, tornando evidente o propósito de impor uma vinculação finalística na gestão corporativa das empresas estatais.

Ainda nesse campo, cuidamos de examinar o gerenciamento e os riscos das empresas estatais e constatamos que a lei não cuidou de reduzir nenhuma discricionariedade aos administradores no que concerne à assunção e mitigação dos riscos inerentes à atividade empresarial.

Cuidou a lei de estabelecer novos parâmetros e procedimentos para que os riscos sejam operacionalizados uma vez internalizados à gestão, o que não se confunde com uma tentativa de alijar os administradores de empresa estatal de assumir riscos.

Ainda quanto aos riscos, além de evidenciarmos que permanece incólume a competência discricionária para assumi-los, identificamos que esta mesma competência é decorrente da chamada discricionariedade técnica, de forma que, a partir do cotejo de dados e análises técnicas, o administrador poderá exercer sua discricionariedade em assumir ou não determinados riscos.

Cotejadas as competências discricionárias identificadas na governança corporativa e no planejamento, valemo-nos de julgados do Tribunal de Contas da União dedicados ao tema, a fim de confirmar os raciocínios levantados ou eventualmente identificar algum contraponto ao que sustentávamos.

A partir do exame dos casos apreciados pelo TCU, constatamos que aquele Tribunal de fato reconhece uma discricionariedade na gestão das empresas estatais, mas em algumas oportunidades considera-a pejorativa, como excesso de subjetividade ou geradora de decisões destoantes do regime de Direito Público.

É o que se denota, sobretudo, nas decisões que trataram das chamadas oportunidades de negócio, em que o próprio TCU identificou uma discricionariedade, mas trabalhou elementos para mitig*á*-la, tratando-a como algo nocivo ao interesse público.

Até mesmo em casos envolvendo patrocínios, típicos da função social das empresas estatais consoante descrito no artigo 27, § 3º da Lei nº 13.303/16, mesmo deixando de exercer qualquer controle em razão do caráter discricionário da política de patrocínios, o TCU apontou que aquela competência impedia o exame da matéria, denotando que seria algo indesejável e prejudicial ao controle externo.

De uma forma ou outra, constatou-se que o TCU reconhece a discricionariedade das iniciativas empresariais nas empresas estatais, a despeito de algumas circunstâncias.

Os julgados do TCU serviram, portanto, para confirmar o entendimento de que existe discricionariedade administrativa no exercício da governança coorporativa e planejamento das empresas estatais.

Reafirmamos que a Lei das Estatais trouxe discricionariedade administrativa em matéria de governança corporativa, planejamento e observância da função social.

Essa discricionariedade extraída da Lei nº 13.303/16 é o que motiva e permite que o objeto social seja cumprido e o interesse público atingido, sendo esses os elementos que a limitam, de modo a garantir que essa competência discricionária seja exercida de forma a se manter a higidez da atuação empresarial por parte das empresas estatais.

REFERÊNCIAS

ADRI, Renata Porto. O Planejamento da Atividade Econômica como Dever do Estado. Belo Horizonte: Fórum, 2010.

ALBUQUERQUE, Roberto Chacon de. "A Companhia das Índias Ocidentais: sociedade anônima?". Revista da Faculdade de Direito da Universidade de São Paulo, São Paulo, Universidade de São Paulo, n. 105, pp. 25-38, jan./dez. 2010. Disponível em: http://www.revistas.usp.br/rfdusp/article/view/67891. Acesso em: 12 set. 2019.

ARAGÃO, Alexandre Santos de. Empresas Estatais: regime jurídico das Empresas Públicas e Sociedades de Economia Mista. 2. ed. Rio de Janeiro: Forense, 2018.

ARAGÃO, Alexandre Santos de. Curso de Direito Administrativo. 2. ed. Rio de Janeiro: Forense, 2013.

ARRUDA CÂMARA, Jacintho. "O lucro nas empresas estatais". Revista Eletrônica de Direito Administrativo Econômico, Salvador, Instituto Brasileiro de Direito Público, n. 30, maio/jun./jul. 2012. Disponível em: http://www.direitodoestado.com.br/artigo/jacintho-arruda-camara/o-lucro-nas-empresas-estatais. Acesso em. 23. jul. 2019.

ASSIS, Luiz Eduardo Altenburg de. Parcerias Empresariais Público-Privadas: as parcerias e outras formas associativas em oportunidades de negócio na Lei das Estatais. 2018. 295 f. Dissertação (Mestrado em Direito). Pontifícia Universidade Católica de São Paulo – PUC-SP, São Paulo, 2018.

BACELLAR FILHO, Romeu Felipe. Direito Administrativo. 4. ed. São Paulo: Saraiva, 2008.

BANDEIRA DE MELLO, Celso Antônio. Curso de Direito Administrativo. 32. ed. São Paulo: Malheiros, 2015.

BANDEIRA DE MELLO, Celso Antônio. Curso de Direito Administrativo. 34. ed. São Paulo: Malheiros, 2019.

BANDEIRA DE MELLO, Celso Antônio. Prestação de serviços públicos e Administração Indireta: concessão e permissão de serviço público; autarquia; sociedades de economia mista; empresas públicas e fundações governamentais. 2. ed. São Paulo: Revista dos Tribunais, 1983.

BANDEIRA DE MELLO, Celso Antônio. "Sociedades mistas, empresas públicas e o regime de direito público". Revista Eletrônica de Direito Administrativo Econômico, Salvador, Instituto Brasileiro de Direito Público, n. 10, maio/jun./jul. 2007. Disponível em: http://www.direitodoestado.com.br/redae.asp. Acesso em: 11 jul. 2019.

BANDEIRA DE MELLO, Celso Antônio. Discricionariedade e Controle Jurisdicional. 2. ed. São Paulo: Malheiros, 2017.

BARROSO, Luís Roberto. "A ordem econômica constitucional e os limites à atuação estatal no controle de preços". Revista de Direito Administrativo, Rio de Janeiro, Fundação Getulio Vargas, n. 226, out./dez. 2001, pp. 187-212.

BERCOVICI, Gilberto. Direito Econômico Aplicado: estudos e pareceres. São Paulo: Contracorrente, 2016.

BICALHO, Alécia Paolucci Nogueira. A ressignificação da eficiência nas empresas estatais à luz da Lei 13.303/16. In: WALD, Arnoldo; JUSTEN FILHO, Marçal; PEREIRA, Cesar Augusto Guimarães (Coord.). O Direito Administrativo na Atualidade: estudos em homenagem ao centenário de Hely Lopes Meirelles (1917-2017). São Paulo: Malheiros, 2017.

BONFIM, Natália Bertolo. O interesse público nas sociedades de economia mista. 2011. 126 f. Dissertação (Mestrado em Direito). Universidade de São Paulo – USP, São Paulo, 2011.

BORGES, Alice Gonzales. "O Estatuto Jurídico das Empresas Estatais na Emenda Constitucional nº 19/98". Revista de Direito Administrativo, Rio de Janeiro, Fundação Getulio Vargas, n. 217, jul./set. 1999, pp. 1-12.

BORGES, Jéssica Suruagy Amaral. Estado acionista minoritário e seu controle pelo Tribunal de Contas da União. Rio de Janeiro: Lumen Juris, 2019.

BRASIL. Constituição da República Federativa do Brasil de 1988. Disponível em: http://www.planalto.gov.br/ccivil_03/constituicao/constituicao.htm. Acesso em: 6 jul. 2019.

BRASIL. Comissão de Valores Mobiliários. Recomendações da CVM sobre governança corporativa. Disponível em: http://www.cvm.gov.br/export/sites/cvm/decisoes/anexos/0001/3935.pdf. Acesso em: 12 dez. 2019.

BRASIL. Decreto-Lei nº 200 de 25 de fevereiro de 1967. Disponível em: http://www.planalto.gov.br/ccivil_03/decreto-lei/del0200.htm. Acesso em: 13 ago. 2019.

BRASIL. Lei nº 6.404 de 15 dezembro de 1976. Disponível em: http://www.planalto.gov.br/ccivil_03/leis/l6404consol.htm. Acesso em: 23 out. 2019.

BRASIL. Lei nº 8.987 de 13 de fevereiro de 1995. Disponível em: http://www.planalto.gov.br/ccivil_03/LEIS/L8987cons.htm. Acesso em: 3 nov. 2019.

BRASIL. Lei nº 9.478 de 6 de agosto de 1997. Disponível em: http://www.planalto.gov.br/ccivil_03/LEIS/L9478.htm. Acesso em: 12 ago. 2019.

BRASIL. Decreto nº 2.745 de 24 de agosto de 1998. Disponível em: http://www.planalto.gov.br/ccivil_03/decreto/D2745.htm. Acesso em: 12 ago. 2019.

BRASIL. Lei Complementar nº 101 de 4 de maio de 2000. Disponível em: http://www.planalto.gov.br/ccivil_03/leis/lcp/lcp101.htm. Acesso em: 23 out. 2019.

BRASIL. Lei nº 12.783/13 de 11 janeiro de 2013. Disponível em: http://www.planalto.gov.br/ccivil_03/_Ato2011-2014/2013/Lei/L12783.htm. Acesso em: 8 ago. 2019.

BRASIL. Lei nº 13.303 de 30 de junho de 2016. Disponível em: http://www.planalto.gov.br/ccivil_03/_ato2015-2018/2016/lei/l13303.htm. Acesso em: 12 dez. 2019.

BRASIL. Decreto nº 8.945 de 27 de dezembro de 2016. Disponível em: http://www.planalto.gov.br/ccivil_03/_ato2015-2018/2016/Decreto/D8945.htm. Acesso em: 12 dez. 2019.

BRASIL. Decreto nº 9.188 de 1º de novembro de 2017. Disponível em: http://www.planalto.gov.br/ccivil_03/_ato2015-2018/2017/decreto/D9188.htm. Acesso em: 18 dez. 2019.

BRASIL. Decreto nº 9203 de 22 novembro de 2017. Disponível em: http://www.planalto.gov.br/ccivil_03/_ato2015-2018/2017/decreto/D9203.htm. Acesso em: 27 dez. 2019.

BRASIL. Lei nº 13.655 de 25 de abril 2018. Disponível em: http://www.planalto.gov.br/ccivil_03/_Ato2015-2018/2018/Lei/L13655.htm. Acesso em: 18 dez. 2019.

BRASIL. Projeto de Lei nº. 3.261/19 de 5 de janeiro de 2007. Disponível em: https://www.camara.leg.br/proposicoesWeb/fichadetramitacao?idProposicao=2207613. Acesso em: 8 ago. 2019.

BRASIL. Supremo Tribunal Federal. ADI 5624. Plenário. Relator ministro Ricardo Lewandowski. Brasília. J. 6 jun. 2019. Disponível em: http://portal.stf.jus.br/processos/detalhe.asp?incidente=5093069. Acesso em: 27 dez. 2019.

BRASIL. Ministério da Economia. Carta Anual de Políticas Públicas e Governança Corporativa. Disponível em: http://www.planejamento.gov.br/assuntos/empresas-estatais/arquivos/carta-anual-de-politicas-publicas-e-governanca-corporativa.pdf/view. Acesso em: 13 out. 2019.

CAMMAROSANO, Márcio. Palestra conferida no V Congresso Catarinense de Direito Administrativo. Disponível em: http://www.tce.sc.gov.br/noticia/8938/cammarosano-encerra-v-congresso-catarinense-com-defesa-ao-poder-discricion%C3%A1rio-dos. Acesso em: 18 dez. 2019.

CARDOSO, André Guskov. Governança Corporativa, "Transparência e Compliance nas Empresas Estatais: o regime instituído pela Lei 13.303/16". In: JUSTEN FILHO, Marçal (Coord.). Estatuto Jurídico das Empresas Estatais: Lei 13.303/16 – "Lei das Estatais". São Paulo: Revista dos Tribunais, 2016.

CARVALHO FILHO, José dos Santos. Manual de Direito Administrativo. 31. ed. São Paulo: Atlas, 2017.

CARVALHOSA, Modesto. Comentários à Lei de Sociedades Anônimas. vol. 3. 6. ed. São Paulo: Saraiva, 2014.

CASSAGNE, Juan Carlos. Os grandes princípios de direito público: constitucional e administrativo. Trad. Marly Peres. São Paulo: Contracorrente, 2017.

CASSAGNE, Juan Carlos. La Discricionalidad Administrativa. Disponível em: www.cassagne.com.ar. Acesso em: 8 ago. 2019.

CAVALCANTI, Themístocles Brandão. "Do poder Discricionário". Revista de Direito Administrativo, Rio de Janeiro, Fundação Getulio Vargas, n. 101, jul./set. 1970, pp. 1-23,.

CAVALCANTI, Themístocles Brandão. "Empresas Públicas e Sociedades de Economia Mista". Revista de Direito Administrativo, Rio de Janeiro, Fundação Getulio Vargas, n. 128, 1977, pp. 1-26.

COMPARATO, Fábio Konder; SALOMÃO FILHO, Calixto. O Poder de Controle na Sociedade Anônima. 6. ed. São Paulo: Atlas, 2014.

COSTA, Regina Helena. "Conceitos jurídicos indeterminados e discricionariedade administrativa". In: WALD, Arnoldo; JUSTEN FILHO, Marçal; PEREIRA, Cesar Augusto Guimarães (Coord.). O Direito Administrativo na Atualidade: estudo em homenagem ao centenário de Hely Lopes Meirelles (1917-2017). São Paulo: Malheiros, 2017.

COUTO E SILVA, Almiro do. "Poder Discricionário no Direito Administrativo Brasileiro". Revista de Direito Administrativo, Rio de Janeiro, Fundação Getulio Vargas, n. 179, jan./jun. 1990, pp. 51-67.

COUTINHO, Diogo R.; MESQUITA, Clarissa Ferreira de Mello; NASSER, Maria Virgínia Nabuco do Amaral Mesquita. "Empresas estatais entre serviços públicos e atividades econômicas". Revista de Direito GV, São Paulo, Fundação Getulio Vargas, vol. 15, n. 1, jan./abr. 2019. Disponível em: https://direitosp.fgv.br/en/publicacoes/revista/artigo/empresas-estatais-entre-servicos-publicos-atividades-economicas-1. Acesso em: 15 jul. 2019.

CRISTÓVAM, José Sérgio da; BERGAMINI, José Carlos Loitey. "Governança Corporativa na Lei das Estatais: aspectos destacados sobre transparência, gestão de riscos e compliance". Revista de Direito Administrativo, Rio de Janeiro, Fundação Getulio Vargas, vol. 278, n. 2, maio/ago. 2019, pp. 179-210.

D'ALTE, Sofia Tomé. A nova configuração do sector empresarial do Estado e a empresarialização dos serviços públicos. Coimbra: Almedina, 2007.

DI PIETRO, Maria Sylvia Zanella. "Introdução: do Direito Privado na Administração Pública". In: DI PIETRO, Maria Sylvia Zanella (Coord.). Direito Privado Administrativo. São Paulo: Atlas, 2013.

DI PIETRO, Maria Sylvia Zanella. Discricionariedade Administrativa na Constituição de 1988. 3. ed. São Paulo: Atlas, 2012.

DROMI, Roberto. Administracion Local De La Economia. 2. ed. Buenos Aires: Ciudad Argentina, 1997.

ENTERRÍA, Eduardo García de; FERNÁNDEZ, Tomás-Ramón. Curso de Direito Administrativo. vol. II. Revisor técnico Carlos Ari Sundfeld. Trad. José Alberto Froes. São Paulo: Revista dos Tribunais, 2014.

ESTORNINHO, Maria João. A Fuga para o Direito Privado: contributo para o estudo da atividade de Direito Privado da Administração Pública. Coimbra: Almedina, 2009.

FERREIRA, Sérgio De Andréa. "O Direito Administrativo das empresas governamentais brasileiras". Revista de Direito Administrativo, Rio de Janeiro, Fundação Getulio Vargas, n. 136, abr./jun. 1979, pp. 1-33.

FIDALGO, Carolina Barros. O Estado Empresário: das sociedades estatais às sociedades privadas com participação minoritária do Estado. São Paulo: Almedina, 2017.

FIGUEIREDO, Lúcia Valle. Curso de Direito Administrativo. 8. ed. São Paulo: Malheiros, 2006.

FRAZÃO, Ana. De novo a questão do ajuste de preços da Petrobras? Publicado no portal JOTA em 17 abr. 2019. Disponível em: https://www.jota.info/opiniao-e-analise/colunas/constituicao-empresa-e-mercado/de-novo-a-questao-do-ajuste-de-precos-da-petrobras-17042019. Acesso em: 18 abr. 2019.

FRAZÃO, Ana. "A função social das empresas estatais". JOTA, 19 abr. 2017. Disponível em: https://www.jota.info/opiniao-e-analise/colunas/constituicao-empresa-e-mercado/a-funcao-social-das-empresas-estatais-19042017. Acesso em: 6 ago. 2019.

FRAZÃO, Ana. O que esperar da Lei das Estatais. Publicado no portal JOTA em 1 fev. 2017. Disponível em: https://www.jota.info/opiniao-e-analise/colunas/constituicao-empresa-e-mercado/o-que-esperar-da-lei-das-estatais-01022017. Acesso em: 6 ago. 2019.

FRAZÃO, Ana. "O abuso de poder de controle na Lei das Estatais". In: NORONHA, João Otávio de; FRAZÃO, Ana; MESQUITA, Daniel Augusto (Coord.). Estatuto Jurídico das Estatais: análise da Lei nº 13.303/2016. Belo Horizonte: Fórum, 2018.

FREIRE, André Luiz Freire. O Regime de Direito Público na Prestação de Serviços Públicos por Pessoas Privadas. São Paulo: Malheiros, 2014.

FREITAS, Juarez. Direito fundamental à boa administração pública. 3. ed. São Paulo: Malheiros, 2014.

FUENTES, Pablo Carrasco. "Estructura Normativa de la Discricionalidad Administrativa". Revista de Derecho Público, Santiago, Universidad de Chile, n. 77, jun./dez. 2012 pp. 67-78. Disponível em: https://revistaderechopublico.uchile.cl/index.php/RDPU/article/view/30917. Acesso em: 2 out. 2019.

GABARDO, Emerson. Interesse Público e Subsidiariedade. Belo Horizonte: Fórum, 2009.

GARCIA, Maria. "Discricionariedade administrativa e o direito fundamental à liberdade". In: ALMEIDA, Fernando Dias Menezes de; MARQUES NETO, Floriano de Azevedo; MIGUEL, Luiz Felipe Hadlich; SCHIRATO, Vitor Rhein (Coord.). Direito Público em evolução: estudos em homenagem à Professora Odete Medauar. Belo Horizonte: Fórum, 2013.

GRAU, Eros Roberto. A Ordem Econômica na Constituição de 1988 (Interpretação e crítica). 19. ed. São Paulo: Malheiros, 2018.

GROTTI, Dinorá Adelaide Musetti. "Conceitos jurídicos indeterminados e discricionariedade administrativa". Revista de Direito Constitucional e Internacional, São Paulo, Revista dos Tribunais, vol. 12, pp. 81 115, jul./set. 1995. Disponível em: https://www.revistadostribunais.com.br/maf/app/resultList/document?&src=rl&srguid=i0ad6adc50000016e8b53667b8831efd4&docguid=I13e9a1d0f25311dfab6f010000000000&hitguid=I13e9a1d0f25311dfab6f010000000000&spos=1&epos=1&td=814&context=5&crumb-action=append&crumb-label=Documento&isDocFG=true&isFromMultiSumm=true&startChunk=1&endChunk=1. Acesso em: 12 set. 2019

GUERRA, Sérgio. Discricionariedade, Regulação e Reflexividade: uma nova teoria sobre as escolhas administrativas. 4. ed. Belo Horizonte: Fórum, 2017.

GUIMARÃES, Bernardo Strobel; RIBEIRO, Leonardo Coelho; RIBEIRO, Carlos Vinicius Alves; GIUBLIN, Isabella Bittencourt Mäder Gonçalves; PALMA, Juliana Bonacorsi de. Comentários à Lei das Estatais (Lei nº 13.303/2016). Belo Horizonte: Fórum, 2019.

GUIMARÃES, Edgar; SANTOS, José Anacleto Abduch. Lei das Estatais: comentários ao regime jurídico licitatório e contratual da Lei nº 13.303 – Lei das Estatais. Belo Horizonte: Fórum, 2017.

JUSTEN FILHO, Marçal. Curso de Direito Administrativo. 3. ed. São Paulo: Revista dos Tribunais, 2015.

JUSTEN FILHO, Marçal. Empresas Estatais e a Superação da Dicotomia "Prestação de Serviço Público/Exploração de Atividade Econômica". In: FIGUEIREDO, Marcelo; PONTES FILHO, Valmir (Coord.). Estudos de Direito Público em homenagem a Celso Antônio Bandeira de Mello. São Paulo: Malheiros, 2008.

JUSTEN FILHO, Marçal. Comentários à Lei de Licitações e Contratos Administrativos. 17 ed. São Paulo: Revista dos Tribunais, 2016.

KRELL, Andreas J. Discricionariedade administrativa e conceitos legais indeterminados: limites do controle judicial no âmbito dos interesses públicos. 2. ed. Porto Alegre: Livraria do Advogado, 2013.

LIMA, Ruy Cirne. "Direito Administrativo e Direito Privado". Revista de Direito Administrativo, Rio de Janeiro, Fundação Getulio Vargas, vol. 26, 1951, pp. 19-33.

MARQUES NETO, Floriano de Azevedo. "A Nova Regulação dos Serviços Públicos". Revista de Direito Administrativo, Rio de Janeiro, Fundação Getulio Vargas, n. 228, abr./jun. 2002, pp. 13-29.

MARQUES NETO, Floriano de Azevedo; QUEIROZ, João Eduardo Lopes. "Planejamento". In: CARDOZO, José Eduardo Martins; QUEIROZ, João Eduardo Lopes; SANTOS, Márcia Walquiria Batista dos (Coord.). Direito Administrativo Econômico. São Paulo: Atlas, 2011.

MARQUES NETO, Floriano de Azevedo; PALMA, Juliana Bonacorsi de. "Empresas Estatais e parcerias institucionais". Revista de Direito Administrativo, Rio de Janeiro, Fundação Getulio Vargas, vol. 272, maio/ago. 2016, pp. 59-92.

MARTINS, Ricardo Marcondes. "Estatuto jurídico das empresas estatais à luz da Constituição". In: DAL POZZO, Augusto; MARTINS, Ricardo Marcondes (Coord.). Estatuto Jurídico das Empresas Estatais. São Paulo: Contracorrente, 2018.

MARTINS, Ricardo Marcondes. Teoria Jurídica da Liberdade. São Paulo: Contracorrente, 2015.

MARTINS, Ricardo Marcondes. Contributo para Angelização da Discricionarieadade. Publicado no portal Direito do Estado. Disponível em: http://www.direitodoestado.com.br/colunistas/ricardo-marcondes-martins/contributo-para-a-angelizacao-da-discricionariedade. Acesso em: 9 nov. 2019.

MAURER, Hartmut. Direito Administrativo Geral. 14. ed. Trad. Luís Afonso Heck. Barueri: Manole, 2006.

MEDAUAR, Odete. Direito Administrativo Moderno. 21. ed. Belo Horizonte: Fórum, 2018.

MEIRELLES, Hely Lopes. Direito Administrativo Brasileiro. 37. ed. São Paulo: Malheiros, 2011.

MESQUITA, Clarissa Ferreira de Mello. Autonomia e controle das empresas estatais no Brasil. 2018. 328 fls. Tese (Doutorado em Direito). Universidade de São Paulo – USP, São Paulo, 2018.

MONTEIRO, Vera. Gestor público pode errar. Publicado no portal JOTA em 23 jul. 2019. Disponível em: https://www.jota.info/coberturas-especiais/inova-e-acao/gestor-publico-pode-errar-23072019. Acesso em: 23 dez. 2019.

MONTOYA MARTIN, Ercanacion. "Discricionalidad en la Eleccion de la forma de las Empresas Públicas". Discricionalidad Administrativa y Control Judicial: I Jornada de Estudios del Gabinete Jurídico de La Junta de Andalucia. Madrid: Civitas, 1996.

MOREIRA NETO, Diogo de Figueiredo. Curso de Direito Administrativo. Parte Introdutória, Parte Geral, Parte Especial. 16. ed. Rio de Janeiro: Forense, 2014.

MORÓN, Miguel Sánchez. Discricionalidad Administrativa y Control Judicial. Madrid: Tecnos, 1995.

NADER, Philippe de Oliveira. Segurança Jurídica para o Gestor de Estatal. Publicado no portal JOTA em 11 set. 2019. Disponível em: https://www.jota.info/opiniao-e-analise/artigos/seguranca-juridica-para-o-gestor-de-estatal-11092019. Acesso em: 11 set. 2019.

OCTAVIANI, Alessandro; NOHARA, Irene Patrícia. Estatais. São Paulo: Revista dos Tribunais, 2019.

OLIVEIRA, José Roberto Pimenta. "O Planejamento do Serviço Público de Saneamento Básico na Lei nº 11.445/207". In: OLIVEIRA, José Roberto Pimenta; DAL POZZO, Agusto Neves. (Coord.). Estudos sobre o Marco Regulatório de Saneamento Básico no Brasil. Belo Horizonte: Fórum, 2011.

OTERO, Paulo. Vinculação e liberdade de conformação jurídica do sector empresarial do Estado. Coimbra: Coimbra, 1998.

OTERO, Paulo. Manual de Direito Administrativo. vol. 1. Coimbra: Almedina, 2013.

PAIVA, Alfredo de Almeida. "As sociedades de economia mista e as emprêsas públicas como instrumentos jurídicos a serviço do Estado". Revista de Direito Administrativo, Rio de Janeiro, Fundação Getulio Vargas, n. 60, 1960, pp. 1-15.

PINTO, Bilac. "O declínio das sociedades de economia mista e o advento das modernas emprêsas públicas". Revista de Direito Administrativo, Rio de Janeiro, Fundação Getulio Vargas, n. 32, 1953, pp. 1-15.

PINTO, Henrique Motta. Empresa Estatal: modelo jurídico em crise? 2010. 203 f. Dissertação (Mestrado em Direito). Pontifícia Universidade Católica de São Paulo – PUC-SP, São Paulo, 2010.

PINTO, Henrique Motta; PINTO JÚNIOR, Mario Engler. Empresas Estatais. São Paulo: Saraiva, 2013.

PINTO JÚNIOR, Mário Engler. Empresa Estatal: função econômica e dilemas societários. 2. ed. São Paulo: Atlas, 2013.

REISDORFER, Guilherme F. Dias. "Instrumentos para gestão e controle das empresas estatais: plano de negócios e estratégia de longo prazo". In: JUSTEN FILHO, Marçal (Coord.). Estatuto Jurídico das Empresas Estatais: Lei 13.303/16 – "Lei das Estatais". São Paulo: Revista dos Tribunais, 2016.

PIRES, Luis Manuel Fonseca. Controle judicial da discricionariedade administrativa: dos conceitos jurídicos indeterminados às políticas públicas. 3. ed. Belo Horizonte: Fórum, 2017.

QUEIRÓ, Afonso Rodrigues. "Os limites do poder discricionário das autoridades administrativas". Revista de Direito Administrativo, Rio de Janeiro, Fundação Getulio Vargas, n. 97, jul./set. 1969, pp. 1-8.

RIBEIRO, Márcia Carla Pereira; DALLEDONE, Rodrigo Fernandes Lima. "A Lei nº 13.303/16 e as sociedades de economia mista". Revista de Direito Administrativo, Rio de Janeiro, vol. 278, n. 2, pp. 148-177, maio/ago. 2019.

ROMAN, Flávio José. Discricionariedade Técnica na Regulação Econômica. São Paulo: Saraiva, 2013.

SADDY, André. "Intervenção direta do Estado na economia: uma análise do caput do art. 173 da Constituição brasileira". Revista de Direito Administrativo, Rio de Janeiro, Fundação Getulio Vargas, n. 269, pp. 107-138, maio/ago. 2015.

SADDY, André. "Atividade apreciativa da Administração Pública: uma nova visão sobre a discricionariedade administrativa". Revista de Direito Administrativo, Rio de Janeiro, Fundação Getulio Vargas, n. 277, set./dez. 2018, pp. 139-168.

SANT'ANNA, Lucas; NAKAD, Fábio. "O TCU e a Liberdade negocial das empresas estatais". JOTA, jun. 2019. Disponível em: https://www.jota.info/opiniao-e-analise/colunas/coluna-do-machado-meyer/o-tcu-e-a-liberdade-negocial-das-empresas-estatais-21062019. Acesso em: 28. jul. 2019.

SCHIRATO, Vitor Rhein. As empresas estatais no Direito Administrativo Econômico atual. São Paulo: Saraiva, 2016.

SCHIRATO, Vitor Rhein. A noção de serviço público em regime de competição. Tese (Doutorado em Direito). Universidade de São Paulo – USP, São Paulo, 2011.

SCHWANKA, Cristiane. A sociedade de economia mista na organização administrativa do Estado contemporâneo: conveniência, gestão e tendência disfuncionais.. Tese (Doutorado em Direito). Pontifícia Universidade Católica do Paraná – PUC-PR, Curitiba, 2014.

SILVA, José Afonso da. Curso de Direito Constitucional Positivo. 38. ed. São Paulo: Malheiros, 2015.

SILVA, Pedro Ivo Peixoto da. Regulamentos de Licitações Editados sob a Lei 13.303/16: Instrumentos de Inovação ou de Repetição? 2018. 83 f. Dissertação (Mestrado em Administração Pública). Fundação Getulio Vargas do Rio de Janeiro – FGV/RJ, Rio de Janeiro, 2018. Disponível em: http://bibliotecadigital.fgv.br/dspace/handle/10438/27262. Acesso em: 21 ago. 2019.

SILVA, Pedro Ivo Peixoto da. Caminhos para contratação de soluções inovadoras por empresas estatais. JOTA, 16 jul. 2019. Disponível em: https://www.jota.info/opiniao-e-analise/artigos/caminhos-para-contratacao-de-solucoes-inovadoras-por-empresas-estatais-16072019. Acesso em: 19 jul. 2019.

SOUSA, António Francisco de. Conceitos jurídicos indeterminados no Direito Administrativo. Coimbra: Almedina, 1994.

SUNDFELD, Carlos Ari; SOUZA, Rodrigo Pagani de. "A superação da condição de empresa estatal dependente". Revista de Direito Público da Economia, Belo Horizonte, ano 3, n. 12, out./dez. 2005, pp. 9-49.

SUNDFELD, Carlos Ari; SOUZA, Rodrigo Pagani de. "Licitação nas Estatais: levando a natureza empresarial a sério". Revista de Direito Administrativo, Rio de Janeiro, n. 245, 2007, pp. 13-30.

SUNDFELD, Carlos Ari. "Discricionariedade e Revogação do Ato Administrativo". Revista de Direito Administrativo e Infraestrutura, São Paulo, Revista dos Tribunais, vol. 6, pp. 379-390, jul./set. 2018. Disponível em: https://www.revistadostribunais.com.br/maf/app/resultList/document?&src=rl&srguid=i0ad6adc50000016e716939ff7be5c2d0&docgui-

d=Ic7dca8f0a1e511e89ae9010000000000&hitguid=Ic7dca8f0a1e511e89ae9010000000000&spos=1&epos=1&td=11&context=19&crumbaction=append&crumblabel=Documento&isDocFG=false&isFromMultiSumm=&startChunk=1&endChunk=1. Acesso em: 7 out. 2019.

TÁCITO, Caio. "O Regime jurídico das empresas estatais". Revista de Direito Administrativo, Rio de Janeiro, Fundação Getulio Vargas, n. 195, jan./mar. 1994, pp. 1-8.

TÁCITO, Caio. "Direito Administrativo e Direito Privado nas Empresas Estatais". Revista de Direito Administrativo, Rio de Janeiro, Fundação Getulio Vargas, n. 151, jan./mar. 1983, pp. 22-228.

TÁCITO, Caio. "O controle das empresas do Estado (públicas e mistas)". Revista de Direito Administrativo, Rio de Janeiro, Fundação Getulio Vargas, n. 111, jan./mar. 1973, pp. 1-9.

TÁCITO, Caio. Temas de Direito Público (Estudos e Pareceres). vol. 1, Rio de Janeiro: Renovar, 1997.

TORRES JUNIOR, Jessé; HEINEN, Juliano; DOTTI, Marinês Restelatto. Comentários à Lei das Estatais: Lei nº 13.303/16. Belo Horizonte: Fórum, 2018.

VALVERDE, Trajano de Miranda. "Sociedades Anônimas ou Companhias de Economia Mista". Revista de Direito Administrativo, Rio de Janeiro, Fundação Getulio Vargas, vol. 1, n. 2, 1945, pp. 429-441.

WALD, Arnoldo. "As sociedades de economia mista e a nova lei das sociedades anônimas". Revista de Informação Legislativa, Brasília, Senado Federal, ano 14, n. 54, pp. 99-114, abr./jun. 1977. Disponível em: https://www2.senado.leg.br/bdsf/handle/id/181005. Acesso em: 15. ago. 2018.

WOLFF, Hans J.; BACHOFF, Otto; STOBER, Rolf. Direito Administrativo. vol. 1. 11. ed. Trad. António F. de Sousa. Lisboa: Fundação Calouste Gulbenkian, 1999.

A Editora Contracorrente se preocupa com todos os detalhes de suas obras!
Aos curiosos, informamos que este livro foi impresso no mês de julho de 2021, em papel Pólen Soft 80g, pela Gráfica Copiart.